František Šedivý

Schriftenreihe des Sächsischen Landesbeauftragten für die
Stasi-Unterlagen

Band 15

František Šedivý
Uran für die Sowjetunion

Mit einer Einführung von František Bártík

EVANGELISCHE VERLAGSANSTALT
Leipzig

Bibliographische Information der Deutschen Nationalbibliothek
Die Deutsche Nationalbibliothek verzeichnet diese Publikation in der
Deutschen Nationalbibliographie; detaillierte bibliographische Daten
sind im Internet über http://dnb.dnb.de abrufbar.

Trotz intensiver Bemühungen konnte nicht bei allen Bildern die Quelle
ermittelt werden. Hinweise nimmt der Verlag dankend entgegen.

2., unv. Auflage 2016
© 2015 by Evangelische Verlagsanstalt GmbH · Leipzig
Printed in Germany · H 7863

Das Buch wurde auf alterungsbeständigem Papier gedruckt.

Übersetzung: Michaela Bauerova und Stephanie George
Lektorat: Maxi Krell
Gesamtredaktion: Nancy Aris
Gesamtgestaltung: behnelux gestaltung, Halle/Saale
Coverbild: Die Grube Svornost bei Jachýmov in den 1950er Jahren /
Foto: DIAMO (stádni podnik odštěpný závod Sprawa uranových ložisek)
Druck und Binden: Druckhaus Köthen GmbH & Co. KG

ISBN 978-3-374-04033-9
www.eva-leipzig.de

Inhaltsverzeichnis

Vorwort

Derjenige, der die Schriftenreihe des Landesbeauftragten kennt, mag vielleicht verwundert sein über den neuen Band und sich fragen, wie das Thema »Uranbergbau in Böhmen« in eine Reihe gelangt, die sich vornehmlich mit DDR-Geschichte beschäftigt und dabei den regionalen Schwerpunkt auf Sachsen legt? Die Frage ist schnell beantwortet, denn schon bei flüchtiger Betrachtung zeigen sich viele Bezüge und Verflechtungen zwischen dem Uranbergbau diesseits und jenseits der deutsch-tschechischen Grenze. So war nicht nur die geographische Nähe zwischen den Abbauzentren in Sachsen und Böhmen – eine Kulturlandschaft mit historischen Wurzeln im Silberbergbau – ein verbindendes Element, sondern vor allem die Rolle der Sowjetunion, die ab 1945 jahrzehntelang das Leben dieser Region bestimmen sollte. Anhand des Uranbergbaus kann gut nachvollzogen werden, wie die Sowjetunion ihren Einflussbereich über Ländergrenzen hinweg ausgeweitet hatte. Um den Kommunismus als grenzüberschreitendes Phänomen beschreiben zu können, sollte seine Aufarbeitung deshalb auch transnationale Wege beschreiten, vor allem dann, wenn die Geschichte unserer Nachbarn die eigene so eng berührt. Nicht zuletzt eröffnet solch grenzüberschreitende Betrachtung auch einen europäischen Blick auf die jüngste Vergangenheit.

Die Uranvorkommen in Sachsen und Böhmen hatten für die Sowjets eine enorme Bedeutung, denn spätestens nach dem Atombombenabwurf der Amerikaner im August 1945 war klar, dass die Sowjets im Wettlauf mit den USA zurücklagen und in der Position des Schwächeren agierten. Sie selbst verfügten zu jener Zeit kaum über Uranförderstätten in nennenswertem Umfang. Die betriebsbereiten Gruben im Erzgebirge waren deshalb ein strategischer Volltreffer, weil damit die »Uranlücke« geschlossen und der amerikanische

Vorsprung aufgeholt werden konnte. Im Erzgebirge wurde damals Weltpolitik entschieden.

Auch wenn die Geschichte der *Wismut* und der *Joachimsthaler Bergwerke* im Einzelnen große Unterschiede aufweisen, können doch auf struktureller Ebene viele Gemeinsamkeiten festgestellt werden. So verlief die Bemächtigung der Uranvorkommen, ihre Erkundung, Erschließung und Förderung ähnlich, selbst wenn die SBZ/DDR das Uran als Reparationsleistung abgab, die Tschechoslowakei hingegen das Erz auf vertraglicher Basis an die Sowjetunion verkaufte. Die Sowjetunion hatte in dieser Frage das unangefochtene Sagen, eine nicht zu hinterfragende Monopolstellung. Das Atombombenprojekt und damit verbunden die Frage der Uranförderung unterstand direkt dem sowjetischen Geheimdienstchef, der dafür Sorge trug, dass bewährte Strukturen und Arbeitsmethoden seines Apparates ins Erzgebirge exportiert wurden und dort zur Anwendung kamen. Unter Aufsicht des Geheimdienstes entstanden in Sachsen und Böhmen zwei der größten sowjetischen Auslandsunternehmen. Sowohl auf der deutschen als auch auf der tschechischen Seite herrschte strengste Geheimhaltung, es wurden militärische Sperrzonen eingerichtet, Zwangsaussiedlungen folgten. Die Arbeitsprozesse vor Ort wurden vom Geheimdienst überwacht.

Wie sehr die Uranförderung in der SBZ und Tschechoslowakei von sowjetischer Seite als eine Einheit betrachtet wurde, lässt sich an der »Aktion Wismut« ablesen. Die Sowjets hatten 1947 tausende deutsche Kriegsgefangene aus der Sowjetunion nach Jáchymov verbracht, wo sie in Lagern untergebracht waren und im Uranbergbau Zwangsarbeit leisten mussten. Da sich die Siegermächte auf der Moskauer Außenministerkonferenz im April 1947 geeinigt hatten, alle deutschen Kriegsgefangenen bis Ende 1948 freizulassen, kam es 1949 zu internationalen Protesten, weil dies noch immer nicht geschehen war. Die »Aktion Wismut« war die sowjetische Antwort auf die Proteste. Sie bestand darin, den Kriegsgefangenen die

Freilassung anzubieten, jedoch nur, wenn diese sich für den Dienst bei der *Wismut AG* verpflichteten. Andernfalls drohte der Rücktransport in die Sowjetunion.

Anders als bei der Wismut, wo die notorisch fehlenden Arbeitskräfte durch finanzielle Verlockungen angezogen wurden oder durch Rekrutierungen der Arbeitsämter »zwangsfreiwillig« kamen, erfolgte der Uranbergbau in Böhmen zu einem Großteil auf dem Rücken von Kriegsgefangenen, Zwangsarbeitern und Häftlingen. Der flächendeckende Ausbau der Lager begann, als im März 1949 die Entscheidung gefallen war, Häftlinge als Arbeitskräfte einzusetzen. In kurzer Zeit entstand ein System von insgesamt 18 Zwangsarbeits- und Straflagern. In unmittelbarer Nähe der Gruben fristeten die so genannten Uransklaven ein völlig entrechtetes Dasein, vegetierten oft jahrelang unter katastrophalen Lebensbedingungen, wobei sie gefährliche und gesundheitsschädigende Schwerstarbeit verrichteten. Zehntausende Häftlinge durchliefen diese Lager. Allein im Jahr 1953 waren es knapp 15.000. Nach offizieller Lesart sollten sie durch »Arbeitserziehung« zu vollwertigen sozialistischen Menschen umerzogen werden. In Wirklichkeit hatte man die »Staatsfeinde« längst abgeschrieben und steckte die politischen Häftlinge gezielt in die Lager mit den schwersten Bedingungen und der gefährlichsten Arbeit. Besonders berüchtigt war die Arbeit im *Lager Vykmanov II*, wo das Erz verarbeitet und verladen wurde und die Arbeiter ohne jeglichen Schutz ununterbrochen der radioaktiven Strahlung und dem radioaktiven Staub ausgesetzt waren.

Unser Autor František Šedivý beschreibt in seinen hier vorgelegten autobiographischen Erinnerungen diese Arbeit am so genannten Todesturm. Über zwölf Jahre durchlief er ein Labyrinth von Haftanstalten und Lagern. Im Text tritt er dem Leser als Pavel entgegen. Liest man seine Schilderungen, so ist man verstört und erschüttert über das menschenverachtende politische System, über die Skrupellosigkeit der Machthaber, den Sadismus der Ausführenden. Šedivý vergleicht das, was er erleben musste, mit den Zuständen in Konzentrationslagern der Nazis. Und in der Tat spricht einiges dafür – sowohl aus der persönlichen Erlebnisperspektive als auch aus der Sicht eines Historikers. Es besteht kein Zweifel daran, dass sich der Aufbau der Lager an den frühen KZ orientierte. Sogar die Begriffe übernahm man aus dem Deutschen. Das täglich mehrfach stattfindende Ritual des Abzählens fand auf dem *apel plac* statt, die Kontrollen der Baracken hießen *filcunk*. Der Spruch über den Lagertoren »Durch Arbeit zur Freiheit« wies große Ähnlichkeit mit dem deutschen Vorbild auf. Auch die parallele Lagerhierarchie und »Selbstverwaltung« mit Kapo-System, Lagerältesten und Stubenältesten wurde übernommen.

Doch übersieht Šedivý, dass die Kommunisten mit den Lagern keine Tötungsabsicht verfolgten, sondern eine maximale Ausbeutung der Arbeitskraft, um kostengünstig und schnell möglichst viel Uran zu fördern. Die Lager waren eine Mischform: in Struktur und äußerer Form ähnelten sie stark den frühen KZ, in der Art der Führung hatten sie aber wesentliche Methoden des sowjetischen GULAG-Systems übernommen. Erinnert sei an das rigide System der Kollektivbestrafung, die Kategorisierung und Versorgung der Häftlinge entsprechend ihrer Arbeitsleistung, die exzessive Ausübung von Gewalt und Strafen bei nicht zufriedenstellender Arbeit und die Gewährung von Belohnungen (Briefkontakt, Besuch, Rasieren) bei Übererfüllung der Norm.

Auch die in den Schilderungen beschriebene Odyssee Šedivýs durch die verschiedenen Lager und die ständigen Verlegungen selbst innerhalb eines Lagers in immer neue Baracken vermitteln beim Lesen den Eindruck eines diffusen, chaotischen Lagersystems. Weiß man jedoch, dass die Staatssicherheit, die für die äußere Absicherung der Lager zuständig war, die Machbarkeit von Fluchtversuchen ständig analysierte, so wird verständlich, warum sie bemüht war, dauernd »umzusortieren«, denn ein Fluchtversuch konnte nur dann gelingen, wenn der Häftling sein Umfeld gut kannte und vertrauliche Kontakte zu zivilen Mitarbeitern aufgebaut hatte. Selbst das bizarr anmutende Detail, dass nur im Sommer Laken ausgegeben wurden, erschließt sich anhand der Akten. Die Bewacher befürchteten, dass im Winter die weißen Laken potentiellen Flüchtigen als Tarnung dienen könnten.

Diese Beispiele zeigen, dass es hilfreich sein kann, den Schilderungen eines Zeitzeugen eine historische Einordnung zur Seite zu stellen. In diesem Buch geschieht dies durch die Einführung von František Bártík. Mit Bártík haben wir nicht nur einen Experten gefunden, der sich seit Jahren wissenschaftlich mit der Thematik beschäftigt, sondern auch einen »Praktiker«, der seit 2005 die Gedenkstätte im ehemaligen *Lager Vojna* leitet. Der Landesbeauftragte Lutz Rathenow hat bewusst die Erinnerungen eines Zeitzeugen und die Überblicksdarstellung eines Historikers zusammengebracht, weil die Innensicht des Beteiligten und die Draufsicht des Forschers einander ergänzen und das Zusammenwirken beider Blickwinkel neue Impulse setzt.

Wir danken der Umweltbibliothek Großhennersdorf, die sich, aus dem Dreiländereck agierend, sehr für das Thema eingesetzt und uns die Autoren vermittelt hat. Ferner bedanken wir uns bei allen Archiven und Bildgebern, die die Recherche unterstützt haben und wünschen dem Buch viele interessierte Leser.

Dr. Nancy Aris
Stellvertretende Sächsische Landesbeauftragte
für die Stasi-Unterlagen

František Bártík
Überblick über die Geschichte des Uranbergbaus und die Uran-Lager in Böhmen[1]

Das Erzgebirge ist eine jahrhundertelang vom Erzbergbau geprägte Kulturlandschaft, die sich auf einer Länge von rund 150 Kilometern vom südwestlichen Sachsen bis in das nordöstliche Böhmen erstreckt. Durch das Erzgebirge verläuft die Staatsgrenze zwischen der Tschechischen Republik und der Bundesrepublik Deutschland. Vier Jahrzehnte lang handelte es sich um die Grenze zwischen der Tschechoslowakischen Sozialistischen Republik und der Deutschen Demokratischen Republik.

Die Geschichte des Uranbergbaus ist auf beiden Seiten der Grenze unterschiedlich verlaufen, doch eine wesentliche Gemeinsamkeit besteht darin, dass das Uranerz bis auf kleine Ausnahmen ausschließlich für militärische Zwecke gefördert und an die Sowjetunion geliefert wurde. Ein zweiter verbindender Faktor ist die Tatsache, dass auf der tschechischen Seite nach dem Kriegsende auch Deutsche im Uranbergbau eingesetzt wurden. Zuerst waren es deutsche Kriegsgefangene, dann folgten die so genannten Retributionsgefangenen, also jene, die als Kollaborateure der Nazis im Protektorat Böhmen und Mähren verurteilt worden waren. Nach ihrer Entlassung wurden sie bis auf wenige Ausnahmen auf deutsches Gebiet vertrieben, die Mehrzahl in die Deutsche Demokratische Republik, wo sie in der Sowjetisch-Deutschen Aktiengesellschaft (SDAG) Wismut erneut zur Uranerzproduktion eingesetzt wurden.

Der Uranbergbau in der ČSSR und in der DDR spiegelt in einzigartiger Weise die komplizierte Entwicklung der Welt nach dem Zweiten Weltkrieg wider. Exemplarisch führt er komplexe Mechanismen eines totalitären Regimes auf beiden Seiten der Grenze vor. Anhand einer Region kann das Agieren kommunistischer Regime, ihre Entwicklung zu Akteuren

1 Dieser Beitrag entstand unter Mitarbeit von Dr. Nancy Aris, der ich für die redaktionelle Bearbeitung und die wichtigen Ergänzungen danke.

Fabrik zur Herstellung uranhaltiger Farben, später Radiumlaboratorium, um 1900

der Weltpolitik sowie ihre unmittelbare Einflussnahme auf diese verfolgt werden.

Anfang des 19. Jahrhunderts erlangte Uranerz, das in Joachimsthal (tschech. Jáchymov) seit dem 16. Jahrhundert bekannt war, industrielle Bedeutung. Joachimsthal war seit dem Mittelalter bekannt für seinen Silberbergbau. Damals war Joachimsthal nach Prag die zweitgrößte Stadt Böhmens, der *Joachimsthaler*, eine Silbermünze, war Namenspatron für den amerikanischen Dollar. Uran wurde in Joachimsthal bis ins 19. Jahrhundert unter dem Begriff »Pechblende« für ein minderwertiges Zink- oder Eisenerz gehalten. Es war ein Abfallprodukt, das man auf Halden schüttete. Seit den 1830er Jahren wurde Uran dann in einigen erzgebirgischen Gruben als Nebenprodukt für die Herstellung von Glas- und Porzellanfarben gewonnen. In Joachimsthal erreichte dies industrielle Ausmaße. Im Jahr 1871 wurde dort der Silberbergbau eingestellt und eine staatliche Fabrik zur Uranfarbenherstellung errichtet. Es war damit der weltweit erste Uranbergbau, in dem

Radium-Kurhaus-Hôtel — Skt. Joachimstal i. Erzgeb.
Seehöhe 712 m

Postkarte vom Radium-Kurhaus-Hotel aus dem Jahr 1912

Uran als Hauptprodukt abgebaut wurde. Hinzu kam die Erforschung und Erschließung der stark randonhaltigen Quellen und die Nutzung des Wassers für Heilzwecke. Ab 1911 begann mit der Eröffnung des Kurbades in Joachimsthal der regelmäßige Kurbetrieb, der zahlreiche Gäste aus aller Welt anzog.

Die eigentliche Nutzung von Uran begann nach 1902, als es Marie Skłodowska Curie gelungen war, aus dem Abraum der Joachimsthaler Fabrik auf chemischem Weg eine kleine Menge Radiumsalz und 1910 das erste Gramm metallisches Radium zu isolieren. Das Erzgebirge stellte zu dieser Zeit fast die einzige Bezugsquelle für Uran in der wissenschaftlichen Forschung dar und nahm damit eine Monopolstellung ein.

Nach der Gründung der ersten Tschechoslowakischen Republik im Jahr 1918 übernahm der Staat die Bergwerke. Im Jahr 1922 beschäftigten die *Joachimsthaler Bergwerke* 288 Mitarbeiter. Die Tschechoslowakei deckte 1935 mit ihrem Export 45 % der Weltnachfrage ab. Mit der politischen Entwicklung und dem ausbrechenden Zweiten Weltkrieg gewann Uranerz insbesondere in der Rüstungsindustrie an Bedeutung. Dort, wo Uran abgebaut wurde, bestanden Lager, in denen man Menschen unfreiwillig festhielt und sie zur Produktion des Uranerzes in der Tschechoslowakischen Republik missbrauchte.

Nach dem Ende des Zweiten Weltkriegs fühlte sich die Sowjetunion trotz ihrer Rolle als Kriegsgewinner unsicher, weil sie keine »ultimative Waffe« besaß. Die Atomwaffen, die von den USA auf Hiroshima und Nagasaki abgeworfen wurden, führten zwar zur Kapitulation Japans, zugleich handelte es sich aber fraglos um einen ungeheuren Machtgewinn für die Vereinigten Staaten, der das Kräfteverhältnis neu justierte. Die demonstrative Veranschaulichung ihrer zerstörenden Kraft sicherte den USA die unangefochtene militärische Vormachtstellung gegenüber der Sowjetunion. Daher widmeten die Sowjets der Herstellung einer eigenen Atombombe ihre gesamte Aufmerksamkeit. Dieses Bestreben hatte oberste Priorität. In Joachimsthal befand sich das einzig größere, bereits erschlossene Uranvorkommen im sowjetischen Machtbereich mit einer nennenswerten und kontinuierlichen Fördermenge. Die Sowjetunion verfügte zu diesem Zeitpunkt auf ihrem eigenen Territorium noch nicht in größerem Umfang über eigene, bereits in Betrieb befindliche Uranförderstätten. Bergtechnische Erkundungen hätten Jahre gedauert. Demzufolge war das tschechoslowakische Uran für die UdSSR »Gold wert«. Seit Februar 1945 wusste Stalin von den Uranvorkommen in der Joachimsthaler Region. Im August erfolgte ein erster Erkundungsbesuch sowjetischer Militärs und Geheimdienstler in Joachimsthal, einen Monat später wurden drei Schachtanlagen von Rotarmisten besetzt. Sie übernahmen die Zugangskontrolle und erklärten das Revier zum Sperrgebiet, das es jahrzehntelang bleiben sollte.[2]

---

2   »Die Leitung der Minen von Jáchymov informierte am 13. September den tschechoslowakischen Generalstab, dass drei Abteilungen der Roten Armee, in der Stärke von 20 Mann, die Minen besetzt hätten. Eine Woche später erhielten die Verantwortlichen vor Ort Besuch von einem General der Roten Armee, der strenge Einlasskontrollen anordnete. Von nun an war der Zutritt zu den

Quelle: DIAMO

Aufschlagen von Pechblende über Tage

Minen nur noch mit Spezialausweisen gestattet, ausgestattet von der Kommandantur der Roten Armee in Karlovy Vary. Die Bergleute mussten sich vor und nach ihrer Schicht Leibesvisitationen unterziehen, damit kein Erz herausgeschmuggelt wurde.« In: Rainer Karlsch, Zbynek Zeman: Urangeheimnisse – Das Erzgebirge im Brennpunkt der Weltpolitik 1933–1960, Berlin 2002, S. 78.

Nach 1945 entstand in der neu gegründeten Republik ein neuer Uranindustriezweig. So wurde beispielsweise der kleine Bergbaubetrieb Jáchymov in ein großes staatliches Unternehmen umgewandelt. Den offiziellen Rahmen für die Uranförderung und die Geschäftsgrundlage zwischen der Tschechoslowakei und der Sowjetunion bildete das Abkommen zwischen den Regierungen der Union Sozialistischer Sowjetrepubliken und der Tschechoslowakischen Sozialistischen Republik »über die Erweiterung des Abbaus von radiumhaltigen und anderen radioaktiven Erzen und Konzentraten, sowie deren Auslieferung in die Union Sozialistischer Sowjetrepubliken«, das am 23. November 1945 geschlossen wurde. Das Wort »Uran« kam darin aus Geheimhaltungsgründen nicht vor. Dieses Abkommen unterzeichneten der Außenhandelsminister Hubert Ripka und im Namen der UdSSR der stellvertretende Außenhandelsminister Ivan Bakulin. Eine Woche später beschloss die sowjetische Führung in Moskau, ein 980 Quadratkilometer großes Sperrgebiet zwischen Tscheljabinsk und Swerdlowsk einzurichten, in dem Produktionsstätten für die Atombombe errichtet werden sollten.

Eine Beurteilung des Abkommens ist recht kompliziert und wird bis heute häufig absichtlich verzerrt. Faktisch bedeutete der Vertrag, dass bereits vor dem kommunistischen Putsch im Februar 1948 sämtliche Unternehmen auf diesem Gebiet verstaatlicht wurden. Darüber hinaus verzichtete die Tschechoslowakei zu Gunsten der UdSSR fast vollständig darauf, das geförderte Uran eigenmächtig nutzen zu dürfen und nach eigenem Ermessen verkaufen zu können. Alleiniger Handelspartner war die Sowjetunion, die sich mit dem Vertrag das Verfügungsmonopol sicherte. Das Abkommen bezog sich zudem auf bis dato noch nicht erschlossene Vorkommen. Insofern hatte sich die Sowjetunion die alleinige Verfügungsgewalt über das vorhandene Uran gesichert und die Tschechoslowakei zum nicht autonom agierenden Rohstofflieferanten degradiert.

Hinsichtlich der Abbaumenge, der erbrachten Investitionen und der erzielten Verkaufserlöse lässt sich der Uranabbau ab 1945 in vier Zeitabschnitte einteilen:

1945 bis 1951

In den Jahren 1945 bis 1951 wurde Uranerz um jeden Preis, ohne Rücksicht auf die Arbeitskräfte und auf die Umwelt produziert. Aus Sicht der UdSSR und im Hinblick auf den dringenden Uranbedarf zur Herstellung von Atomwaffen war dies ein nachvollziehbarer Schritt, galt es, den Vorsprung von zwei Jahren, den die USA hatten, schnellstmöglich aufzuholen. In dieser Phase wurden sämtliche Aufwendungen für den Abbau inklusive der produktionsbegleitenden Kosten von sowjetischer Seite übernommen. Dazu gehörten auch die Personalkosten, die Ausgaben für den Ausbau der technischen Basis für die Mitarbeiter des volkseigenen Betriebes *Joachimsthaler Bergwerke n. p.* und die Kosten für den Ausbau der Infrastruktur. Darüber hinaus wurde der Tschechoslowakei ab 1949 eine Gewinnbeteiligung von 18%, später dann von 15% garantiert. Im Jahr 1949 betrugen die Aufwendungen für die Gewinnung von einem Kilo Uran 1993 Kronen. Auf der anderen Seite zahlte die UdSSR bis 1949 oft und viel. Mit Sicherheit wurden in diesem Zeitabschnitt die einträglichsten Uranexporte in die UdSSR vorgenommen. Zum 16. September 1946 wurden fünf Millionen Kronen bezahlt und Ausrüstungen im Wert von 2,5 Millionen Kronen geliefert. Der Betrieb *Joachimsthaler Bergwerke* arbeitete auf Kredit. Während dieser Zeit wurde nur ein Prozent des bis 1991 in die UdSSR gelieferten Urans exportiert.

1952 bis 1959

In dieser Zeitspanne bezahlte die UdSSR nur noch die Ausgaben für den Abbau. Die Gewinnbeteiligung wurde auf zehn Prozent herabgesetzt. Am Ende dieser Phase übertraf das Uranerzangebot die Nachfrage. Die UdSSR hatte nun aus-

reichend Uranreserven und ihr Interesse am weiteren Abbau
sank. 1952 betrugen die Kosten für den Abbau von einem
Kilogramm Uran 855 Kronen, 1958 nur noch 326 Kronen.

1959 bis 1967

In diesem Zeitraum entstand eine absurde Situation: die
UdSSR bezahlte für das tschechoslowakische Uran einen
Festpreis von 135 Kronen pro Kilo. Dieser Preis galt für die
kommenden fünf Jahre. Insofern hing es ausschließlich von
der Effizienz des Abbaus ab, ob der Export in die UdSSR
gewinnbringend oder verlustreich sein würde. In den Jahren
1961 bis 1965 wurde der Abbau jedoch immer unrentabler
und musste mit drei Milliarden Kronen aus dem Staatshaus-
halt subventioniert werden. Im Jahr 1960 wurden die höchsten Abbaumengen erreicht. Insgesamt wurden 3037 Tonnen
Uran exportiert.

1967 bis 1989

In der langen Phase zwischen 1967 bis 1989 waren die Pro-
duktionskosten weit höher als der Preis, den die UdSSR bereit
war zu zahlen. Der Abbau wurde weiterhin vom Staat subventioniert. Im Jahr 1979 betrug die staatliche Subvention für ein
Kilogramm Uran 932 Kronen. Hinzu kamen die Zusatzkosten
für geologische Untersuchungen, den Wohnungsausbau und
infrastrukturelle Begleitmaßnahmen. Die staatlichen Subven-
tionen beliefen sich für den Zeitraum von 1965 bis 1989 auf
insgesamt 38,5 Milliarden Kronen. Allein im Jahr 1989 waren
es 1,7 Milliarden Kronen. Diese enorme finanzielle Belastung,
die im Zuge der Uranförderung allein vom tschechoslowakischen Staat geschultert werden musste, muss jedoch relati-
viert werden, da ausgewählte Rohstoffe, wie z.B. Erdöl, von
der Sowjetunion unter Weltmarktpreis geliefert wurden.

Die tschechoslowakische Uranindustrie wurde jahrzehntelang von einer tschechoslowakisch-sowjetischen Verwaltung

gesteuert. Insbesondere in den Anfangsjahren beteiligten sich die tschechoslowakischen Mitarbeiter an der Betriebsleitung nur sehr sporadisch. Das rasante Tempo des Ausbaus der Uranindustrie und ihr Umfang sprengten den Rahmen und die Möglichkeiten der tschechoslowakischen Wirtschaft und entwickelten sich auf Kosten anderer Wirtschaftssektoren. Das Unternehmen *Joachimsthaler Bergwerke* benötigte ständig massenhaft Arbeitskräfte, die bereit waren, das gesundheitsschädigende Uran abzubauen. Zum 31. Juli 1945 waren unter den 143 Mitarbeitern nur 18 Tschechen, der Rest der Mitarbeiter war deutscher Nationalität. Der Arbeitskräftemangel war zu jeder Zeit hoch, da immer neue Schürfe eröffnet wurden, für die neue Arbeiter gebraucht wurden. Zivile Mitarbeiter gab es trotz der ihnen zugesprochenen Vorteile und trotz des überdurchschnittlich hohen Verdienstes nur sehr wenige, und ihre Anzahl reichte nicht aus, um die Uranproduktion abzusichern. In der Nachkriegszeit wurde dieser Mangel durch zwangsweise rekrutierte Arbeitskräfte behoben. Zum Einsatz kamen zur Vertreibung bestimmte Deutsche und deutsche Kriegsgefangene, die aus Kriegsgefangenenlagern in der UdSSR in die Tschechoslowakei gebracht wurden. Später versuchte man, mit verschiedenen Aktionen Arbeiter anzuwerben. Mit der *Aktion J* (J stand für Jáchymov) warb man 1948 in elf Distrikten Deutsche an und holte sie mit ihren Familien nach Jáchymov. Ein Jahr später versuchte man mit der *Aktion A* zivile tschechische Arbeiter ins Uranrevier zu locken. Die Erfolge dieser Aktionen waren begrenzt.[3]

Neben den Häftlingen im Strafvollzug (Politische, Retributionshäftlinge, Kriminelle) wurden auch Zwangsarbeiter zur Gewinnung und Verarbeitung des Uranerzes verpflichtet. In den Uranlagern wurden diese zwangsweise festgehaltenen Arbeitskräfte lange vor dem kommunistischen Putsch im Jahr 1948 unter vergleichbaren Bedingungen wie die nach 1948 inhaftierten politischen Gefangenen missbraucht. Diese Aussage soll keineswegs deren Martyrium relativieren, sondern

---

3   Rainer Karlsch, Zbynek Zeman: Urangeheimnisse, S. 122.

lediglich auf den Fakt hinweisen, dass politische Gefangene nicht die einzigen waren, die gezwungen waren, unter menschenunwürdigen Bedingungen lebensgefährliche Arbeit zu verrichten. Lange vor dem Einsatz politischer Häftlinge zur Uranproduktion schufteten andere Arbeitskräfte unfreiwillig unter heute kaum vorstellbaren Bedingungen.

Auf dem Gebiet der heutigen Tschechischen Republik können vier Lagerarten unterschieden werden, die von 1940 bis 1986 unter verschiedenen diktatorischen Regimen existierten. Bis 1986 nahmen Häftlinge im Rahmen des Strafvollzugs an der Uranförderung in der mittelböhmischen Příbramer Region teil.

Das erste Lager wurde von den Deutschen im Zweiten Weltkrieg für französische (später sowjetische) Kriegsgefangene errichtet. Sie förderten Uranerz für das Großdeutsche Reich. Nach dem Kriegsende übernahmen die Sowjets die Lager. Als Arbeitskräfte wurden deutsche Kriegsgefangene aus der Sowjetunion in die Joachimsthaler, Schlaggenwalder und Příbramer Regionen transportiert, wo sie Uran für die UdSSR produzierten. Die Verwaltung der Lager lag allein in sowjetischer Hand. Zwei weitere Lagertypen entstanden später, sie wurden ausschließlich vom Tschechoslowakischen Staat gegründet. Es handelte sich um so genannte Zwangsarbeitslager (Tábory Nucené Práce – TNP), die es von 1949 bis 1951 bei den Uranbergwerken gab. Der vierte Lagertyp waren die Besserungs-Arbeitslager (Nápravně Pracovní Tábor – NPT), die zwischen 1949 und 1953 gegründet wurden.

NS-Kriegsgefangenenlager 1940–1945

Der Beginn des Missbrauchs von Arbeitskräften zur Uran-
produktion auf dem Gebiet der heutigen Tschechischen
Republik greift in die Zeit des Zweiten Weltkriegs zurück.
Nach der Besetzung Joachimsthals durch die Deutschen
gingen die staatlichen Joachimsthaler Uranbergwerke am
1. Oktober 1938 in den Besitz des nationalsozialistischen
Staates über. Ab dem 1. April 1939 vermietete das Deutsche
Reich dann die *Joachimsthaler Bergwerke* für zehn Jahre an die
St. Joachimsthaler Bergbau Gesellschaft mbH, die die Bergwerke
bis Mai 1945 betrieb. Bereits zu dieser Zeit war die Schäd-
lichkeit des Umgangs mit Uran bekannt, weil zu diesem
Thema verschiedene Studien und Gutachten erarbeitet worden waren (Brandt/Rajewský u.a.). Dr. Arthur Brandt, Leiter
des gewerbeärztlichen Dienstes von Sachsen, und Professor
Dr. Boris Rajewsky, Leiter des Frankfurter Kaiser-Wilhelm-
Institutes für Biophysik, hatten umfangreiche Reihenunter-
suchungen durchgeführt und sich für eine Verbesserung der
Arbeitsbedingungen und für die Anerkennung der »Joachimsthaler Bergkrankheit« als Berufskrankheit eingesetzt, weil die
Ergebnisse dieser Studien offenbarten, dass die Radiumpro-
duktion zum vorzeitigen Tod durch Lungenkrebs führt. Da
den Bergleuten trotz der eingeleiteten Schutzmaßnahmen
nicht substantiell geholfen werden konnte, zog man unter
dem Einfluss der nationalsozialistischen Propaganda allerdings
den Schluss, dass die gesundheitsschädigenden Arbeiten von
ausländischen Arbeitskräften, den so genannten Ostarbeitern,
oder Häftlingen verrichtet werden sollten, denn schließlich sei
es »unzulässig, dass deutsche Arbeiter eine Arbeit verrichten,
die zu einem vorzeitigen Tode an Krebs führt«.[4] Konkret hieß
das: »Es ist nicht zu verantworten, dass wertvolle Volksgenos-
sen eine Arbeit leisten müssen, die bei längerer Verrichtung
mit einer gewissen Sicherheit zum frühzeitigen Tod durch
Lungenkrebs führt. Wenn der Staat die Gewinnung von

---

4   Urban, Jan.: Jáchymov – kolébka atomového věku, Maschinenschrift
    (ohne Seitennummerierung), 1965.

Radium im Interesse des deutschen Volkes für notwendig hält, dann sind hierfür grundsätzlich Kräfte einzusetzen, die bei vorzeitigem Ableben für das deutsche Volk keinen Verlust bedeuten.«[5]

Im Oktober 1940 wurde mit dem Aufbau eines Lagers mit 20 Baracken für Gefangene am *Schacht Werner* begonnen. Im Dezember 1940 trafen die ersten französischen Kriegsgefangenen ein. Sie arbeiteten im *Schacht Werner* länger als ein Jahr, ihre Zahl schwankte zwischen 28 und 41 Mann. Am 31. Mai 1942 fand ein Austausch von 29 französischen Kriegsgefangenen gegen 65 sowjetische Kriegsgefangene statt. Ende 1943 waren 85 der in den Joachimsthaler Bergwerken tätigen Mitarbeiter zur Armee eingezogen. Die Zahl der zivilen Mitarbeiter sank somit auf 160 Personen. Aus diesem Grund wurde zu Beginn 1944 die Zahl der sowjetischen Kriegsgefangenen auf 76, im Jahr 1945 auf 97 erhöht. Im Jahre 1945 waren in den Bergwerken 16 so genannte Ostarbeiter beschäftigt. Die Gefangenen arbeiteten im *Schacht Werner* und im *Schacht Sächsische Edelleute*, die »Ostarbeiter« im *Schacht Einheit* (Svornost). Im Februar 1945 waren in den Bergwerken insgesamt 115 Häftlinge beschäftigt. Dies stellte die höchste nachweisbare Häftlingszahl dar.

Im Joachimsthaler Revier kam es zu dieser Zeit demnach zu keinem Masseneinsatz von unfreiwillig festgehaltenen Arbeitskräften. Dieser erfolgte erst später, mit dem Wettlauf der Großmächte um Atomwaffen. Dessen ungeachtet war das Verhältnis der zivilen Stammmitarbeiter zu den unfreien Arbeitskräften in den Vierziger- und Fünfzigerjahren etwa gleich.

5   Elsner, Gine / Karbe, Karl-Heinz: Von Jachymow nach Haigerloch. Der Weg des Urans für die Bombe, Hamburg 1999, S. 64.

Uranverarbeitung im *Lager Einheit* (Svornost) in den 1940er Jahren

Foto: Jindřich Procháska, 1968

Unterirdischer Strafbunker im *Lager Vojna*. Der Bunker war nur 11,5 m² groß. Die Höhe betrug 1,70 m. Belüftet wurde er über ein 30×40 cm großes Blech mit Löchern. Bis zu 30 Häftlinge wurden hier eingesperrt. Die Enge und die fehlende Luftzufuhr führte zu Traumatisierungen und gesundheitlichen Langzeitschäden. Im Hintergrund ist der Strafzellentrakt, die so genannte Korrektion, zu sehen.

Das Lager für deutsche Kriegsgefangene 1946–1950

Die Lager für deutsche Kriegsgefangene müssen in zwei Kategorien getrennt werden. Lager der ersten Kategorie waren für Angehörige der Wehrmacht, die auf tschechoslowakischem Gebiet verhaftet worden waren, bestimmt. Seit der Ankunft des ersten Transports am 15. Februar 1946 mit insgesamt einhundert Gefangenen aus dem Gefangenenlager Prag-Motol befanden sich diese im Joachimsthaler Gebiet. Die Anfänge der Zwangsarbeit bildeten zwei Holzbaracken, umzäunt mit Stacheldraht, an den Schächten *Bruderschaft* (Bratrství) und *Gleichheit* (Rovnost). Im *Schacht Gleichheit*, in dem die Gruppe von 80 Gefangenen bald auf 250 Personen angewachsen war, wurde mit deren Hilfe ein Lager aus Holzhäusern gebaut, das jedoch später an die Gefangenen der zweiten Kategorie

Wachturm in der heutigen *Gedenkstätte Lager Vojna*.

Todesopfer in der Urangrube nach einem Arbeitsunfall

abgetreten wurde. Ihre Gesamtzahl überschritt wahrscheinlich keine paar Hundert.

Die zweite Kategorie der Gefangen bildeten Kriegsgefangene, die aus der Sowjetunion ins Joachimsthaler, Schlaggenwalder und Příbramer Gebiet gebracht wurden. Insgesamt wurden etwa fünftausend Gefangene aus den Kriegsgefangenen-Lagern um Iwanowo, Brjansk und Jaroslawl hierher transportiert. Diese wurden auf neun Lager verteilt. Im Joachimsthaler Gebiet waren es die Lager: *Gleichheit* (Rovnost), das Zentrallager am Schacht *Brüderlichkeit* (Bratrství), *Elias* (Eliáš), *Einheit* (Svornost), *Mariasorg* (Mariánská), *Höhe* (Vršek); im Schlaggenwalder Gebiet das *Lager Prokop* und bei Příbram das *Lager Vojna*. Das letztgenannte diente innerhalb des Lagersystems als Strafanstalt für das gesamte Gefangenengebiet.

Infolge des rücksichtslosen Strebens nach höchstmöglicher Abbaumenge wurden die einfachsten Sicherheitsregeln umgangen. Sehr oft kam es zum Einsturz der Decken. Der Arbeitsschutz war mangelhaft, so dass es häufig zu Arbeitsunfällen kam, die schwere Verletzungen nach sich zogen und mitunter Todesfolge hatten. Das in unzureichendem Umfang gebaute Lüftungssystem verursachte Atemprobleme und hinterließ an der Gesundheit der Gefangenen langfristig Schäden.

Dem Lagerarzt Girschek zufolge wurde der Organismus auf drei Arten von der verheerenden Strahlung geschädigt: von außen aufgrund der Arbeit mit radioaktivem Material; von innen aufgrund des Einatmens von Radon und des Konsums von radioaktivem Wasser und schließlich durch die verheerende innere Mikrostrahlung des radioaktiven Staubes, der sich in der Lunge ablagerte.

Ab dem 1. August 1946 wurden den Gefangenen zwei Kronen am Tag ausgezahlt. Dieser Lohn veränderte sich mit der Zeit. Für ihre Leistung gab es eine festgelegte Arbeitsnorm, für deren Übererfüllung Prämien ausgezahlt wurden. Bei geringerer Leistung wurden die Gefangenen für das Nichterfüllen häufig mit Kürzung der Essensrationen oder

Verlängerung der achtstündigen Arbeitszeit um weitere acht Stunden bestraft.

Im Februar 1948 wurde ein ausführlicher Bericht über die Ernährungsbedingungen der Gefangenen erstellt. Darin hieß es: »Dass die Gefangenen ausreichend ernährt werden, davon zeugt am besten ihr Äußeres. Gefangene, die in unsere Lager erst in der II. Hälfte des letzten Jahres kamen, waren stark unterernährt und abgeschwächt. Zugegebenermaßen gelang es noch nicht bei allen, diesen elenden körperlichen Zustand vollkommen zu bessern, nichtsdestotrotz wurde in allen Fällen ein beträchtlicher Fortschritt erzielt. Bei einem Gefangenen konnte binnen sechswöchigen Aufenthalts in unserem Lager ein Zuwachs an Körpergewicht um 18 kg festgestellt werden.«[6]

Zum 11. Januar 1950 befanden sich im Zentrallager am *Schacht Brüderlichkeit* 1126 Gefangene und weitere 120 im anliegenden Krankenhaus. Für jeden Gefangenen war eine Fläche von 1,6 m² vorgesehen. De facto stand etwas mehr Fläche zur Verfügung, weil sich ein Viertel bis ein Drittel der Insassen immer außerhalb des Lagers befand. Dennoch war es sehr beengt. In einem offiziellen Bericht über die Situation im Lager hieß es: »Die Gefangenen schliefen auch in ehemaligen Kulturräumen, hatten keinen Ort, um ihre persönlichen Sachen oder gar die nassen Arbeitsklamotten abzulegen, die hygienischen Bedingungen waren katastrophal, die Baracken verlaust etc. Schlechte Lebensbedingungen verstärkten die Unzufriedenheit und Beklommenheit der Gefangenen, und alles zusammen führte zum Zerfall des Lagerinnenregimes sowie der Lagerdisziplin ...«[7]

Im September 1947 wurden zum Uranabbau 2000 Gefangene eingesetzt – bis dahin waren insgesamt fünf Transportzüge aus den Gefangenenlagern um Iwanowo, Brjansk und Jaroslawl abgefertigt. Im dritten Quartal des Jahres 1947

---

6   DIAMO, Karton 220, inv. j. 4366.
7   JANÁK, Dušan: Nasazení německých zajatců ze SSSR v Jáchymovských dolech (1947–1953). In: BORÁK, Mečislav, et al.: Perzekuce občanů z území dnešní České republiky v SSSR. Sborník studií. Praha 2003, S. 238.

bildeten deutsche Kriegsgefangene etwa zwei Drittel der Mitarbeiter der *Joachimsthaler Bergwerke*. Offiziell befanden sie sich noch in der Sowjetunion, doch ihre Familien erhielten Briefe aus der ČSR und überhäuften die tschechoslowakische Regierung mit Entlassungsanträgen. Das Internationale Rote Kreuz sammelte Beweise und forderte Erklärungen. Tschechoslowakische Organe forderten bis Mai 1949 bei der UdSSR die Beendigung dieser unhaltbaren Situation, jedoch ohne Erfolg.

Die innere Verwaltung und das Regime in den Gefangenenlagern unterstanden den Sowjets. Für die Überwachung der Lager waren die *Joachimsthaler Bergwerke* zuständig. Diese unterstanden nach dem Abzug des Wachtrupps der Sowjetarmee, spätestens aber ab Sommer 1946 den tschechoslowakischen Sicherheitsorganen, konkret der *Sondereinheit des Korps der Nationalsicherheit* und der Betriebswache der *Joachimsthaler Bergwerke*. Am 19. November 1949 gab es insgesamt 1754 deutsche Kriegsgefangene, 335 Zwangsarbeiter und 3512 Sträflinge.

Der Einsatz deutscher Kriegsgefangener in den tschechischen Urangruben entsprach seit der Moskauer Außenministerkonferenz im April 1947 nicht mehr den internationalen Vereinbarungen, denn dort hatte man sich darauf geeinigt, alle deutschen Kriegsgefangenen bis Ende 1948 freizulassen. Daraufhin gab es erste Verhandlungen zwischen der Sowjetunion und der Tschechoslowakei, und der sowjetische Ministerrat fasste den Beschluss, alle in Jáchymov befindlichen deutschen Kriegsgefangenen freizulassen. Jedoch nur unter der Voraussetzung, dass diese sich »freiwillig« für den Uranbergbau auf deutscher Seite, bei der Wismut AG, verpflichteten. Die Rückführung lief unter dem Decknamen *Aktion Wismut*. Neben der Verlockung der vorzeitigen Entlassung galt die Drohung, dass man diejenigen, die sich weigerten, zurück in die UdSSR schicken würde.[8] Bis zum 11. Oktober 1948 wurden schließlich 1502 Personen zurück in die

---

8 Perzekuce občanů z území dnešní České republiky v SSSR. Sborník studií. Praha 2003, S. 238.

sowjetische Zone geschickt, 1168 von ihnen konnten für die Arbeit in der Wismut AG gewonnen werden. Dem Bericht der DDR-Nachrichtenagentur ADN vom 14. Dezember 1948 zufolge, verließ der letzte Transport mit deutschen Kriegsgefangenen die ČSR, zurückgeblieben seien nur verurteilte Kriegsverbrecher, was jedoch der Realität in den Joachimsthaler Lagern nicht entsprach. Denn parallel zur *Aktion Wismut* entließ die sowjetische Verwaltung 329 Kriegsgefangene, die sich verpflichteten, nach ihrer Entlassung ein bis zwei Jahre in den *Joachimsthaler Bergwerken* als Vertragsarbeiter zu arbeiten. Danach wurde es ihnen ermöglicht, zurück nach Deutschland umzusiedeln. Im Zeitraum vom 8. Juli 1950 bis 24. Mai 1951 wurden 133 Vertragsarbeiter mitsamt Familien in elf Transporten in die DDR übersiedelt, unabhängig davon, ob sie wollten oder nicht.

Trotz sämtlicher Versuche, die Situation in den Lagern unter Kontrolle zu halten, kam es am 31. Dezember 1949 unter den verbliebenen deutschen Kriegsgefangenen zu einem Hungerstreik. Dies geschah, weil ein Teil der ersten Heimkehrer bereits auf dem Transport geflüchtet war und die sowjetische Seite daraufhin die Entlassung der restlichen Deutschen hinausgezögert hatte. Kurz danach wurden tatsächlich auch die restlichen deutschen Kriegsgefangenen repatriiert. Die Letzten verließen das Zentrallager am 28. Januar 1950. Schon eine Woche später wurde das Lager mit tschechischen Häftlingen neu belegt.

Uran-Zwangsarbeitslager (Tábory Nucené Práce TNP) 1949–1951

Zwangsarbeitslager (TNP) wurden auf dem tschechoslowakischen Gebiet auf der Grundlage des am 25. Oktober 1948 verabschiedeten, die Zwangsarbeitslager betreffenden Gesetzes (247/48 Sb.) errichtet. Diese galten in Uranbergwerken von 1949 bis 1951. Die Einweisung eines Bürgers in ein Zwangsarbeitslager setzte nicht zwingend voraus, dass dieser eine Straftat begangen hatte. Hinreichend war bereits der Verdacht, eine Straftat begehen zu wollen. Das Zwangsarbeitslager galt als Präventionsmaßnahme. In einem Bericht von Parteifunktionären an die Regierung hieß es: »Dieses Gesetz (247/48 Sb.) bedeutet eine Revolution in der Strafgewalt, denn es benötigt keine Straftat, um angewandt zu werden. Es handelt sich um ein präventives Gesetz, d. h. um eine vorläufige Maßnahme gegen Straftaten.«[9]

In ein Zwangsarbeitslager konnte ein jeder zwischen dem 18. und dem 60. Lebensjahr (bis auf kleine Ausnahmen) ohne ein ordentliches Gerichtsverfahren für die Dauer von drei Monaten bis zu zwei Jahren eingewiesen werden. Über die Einweisung ins TNP entschieden meist dreiköpfige Kommissionen, deren Mitglieder und Vertreter durch das Kreisnationalkomitee, das heißt von der Kreisregierung, ernannt wurden. Als Gründe der Einweisung wurden von den Kommissionen folgende Sachverhalte genannt: »… pflegt Kontakte ins Ausland; seine Schwester ist österreichische Staatsbürgerin; hat kein positives Verhältnis zum System; hört ausländischen Rundfunk; war nicht mit der Verstaatlichung einverstanden; verbreitete unwahre Informationen; ist Besitzer einer Luxusvilla; besitzt ein Haus; trifft sich mit Reaktionären; ist Glücksspieler; meidet Arbeit; seine Ehefrau war gegen die Verstaatlichung …«[10]

Diese Kommissionen stellten ihre Tätigkeit zum 31. Juli 1950 ein. Ebenfalls an diesem Stichtag kam es zur Aufhebung des o. g. Gesetzes 247/48 Sb. Eine weitere Legalisierung der

9   Nationalarchiv, Branně bezpečnostní komise ÚV KSČ, Karton Nr. 104.
10   Ebd.

Zwangsarbeitslager ermöglichten aber auch das Strafverwaltungsgesetz (Nr. 88/50 Sb.) sowie das Strafgesetz (Nr. 86/50). Die Zwangsarbeitslager hatten die Aufgabe, Regimegegner zu isolieren und in den Zwangsarbeitslagern mit Arbeit, für die sie ordnungsgemäß bezahlt werden sollten, sowie mit politischen Schulungen zu gleichwertigen, die kommunistische Gesellschaft aufbauenden Mitbürgern umzuerziehen. Sowohl für die Insassen als auch ihre Familienangehörigen sollte so weit gesorgt sein, dass niemand darben müsse. Die Realität sah freilich anders aus.[11]

Seit Oktober 1949 wurden den zugänglichen Archivunterlagen zufolge nach und nach folgende Zwangsarbeitslager errichtet:

Joachimsthal-Höhe (Jáchymov-Vršek),
Příbram-Vojna,
Joachimsthal-Nikolaj (Jáchymov-Nikolaj),
Joachimsthal-Plavno (Jáchymov-Plavno),
Příbram-Brod.

Das Zwangsarbeitslager *Joachimsthal-Höhe* wurde am 3. Oktober 1949 gegründet. Noch im gleichen Monat wurden 238 Personen eingewiesen. Ein weiteres Uran-Zwangsarbeitslager bestand im Příbramer Gebiet, es handelte sich um das Zwangsarbeitslager *Vojna*, das faktisch zum 22. November 1949 entstand. Zum 10. Januar 1950 bestanden nur diese zwei Uran-Zwangsarbeitslager Vršek und Vojna. Das *Lager Vršek* hatte eine Kapazität von 350 Personen, war jedoch nur mit 136 Häftlingen belegt.

Im Joachimsthaler Gebiet wurden im Jahr 1950 zwei weitere Zwangsarbeitslager gegründet – am 1. September das *TNP Joachimsthal-Nikolaj* und zwei Wochen später das *TNP Joachimsthal-Plavno*. Die Zahl der Insassen schwankte mitunter sehr. Zum 30. September 1950 befanden sich in den vier Uran-Zwangsarbeitslagern in Joachimsthal und Příbram insgesamt 1741 Insassen. Die Gesamtzahl der Insassen aller Zwangsarbeitslager in der Tschechoslowakei betrug 5135 Per-

11 Zahlreiche Zeitzeugenberichte finden sich in der Monographie von Otfried Pustejovsky »Stalins Bombe und die ›Hölle von Joachimsthal‹. Uranbergbau und Zwangsarbeit in der Tschechoslowakei nach 1945«, Berlin 2009.

Ansicht des stillgelegten *Lagers Vojna*. Die Aufnahme stammt aus dem Jahr 1968.

sonen. Als letztes Uran-Zwangsarbeitslager entstand *Příbram-Brod*, das am 1. Juli 1950 durch die Abspaltung der Zweigstelle des *TNP Příbram-Vojna* gebildet wurde. Zum 31. Dezember 1950 befanden sich in den fünf Zwangsarbeitslagern in Joachimsthal und Příbram 1522 Insassen. Die Gesamtanzahl der Insassen aller Zwangsarbeitslager der Region betrug 3522. Zwei Monate später betrug die Gesamtzahl der Zwangsarbeiter an den Uranbergwerken nur noch 1230.

Entsprechend der Vereinbarung des Innenministeriums mit der Direktion der *Joachimsthaler Bergwerke* aus dem Jahr 1949, wurde der Lohn der Insassen an die Leitung der Zwangsarbeitslager in voller Höhe, gleich dem der zivilen Angestellten, ausgezahlt. Weiterhin wurde vereinbart, dass die *Joachimsthaler Bergwerke* die Unterkünfte mit je 3 bis 4 Quadratmetern pro Person für zwei Kronen pro Person und Tag an das Innenministerium vermieten dürfen.

Doch die Realität der Entlohnung der Insassen war insbesondere in der Anfangszeit der Zwangsarbeitslager eine andere.

Die Bergwerke überwiesen das Geld an die Verwaltung der Zwangsarbeitslager, die es »umverteilte«. Den Großteil behielt sie für Unterkunft, Verpflegung, Bewachung u. ä., ein Teil ging an die Familien der Insassen, einen Teil erhielt der Insasse als so genanntes »Taschengeld« in Form von Coupons für den Einkauf in der Kantine. Etwas Geld wurde auf seinem Konto hinterlegt, das ihm bei der Entlassung ausgezahlt wurde. Die Lagerinsassen wurden vorzugsweise zur Arbeit im Schacht, sowohl unter Tage als auch oberhalb, weiterhin zu den Arbeiten im Lager sowie in seiner Umgebung und zum Ausbau von Städten (Příbram, Ostrov, Joachimsthal) eingesetzt.

Im Jahr 1951 wurden die Zwangsarbeitslager im Joachimsthaler Gebiet allmählich aufgelöst und ihre Insassen in die Příbramer Region umgesiedelt. Doch auch hier kam es kurze Zeit später zur Auflösung der Zwangsarbeitslager. Es handelte sich um einen Schritt, mit dem die Vereinheitlichung des Lagersystems bei der Uranförderung unter Aufsicht des Strafvollzugs (SVS Ostrov) angestrebt wurde. Die Lager blieben somit weitestgehend bestehen, nur ihre Verwaltung und die Art der Insassen änderten sich.

Zum 20. Januar 1951 wurde das *Lager TNP Příbram-Brody* aufgelöst.[12] Das *Lager TNP Jáchymov-Nikolaj* wurde zum 15. Februar 1951 aufgelöst.[13] Die Insassen wurden ins *Lager TNP Jáchymov-Vršek* überführt. Zum 25. April 1951 wurde schließlich auch dieses Lager aufgelöst, seine Insassen brachte man in den Tagen vorher ins *Lager TNP Příbram-Vojna*. Anfang Juli 1951 befanden sich im *Lager TNP Jáchymov-Plavno* noch 59 Insassen, das Lager stand kurz vor seiner Auflösung. Zur gleichen Zeit befanden sich im Lager *TNP Příbram-Vojna* noch 519 Personen. Wenige Wochen später, am 20. Juli 1951, wurde auch das *Lager TNP Příbram-Vojna* aufgelöst und im Grunde über Nacht in ein Besserungs–Arbeitslager (Nápravně Pracovní Tábor – NTP) umgewandelt. Die noch verbliebenen Insassen wurden in die Zwangsarbeitslager *TNP Nováky* und *TNP Všebořice* überführt.

---

12   Erlass č. j. B/6 – 208 – 00/50 taj./50 vom 16. Januar 1951.
13   Erlass MNB – 6. sektor č. B/6-535/10-51 taj. vom 14. 2. 1951.

Uran-Besserungs-Arbeitslager (Nápravně Pracovní Tábor – NTP) 1949–1953

Die Abschaffung der Zwangsarbeitslager TNP in Joachimsthal kann vor allem mit deren Ersetzung durch die so genannten Besserungs-Arbeitslager (NPT) erklärt werden. In diese Lager wurden Häftlinge verbannt, die zu hohen Haftstrafen verurteilt worden waren. Zu dieser Zeit generierte die Justiz bereits zahlreiche politische Häftlinge. Sie waren für den Uranabbau wesentlich nützlicher und perspektivisch gesehen zukunftsweisender als die Insassen der Zwangsarbeitslager, deren Zahl nie reichte und deren Verbleibdauer aus Sicht der Lagerleitung immer zu kurz war. Ihre Arbeitskraft konnte maximal zwei Jahre ausgenutzt werden.

Sämtliche Besserungs-Arbeitslager (NTP) verwaltete die *SVS Ostrov,* die Station des Strafvollzugsdienstes Ostrov. Sie waren selbstständige Einheiten. Demzufolge mussten hier sämtliche notwendigen Dienstleistungen und Tätigkeiten abgesichert werden. In jedem Lager befanden sich eine Kommandantenbaracke mit Büroräumen und Zimmern der Lagerältesten, Wachtürme und weitere Lagerüberwachungseinrichtungen. Weiterhin gab es Depots für Bekleidung und Lebensmittel, Schuppen, in denen Heizmaterial gelagert wurde, eine Wäscherei, Schweineställe, Latrinen, eine Küche und Kantine, Kulturhaus, Strafzellen, Isolationszellen und selbstverständlich die Wohnbaracken, in denen sich jeweils zehn Zimmer befanden, die im Durchschnitt zwanzig Sträflinge bewohnten. Die Insassen schliefen auf Doppelstockbetten, von denen, mit Ausnahme derer an den Wänden, jeweils zwei nebeneinander standen. Neben seinem Bett durfte jeder Häftling eine Pappkiste haben, in der er seine persönlichen Sachen aufbewahrte. In den Zimmern befand sich jeweils ein Ofen, der aufgrund des Brennstoffmangels nur an besonders kalten Tagen genutzt wurde.

Im Joachimsthaler, Schlaggenwalder und Příbramer Gebiet wurden insgesamt 17 Lager errichtet:

Lagername	Geheimcode	Gebiet	Errichtung	Auflösung
Vykmanov I	C	Joachimsthal	1.3.1949	noch heute Gefängnis
Mariánská	B	Joachimsthal	4.6.1949	1.4.1960
Prokop	T	Schlaggenwald	2.7.1949	14.5.1955
Eliáš I	N	Joachimsthal	29.7.1949	Ende 1951
Rovnost	P	Joachimsthal	15.9.1949	1.6.1961
Svornost	K	Joachimsthal	4.12.1949	29.10.1954
Ležnice	O	Schlaggenwald	26.1.1950	22.8.1955
Ústřední	D	Joachimsthal	4.2.1950	12.12.1954
Bratrství	M	Joachimsthal	21.2.1950	12.6.1954
Eliáš II	N	Joachimsthal	8.12.1950	1.4.1959
Vykmanov II	L	Joachimsthal	bis Februar 1951	26.5.1956
Svatopluk	V	Schlaggenwald	Februar bis April 1951	14.5.1955
Vršek	E	Joachimsthal	Juni bis August 1951	30.3.1957
Vojna	U	Příbram	20.7.1951	1.6.1961
XII	X	Schlaggenwald	August bis September 1951	9.8.1954
Nikolaj	A	Joachimsthal	Oktober bis November 1951	1.7.1958
Bytíz	Z	Příbram	Mai 1953	noch heute Gefängnis

Wie aus der Tabelle hervorgeht, entstand ein Teil der Besserungs-Arbeitslager NPT aus den Gefangenenlagern für deutsche Kriegsgefangene und aus den Zwangsarbeitslagern TNP. Nur wenige Lager wurden neu gegründet. Die Auflösung der

Lager ergab sich vor allem wegen der geringer werdenden Fördermenge und der daraus resultierenden Einstellung des Erzabbaus in der jeweiligen Region. Zuerst betraf dies Schlaggenwald, später Joachimsthal.

Die Geschichte der Besserungs-Arbeitslager NPT kann in drei Grundabschnitte gegliedert werden. Die Lebensverhältnisse, die Art der Unterbringung und Arbeitsbedingungen veränderten sich mit der Zeit deutlich. Die Anfänge in den Fünfzigerjahren können deshalb nicht mit dem Ende der Fünfzigerjahre gleichgesetzt werden. Unabhängig von der zeitlichen Differenzierung gab es auch unter den einzelnen Lagern große Unterschiede. Dies hing insbesondere von der Person des Lagerkommandanten und dem ihm unterstellten Wachpersonal ab. Dessen ungeachtet kann man das Bestehen der Besserungs-Arbeitslager in drei Phasen untergliedern:

1. März 1949 bis 31. Mai 1951
In dieser Phase war die Strafvollzugsabteilung des Justizministeriums für die innere Lagerverwaltung verantwortlich. Für die äußere Überwachung sorgte *Jeřáb*[14], eine Spezialeinheit des Korps der Nationalen Sicherheit. Aus der Sicht der Häftlinge handelte es sich um eine ruhigere Zeit. Zwischen dem volkseigenen Betrieb *Joachimsthaler Bergwerke* und dem Justizministerium kam es zu Klärungen hinsichtlich der Zuständigkeitsbereiche, Zahlungsvorgänge etc. Ein wichtiger Faktor aus Sicht der Häftlinge war das enorm hohe Interesse der Sowjetunion am tschechoslowakischen Uranerzvorkommen. Sowjetische Inspekteure besuchten die Lager und die Kommandanten mussten rechtfertigen, warum so viele Häftlinge in Strafzellen saßen, anstatt in den Bergwerken zu arbeiten. In dieser Zeit stand an erster Stelle, dass der Häftling genug zu essen bekam und ausreichend Schlaf hatte, um die schwere Arbeit im Uranerzabbau zu schultern und hohe Leistung zu liefern.

14   Dt.: Kranich (Anm. des Übersetzers).

Spuren der einstigen Erzaufbereitung der *Grube Eliáš*

1. Juni 1951 bis 31. Oktober 1954

In dieser Phase, insbesondere nach dem Tod von Stalin und Gottwald, erlebten die Häftlinge in den Besserungs-Arbeitslagern die schlimmste Zeit. Hunger, Schikane, Folter, Erniedrigung oder Verlust menschlicher Würde sind nur ein Teil der für diese Zeit so typischen Attribute. Während dieser gesamten Zeit war für die Uranlager unter dem *SVS Ostrov* die Sondereinheit des Korps der Nationalen Sicherheit *Jeřáb* zuständig. Sie übernahm sowohl die innere als auch die äußere Lagerverwaltung.

1. November 1954 bis 1. Juni 1961

In der letzten Phase kam es erneut zur Trennung der Zuständigkeiten zwischen zwei Ministerien. Für die innere Lagerverwaltung war wieder die Abteilung Strafvollzug des Justizministeriums verantwortlich, für die äußere Überwachung das Innenministerium. Die pioniertechnische Einrichtung der

Reste des *Lagers Vymakov* mit dem so genannten Todesturm. Die Bezeichnung stammt von den Gefangenen, weil die radioaktive Strahlung dort aufgrund der Staubbelastung sehr hoch war.

Lager verbesserte sich wesentlich, so dass es nur noch selten zu Fluchtversuchen kam. Insgesamt handelte es sich um eine ruhigere Phase mit wenigen Ausnahmen. Eine solche Besonderheit im Lageralltag war der so genannte »Nudelstreik« im *Lager Vojna*: Im Juli 1955 war dort eine neue Lagerordnung in Kraft getreten, die die Häftlinge für reine Schikane hielten. Sie verweigerten daraufhin sowohl die Kost als auch den Antritt zur Arbeit. Um den Widerstand der Häftlinge nach vier Tagen zu brechen, musste Verstärkung des Innenministeriums gerufen werden.

Diese Phase endete mit der Auflösung des letzten Joachimsthaler Lagers sowie des *Lagers Vojna* bei Příbram. Von diesem Datum an gab es nur noch eine einzige Besserungseinrichtung, von der aus Häftlinge in der Uranindustrie eingesetzt wurden: das *Lager Bytíz* bei Příbram.

Bislang konnten insgesamt 511 Männer identifiziert werden, die zwangsweise bei der Produktion des Uranerzes

Einfahrt zum Besserungs-Arbeitslager Bytíz

für die UdSSR eingesetzt wurden und dabei starben. Konkret handelte es sich um fünf sowjetische Kriegsgefangene, 18 deutsche Kriegsgefangene, vier Insassen der Zwangsarbeitslager und 484 Männer aus dem Strafvollzug, bzw. in ganz seltenen Fällen aus der Untersuchungshaft. In einem Fall handelte es sich um einen ungarischen Kriegsgefangenen, der vollkommen rechtswidrig in Joachimsthal gefangen gehalten wurde. 243 Männer, also knapp die Hälfte, starben bei einem Arbeitsunfall oder an den Folgen einer Arbeitsverletzung. In Joachimsthal waren es 40 %, in Schlaggenwald 55 % und in Příbram 57 % der Verstorbenen. In Krankenhäusern starben Häftlinge an ihren Arbeitsverletzungen und an verschiedenen anderen Krankheiten. Einem Herzinfarkt erlagen fast 13 % der Häftlinge. Auch das Thema Suizid war in den Lagern aufgrund der aussichtslosen Lage der Häftlinge keine Seltenheit. Im Příbramer Gebiet herrschte die schlimmste Situation. Hier war die Quote mit 14 % aller Verstorbenen am höchsten. Im Joachimsthaler Gebiet lag sie bei 9 %, im Schlaggenwalder bei

Lager Bytíz 1963: Leichnam von Jan Mikolas, der auf der Flucht erschossen wurde

4%. Es gibt Hinweise darauf, dass viele Suizide eigentlich fingierte Morde waren. Konkrete Beweise, die diese Annahme untermauern, fehlen jedoch.

Hinzu kamen die Todesopfer, die auf der Flucht erschossen wurden. Dies betraf 35 Sträflinge und vier deutsche Kriegsgefangene.

Die Uranindustrie ist genau wie der Bergbau generell unmittelbar mit der Möglichkeit von Todesopfern verbunden. Die Männer, die in den Lagern einsaßen, hatten jedoch keine Wahl, ob sie im Uranbergbau arbeiten wollten oder nicht. Die absolute Mehrheit waren Häftlinge im Strafvollzug, denen dieser Ort und die entsprechende Beschäftigung zugewiesen und befohlen wurde. Ihr gemeinsamer Nenner war ihr Strafvollzug, doch in keinem der Urteile stand etwas über den Verlust der Gesundheit oder gar des Lebens.

Etwa 0,55 % der Arbeitskräfte kam aus den Lagern an den Uranbergwerken nie wieder ins zivile Leben zurück.

Foto: František Bártík, 2007

Heute ist das ehemalige *Lager Vojna* eine Gedenkstätte, die stellvertretend an die Uran-Lager im Joachimsthaler Gebiet erinnert: Außenareal mit Wohnbaracke im Hintergrund.

In Anbetracht der Tatsache, dass das *Lager Vojna* als das letzte authentische Lager aus dieser Zeit erhalten war, entschied die Regierung der Tschechischen Republik im Juli 1998 auf Antrag der *Konföderation ehemaliger politischer Häftlinge,* auf dem Gelände des ehemaligen *Lagers Vojna* eine Erinnerungsstätte zu schaffen. Man begann daraufhin mit der Beräumung des vorher von der Armee genutzten Areals und der Rekonstruktion. In den Jahren 2000 und 2001 wurden umfangreiche Erhaltungsarbeiten durchgeführt und die bedrohten Gebäude (ehemaliges Kulturhaus und Häftlingsbaracke) gesichert. Im Jahr 2000 beschloss die Regierung die Schaffung eines Dokumentationszentrums. Ein Jahr darauf wurde das Gelände zum Kulturdenkmal erklärt. Im Mai 2005 wurde die *Gedenkstätte Lager Vojna* der Öffentlichkeit übergeben. Mit ihr soll die Erinnerung an das hier praktizierte Unrecht wach gehalten werden.

Gedenkstätte *Lager Vojna*: Rekonstruktion einer Strafzelle

František Šedivý

Die Hölle von Jáchymov – eine Jugend im Straflager
Autobiographische Erinnerungen

I. Das Tor zur Hölle

Pavel kehrte von seiner letzten Vorlesung nach Hause zurück. Er beeilte sich, denn bis zum Abendessen wollte er noch zehn Seiten Geschäftsökonomie schaffen. Am Abend wollte Hanka zu ihm kommen. Wenigstens zwei sorglose Stunden wollten sie miteinander verbringen. Es waren nur noch ein paar Schritte bis zu der Straße, in der er mit seiner Mutter lebte. Nur noch den Garten mit den hohen Nadelbäumen entlang, dann um die Ecke und schon würde er zu Hause sein. Der Mann, der ihn vom Erker der Villa aus beobachtete, an der er vorbeilief, fiel ihm nicht auf. Aus seiner Gasse bog gerade ein großes schwarzes Auto. Pavel ging um die Ecke und drehte sich um. Der Wagen hielt an und der Fahrer sprach mit dem Beobachter, der ans Auto herangetreten war.

Sie wechselten einige Worte miteinander, die man nicht hören konnte. An den Spuren auf der Straße konnte man erkennen, dass der Wagen vorher vor dem Haus seiner Mutter gestanden hatte. Pavel öffnete schnell die Gartentür, die nicht abgeschlossen war.

Als er hinter sich die Schritte zweier Männer bemerkte, trat er rasch in den Garten hinein. Sie wollten ihn einholen, bevor er das Haus betrat. Ohne die Gartentür zu öffnen, zielte einer der Beiden mit einer Pistole auf Pavel und brüllte: »Bleib stehen!« Pavel hielt an. Nun stand auch der Fahrer des schwarzen Wagens hinter ihm auf dem Hof. Eine Handbewegung von ihm reichte, damit der erste die Pistole verschwinden ließ und den Hof betrat. Erst jetzt bemerkte Pavel, dass der Hund angekettet war. Das tat Mutter nur, wenn jemand den Hof betrat, den der Hund unsympathisch fand. Beim Anblick der beiden Unbekannten fing er aggressiv zu bellen an. Mutter kam nicht aus dem Haus, was sehr ungewöhnlich für sie war. Pavel drehte sich wieder um, lief langsam auf die Haustür zu und öffnete sie. Die beiden folgten ihm. Der eine, mit dem Gesicht eines Halunken, stieß den anderen beiseite und trat als Erster ins Haus.

Das, was geschah, war so offensichtlich, dass kein Zweifel daran bestand, wer diese Männer waren. Die Tür von Pavels kleinem, bescheiden eingerichteten Studentenzimmer stand weit offen. Ein etwa dreißigjähriger Mann nahm ein Buch nach dem anderen aus dem Bücherregal und blätterte es durch, um es dann auf den Tisch zu legen, auf dem sich Lehrbücher und Skripte, ein wenig tschechische Literatur und einige Werke Goethes, Schillers und Lessings in deutscher Sprache stapelten. Nach dem Krieg hatten sich die Leute dieser Bücher entledigt, um von der neuen Diktatur des Proletariats nicht der Kollaboration mit den Deutschen beschuldigt zu werden. Pavel hatte sie eingesammelt und freute sich darauf, sie nach Beendigung seines Studiums lesen zu können.

Ein zweiter Mann, Mitte vierzig und robust, durchsuchte gerade das Bett. »Gib die Waffe heraus!« sagte er zur Begrüßung. Pavel versicherte, keine zu haben. Gleichzeitig erfuhr er, dass er den Kommandanten der fünf Männer vor sich hatte, die zunächst den Auftrag für eine komplette Hausdurchsuchung hatten. Die Verhaftung würde folgen. Pavel drehte sich zur Küche, wo seine entsetzte Mutter weinte. Es war ihr verboten worden, mit ihm zu sprechen. Was sollte man auch in einer solchen Situation sagen? Sie fragte den Sohn dennoch, ob er Hunger habe. Ihre zwei Wächter sahen sich verdutzt an. Doch der Kommandant gab seine Zustimmung und Pavel nickte, obwohl ihm nicht der Sinn nach Essen stand.

Sie begann sofort mit der Zubereitung, wärmte Suppe auf und bereitete alles vor, immer noch in der leisen Hoffnung, es bliebe doch nur bei einer Hausdurchsuchung, die seit der Emigration des zweiten Sohnes ins Ausland im Jahre 1948 mehrmals im Jahr bei ihnen stattfand.

Als die Männer ihre Arbeit in Pavels Zimmer beendet hatten, gingen sie ins Schlafzimmer. Dort öffneten sie jedoch nur den Schrank und die Schubladen im Tisch, bevor sie sich gelangweilt umschauten. Es fiel eine verächtliche Bemerkung über die Masaryk-Büste auf der Kommode. Sie stand dort schon seit 1937, in diesem Jahr hatte sie Pavels Vater von einem Treffen tschechischer Legionäre mitgebracht. Das Ergebnis der Durchsuchung war armselig: ein Notizheft mit Zitaten von Philosophen, Quellenangaben und eigenen Notizen. Inzwischen versuchte Pavel wenigstens einen Teil der Leckereien, die ihm seine Mutter zubereitet hatte, hinunterzubekommen, aber sein Magen streikte. Der Kommandant sprach auf der Veranda mit dem Chauffeur des Wagens.

Pavels Mutter konnte sich nicht mehr beherrschen und fragte, was das alles zu bedeuten habe. Einer antwortete, dass Pavel mitkommen müsse, um noch ein paar Fragen zu beantworten und um das Protokoll zu unterschreiben. Obwohl das eindeutig eine Ausrede war, barg sich darin ein Hoffnungsschimmer, auch wenn die Mutter ihm nicht wirklich Glauben schenkte. Beim Abschied schob sie dem Sohn unauffällig ein Medaillon mit der Heiligen Maria in die Hand. Dieses Medaillon hatte Pavels Vater von seiner Mutter bekommen, als er, 18 Jahre alt, in den Ersten Weltkrieg zog. Pavel war es ein Rätsel, wie sie das kleine Schmuckstück bei all der Aufregung gefunden hatte. Er begriff, dass sie wusste, was ihn erwartete, wusste, dass sein Leben von jetzt an allein in Gottes Hand lag.

Als er die Treppe hinunterlief, sah er sich zum letzten Mal im blühenden Garten um. Dieser Anblick sollte ihn jahrelang begleiten. Mikši begann wieder wild zu bellen und verhedderte sich in der Kette. Pavel beugte sich zu ihm, öffnete das Halsband und lockerte die Kette. Mikši jaulte jämmerlich, schmiegte sich an Pavel und begann ihn abzulecken. Die Männer waren zurückgetreten, der eine nahm seine Pistole und richtete sie auf den Hund. Als er sicher sein konnte, dass der Hund wieder angekettet war, steckte er die Waffe weg. Der Hund begegnete dem feindseligen Blick mit aggressivem Gebell. Plötzlich verstummte er. Zum letzten Male streichelte der Junge seinen alten Freund.

Die wenigen Schritte zum Gartentor schienen endlos. Er drehte sich noch einmal um und sah die schmerzerfüllten Augen seiner Mutter. In ihrer segnenden Geste lag alles, das nicht ausgesprochen werden durfte. Dann schloss sich hinter Pavel die Tür des Wagens. Er blickte erneut zurück, sah die Mutter am Gartentor stehen, sie winkte mit dem Tuch, mit dem sie sich die Tränen abwischte. Nun blieb sie allein. Nie sollte Pavel diesen Anblick vergessen, es war der 8. Mai 1952.

*

Der Wagen fuhr langsam Richtung Prag. Pavel versuchte die letzten Eindrücke der Landschaft aufzunehmen. Im Auto war es eng, vorne saßen der Chauffeur und zwei Männer, hinten der Kommandant, der Mann mit der Pistole und dazwischen Pavel. Er hatte keine Handschellen um. Als sie Zlíchov näher kamen, raste Pavels Herz. Bog der Wagen nach Ruzyň ab, oder fuhr er weiter in die Bartholomäus-Gasse? Nach der Kreuzung war klar, die Fahrt ging nicht nach Ruzyň. Ruzyň war berüchtigt, dort sollte es grausam zugehen. Was dort tatsächlich passierte, war noch schlimmer. In der Bartholomäus-Gasse sollte es zwar nicht viel besser sein, aber die Angst vor diesem weiß gekachelten Gebäude war nicht ganz so groß. Der Wagen hielt direkt vor dem Eingang. Schon auf der Fahrt hierher war ihm befohlen worden, sich beim Aussteigen nicht umzusehen und auf dem kürzesten Weg den Eingang zu passieren. Niemand nahm die Ankunft des Wagens wahr. Die Menschen mieden diese Straße, sie war so gut wie leer.

Schon an der Pforte waren die ersten Gitter. Ein paar Schritte hinter dem Gitter gab der Kommandant Pavel plötzlich ein Tuch und befahl ihm, sich damit fest die Augen zu verbinden. Die anderen Männer blieben mit dem Chauffeur vor dem Gitter zurück. Den Gefangenen begleiteten jetzt nur noch der Kommandant und der Mann mit der Pistole. Es ging nach rechts, nach links, Stufen hinunter, bis sie vor einem verschlossenen Raum stehen blieben. Der Kommandant nahm Pavel dort das Tuch ab, schloss auf und befahl ihm einzutreten. Der Raum war stockdunkel, ohne Fenster. Es gab lediglich eine vergitterte Öffnung, die zu einem Lichtschacht führte. Der Fußboden war etwa einen Meter in die Tiefe eingelassen. An den Seiten konnte man vier Türen erkennen. Es stank nach Urin und Hund. Ein großer Hund tauchte aus einer Ecke auf und knurrte böswillig. Er schnüffelte an Pavels Hosen, zog sich dann aber sofort in seine Ecke zurück. Der Mann mit der Pistole lehnte sich dem Häftling gegenüber an die Wand und wartete. Der Kommandant befahl Pavel, seine Kleidung und Schuhe auszuziehen. In der Dunkelheit des Raumes, der bis auf eine Kiste und einen Hocker komplett leer war, bückte sich der andere nach etwas.

Als sich Pavels Augen an das Zwielicht gewöhnt hatten, sah er Flecken am Boden, nicht nur vom Hund. Das waren Blutflecken, zweifellos Menschenblut. Er zog sich aus und ordnete wie befohlen seine Sachen. Man warf ihm einen Papiersack zu, in den er alles hineinlegte. Er war vollkommen nackt und barfuß. Der Kommandant ließ sich die einzelnen Gegenstände diktieren, die im Sack waren. Dann schüttete er selbst wieder alles aus und kontrollierte erneut, ob alles stimmte. Er nahm Pavel die Armbanduhr, den Verlobungsring und eine Kette mit Anhänger ab, zählte das Geld im Portemonnaie und zog den Ausweis ein. Dem Jungen war es gelungen, das kleine Medaillon im Mund zu verstecken und es so zu behalten. Nun stand er nackt in der Ecke eines dunklen Raumes. Als der Kommandant eine Tür zu einem anderen Raum öffnete, drang Licht in die Kammer, in der sie standen. Pavel fiel auf, dass der Andere, der mit dem Dauergrinsen im Gesicht, einen circa einen Meter langen Gummischlauch in der Hand hatte und wartete. Er stand dem Mann nackt gegenüber und sein Herz begann zu rasen. Seine Augen erblickten den einzigen Gegenstand, mit dem er sich verteidigen könnte – den Hocker. Sie standen sich einige Sekunden gegenüber. Die Stimme des Kommandanten durchbrach die Stille. Sie forderte Pavel auf, in das andere Zimmer zu treten und das Übergabeprotokoll zu unterschreiben.

Währenddessen trat ein uniformierter Wächter ein und warf Wäsche und Haftkleidung in den Raum. Deren Empfang wurde ebenfalls protokolliert. Pavel zog sich rasch an: eine lange dünne Unterhose, ein Hemd ohne Knöpfe, ein paar Fußlappen, Pantoffeln, einen Kittel und eine Hose aus grobem Leinen. Er zitterte noch immer am ganzen Leib. Der Hund knurrte, und neben ihm stand der Kerl mit dem Gummischlauch. Der Kommandant beendete die Zeremonie: »Bei Ihrer Entlassung erhalten sie alles zurück, nichts geht verloren!« Der Kerl mit dem Gummischlauch wurde immer aufgeregter. Er wartete auf seine Gelegenheit. Pavel schlug das Herz bis zum Hals. Der Kommandant sprach weiter: »Jetzt verbinden Sie sich wieder die Augen und los geht's!«

Sie stiegen eine Treppe hoch in einen anderen Gang. Hier wartete offenbar ein weiterer Wärter, der Pavel am Arm fasste und ihn wortlos weiterführte. Der Mann trug Filzschuhe und ging völlig geräuschlos. Sie gingen ein paar Stufen hinab. Pavel vermutete, dass ihn jetzt wieder eine andere Hand führte, dann ging es eine Wendeltreppe hinunter. Er trat vorsichtig auf. Ein Sturz ins Unbekannte wäre fatal. Mit jedem Schritt wurde die Luft kälter und feuchter. Es ging in einen Keller. Sie blieben stehen. Wieder erfasste ein anderer Wärter Pavels Arm und erklärte leutselig, dass in seiner Zelle ein Franzose sei. Der Wächter schloss die Tür auf, stieß Pavel hinein und befahl ihm, sich das Tuch von den Augen zu nehmen.

*

Die Zelle, in die Pavel gebracht wurde, war etwa zwei Meter breit und fünf Meter lang. In zwei Metern Höhe war ein sechzig Zentimeter hohes und ein Meter breites Klappfenster. Darunter, eingelassen in die Wand, gab es einen Heizkörper. Davor hing ein massives Drahtgitter. Die Tür war gepanzert und mit einem kleinen Fenster und einem Spion versehen. Neben der Tür gab es ein Spülklosett mit einem Kaltwasserhahn. In der Ecke lagen drei mit wenig Stroh gefüllte Strohsäcke übereinander. Darauf sechs zusammengelegte Decken, die am Tage nicht benutzt werden durften.

Nachdem sich der Wärter entfernt hatte, stellte sich ein etwa fünfundvierzigjähriger Mann vor, ein Zeuge Jehovas. Diese Gruppe war gerade Opfer einer großen Verhaftungsaktion der Staatspolizei. Er war Ungar aus dem slowakischen Luženec, ein gebildet wirkender Mann, der Pavel den Tagesablauf erklärte: wie er sich zu melden habe, wie das Essen verteilt werde und insbesondere, was alles nicht erlaubt sei. Über Verhöre schwieg er sich aus, erwähnte nur kurz, dass er auf sein erstes Verhör vierzehn Tage warten musste.

Kaum war er mit seinem Vortrag fertig, hörte man wieder Schlüssel und unverständliche Worte. In die Zelle kam der angekündigte Franzose. Er war Mitte zwanzig, mittelgroß, mit rundem Gesicht und schwarzen Locken. Sobald er den Neuankömmling erblickte, fragte er ihn nach einer Zigarette und war tief enttäuscht, feststellen zu müssen, auf einen Nichtraucher gestoßen zu sein. Pavels Französisch reichte aus, um zu verstehen, dass sich der junge Mann als Kommunist bezeichnete, dass er aus Frankreich geflohen war mit dem Ziel, in der Sowjetunion zu arbeiten. Beim Überschreiten der tschechoslowakischen Grenze hatte man ihn verhaftet und hierher gebracht. Er sprach über die Arbeitslosigkeit in seiner Heimat und wie er sich nach dem sowjetischen Arbeiterparadies sehnte. Nach jedem Satz schimpfte er allerdings über die hiesigen Behörden, wie gemein es sei, ihm keinen »á fumer« zu geben. Nachdem er festgestellt hatte, dass definitiv nicht einmal eine halbe Zigarette zu haben war, trat er wie verrückt gegen die Tür und verlangte etwas zu rauchen. Er bekam nichts außer einer Verwarnung, dass er in die Dunkelhaft gehen werde, wenn der Krawall nicht aufhöre. Pavel musste ihm das alles übersetzen. Der Begriff Dunkelhaft sagte ihm allerdings nicht einmal auf Tschechisch etwas. Irgendwie beschrieb er es dem Franzosen, und Roget beruhigte sich.

Die Dunkelhaft, erklärte der Zeuge Jehovas, war eine Zelle ohne Fenster, zwei mal zwei Meter. An der Decke hing eine starke Lampe, die Wände nur grob verputzt. In einer Ecke befand sich ein Spülklosett und darüber ein offenes Wasserrohr. Der Wasserzufluss wurde von außen geöffnet, das Wasser wurde also zugeteilt. Abends wurden ein Strohsack und eine Decke hineingeworfen. Jede Stunde wurde der Häftling durch Schläge an die Tür und stechendes Licht geweckt, musste aufspringen, sich mit Namen melden und warten, bis man ihm erlaubte, sich wieder hinzulegen. Bettruhe war um elf, Wecken um fünf. Gefangene, die einige Schritte wagten, stießen sich an der Wand den Kopf blutig. Nach zwei bis drei Tagen verwandelte sich die Dunkelheit in einen rosigen Lichtschimmer, der Häftling begann zu halluzinieren, verlor jeden Begriff von Zeit und Raum. Die angeschwollenen Beine trugen ihn nicht mehr. Sich auf den Steinboden zu setzen war undenkbar. Gequält von Hunger und Durst wartete er auf die Erlösung, oft durch ein grausames Verhör, von dem er jedoch meistens nicht mehr zurückkehrte. Diese Dunkelhaft lag nur wenige Schritte entfernt von Pavels Zelle. Nachts hörte er die Wärter gegen die Tür treten, das laute Zählen der angeordneten Kniebeugen durch den Gefolterten, sein Bitten um Wasser und schließlich Geräusche, die davon zeugten, dass man den Ohnmächtigen aus der Zelle zog und wegbrachte. Der Aufenthalt in der Dunkelhaft diente als bewährtes Mittel zur Erpressung von Geständnissen.

Kurz nach dieser Erklärung öffnete sich wieder die Zellentür. Abendbrot.

Der Wächter stieß mit dem Fuß drei Essschalen in die Zelle. Auf diese Weise wurde das Essen an die Verhafteten verteilt. Die Essschalen wurden an die einzelnen Türen gebracht und dann von dem Wärter durch die offene Tür hineingestoßen.

In der Schale war schwarzer, bitterer Kaffee und auf dem Deckel drei schon ziemlich schwarze Kartoffeln, begossen mit einer undefinierbaren Soße. Dazu bekam jeder einen Löffel. Pavel rührte die Schale nicht an, überließ sie dem ausgehungerten französischen Kommunisten, der sie dankbar leerte. Die mit kaltem Wasser abgespülten Schalen und Löffel wurden nach einigen Minuten wieder eingesammelt.

Es gelang Pavel nicht, sich auf etwas zu konzentrieren. In seinen Gedanken war er zu Hause, immer wieder sah er die winkende Mutter vor sich, ihre verzweifelten Augen, die Ahnung der Schrecken, die ihrem Sohn bevorstanden. Das Bild von Hanka verschwamm. In der Zelle leuchtete eine kleine Lampe an der Decke. Draußen donnerten Gewehrsalven zur Feier des 9. Mai, dem Tag des Sieges. Nach Ankündigung der Bettruhe nahm sich jeder einen Strohsack, legte ihn mit dem Kopf an die Wand und versuchte das wenige Stroh auf die ganze Fläche zu verteilen. Hose und Kittel durfte man unter den Kopf legen, doch war es verboten, Schultern und Arme zuzudecken. Die Hände mussten sichtbar auf der Decke liegen. Pavel gelang es in dieser Nacht nicht einzuschlafen. Sein schwaches Herz konnte sich nicht beruhigen.

*

Noch schlimmer war es bei ihm zu Hause. Gegen sechs Uhr war die nichtsahnende Hanka eingetroffen. Der fröhliche, sorglose Ausdruck ihres fast noch kindlichen Gesichts verwandelte sich bei der Schilderung der Geschehnisse in pure Verzweiflung. Beide Frauen brachen in Tränen aus, umarmten sich und versuchten, sich gegenseitig zu trösten.

*

Pavel erinnerte sich. Kurz nach dem Putsch im Februar 1948 beteiligte er sich an einer Flugblattaktion. Was war eigentlich geschehen und was drohte die nahe Zukunft zu bringen? Der Begeisterung der Menschen, nach dem Krieg die zerstörte

Wirtschaft wieder neu aufzubauen, wurden unauffällig andere Motive untergeschoben. Der Begriff Patriotismus erhielt einen vollkommen neuen Inhalt. Die jüngste Geschichte wurde verfälscht. Über diese Entwicklung sollten die Flugblätter aufklären. Es war nicht einfach, sie zu drucken und zu verteilen. Sie erfüllten den Zweck, den später ausländische Radiostationen übernehmen sollten.

Im Frühjahr 1949 verlangsamten sich die Aktionen. Gruppen, die Flugblätter verteilt hatten, wurden entlarvt und die Aktion wurde langsam eingestellt. Einige waren gezwungen, das Land zu verlassen und brauchten Hilfe, illegal die Grenze zu überschreiten. Die jungen Menschen hatten alle Hände voll zu tun. Pavel war einer von vielen.

Im Juni bot ihm der Ehemann einer Mitschülerin einen direkten Kontakt zu einer aus dem Ausland geleiteten Gruppe an. Pavel machte mit. Als Hauptkoordinator wurde ihm ein etwa dreißigjähriger Mann mit dem Decknamen Martin vorgestellt. Seinen Worten nach erhielt er Instruktionen für mehrere illegale Gruppen mit verschiedenen Zielen direkt aus der Zentrale des ausländischen Widerstands. Solche Widerstandorganisationen formierten sich langsam durch ins Exil geflüchtete Politiker. Pavels Freunde bürgten für diesen Mann. Pavel selbst verließ seine bisherige Gruppe und schloss sich Martin an. Dieser imponierte ihm mit perfekten Englischkenntnissen und blitzschneller Schlagfertigkeit in heiklen Situationen. Martin sammelte Stimmungsbilder und Reaktionen aus der Bevölkerung nach dem kommunistischen Putsch von 1948 und Beweise für den wachsenden Widerstand gegen die Partei. Einige von Martin übergebene Informationen sendete der sich etablierende Sender »Radio Freies Europa« umgehend. Ein Umstand mehr, der die Glaubwürdigkeit des Mannes stärkte. Allerdings kam es schon im Laufe des Jahres 1950 zu Ereignissen, die Zweifel aufkommen ließen. Den Ausschlag gab die Nachricht über den Tod eines der beiden Männer, die Pavel mit Martin bekanntgemacht hatten. Er wurde brutal erstochen in den Feldern bei Bránik aufgefunden. Alles deutete darauf hin, dass es einen harten Kampf gegeben hatte. Die Polizei distanzierte sich von den Ermittlungen. Später wurde in einem Bericht bestätigt, dass der Mord eindeutig politisch motiviert war. Immer häufiger wurde gemunkelt, dass Martin von der Staatssicherheit verhaftet und dann wieder freigelassen worden sei. Dies erklärte auch seine viermonatige Abwesenheit und die Veränderung seines Äußeren. Nach seinem Wiederauftauchen hatte Martin seinen Decknamen geändert. Von nun an nannte er sich Peter.

Solche Menschen versuchten meist noch einige Zeit, für beide Seiten zu arbeiten, mussten sich jedoch früher oder später entscheiden. Entweder sie arbeiteten bedingungslos für das kommunistische Regime oder sie wurden von diesem Regime liquidiert. Im ersten Falle erhielten sie von der Staatssicherheit volle Deckung. Der Preis dafür war die rücksichtslose Auslieferung ihrer Mitstreiter. Diese wurden dann, je nach ihrer Stellung, physisch liquidiert oder in Schauprozessen verurteilt. Wer sich zur Mitarbeit bei der Staatssicherheit bereit erklärte, wurde umgehend oder kurz nach Ende des Prozesses entlassen. So gelang es dem Regime, anständige Bürger, die im Grunde Gegner waren, zu kompromittieren und in manipulierbare Schwächlinge zu verwandeln.

Im Herbst entschloss sich Pavel, jegliche Verbindung zu Martin abzubrechen und nachzuforschen, wer dieser eigentlich tatsächlich sei. Sie hatten immer weniger Kontakt, bis sie ihn im Frühjahr 1951 komplett abbrachen.

Im Herbst 1950 lernte Pavel Hanka kennen. In seine Arbeit im politischen Untergrund weihte er sie zunächst nicht ein. Ihre Beziehung erfüllte ihn vollkommen und gab seinem Leben einen anderen Sinn. Trotzdem wollte er die begonnene Arbeit nicht abbrechen. Pavel war froh, Peter nicht mehr kontaktieren zu müssen, andererseits erwartete er eine schicksalhafte Auseinandersetzung mit dem Mann. Peter musste entlarvt, seine Tätigkeit bekannt gemacht werden. Doch dieses Unterfangen barg einige Risiken in sich. Es würde ein ungleicher Kampf werden. Sein Gegner war eine Maschinerie von Professionellen. Sie hatten Erfahrung, hatten gelernt von der Sowjetunion, wo auf außerordentlich harte Weise das intellektuell uneinige Russland beherrscht wurde. Es blieb ihm nichts anderes übrig. Pavel entschied sich schnell.

Nach 1948 waren Diskussionen über Demokratie im akademischen Bereich strafbar und bedeuteten den Ausschluss vom Studium. Die Studenten stießen in der Bevölkerung jedoch auf viel Sympathie, so dass es kein größeres Problem war, verbotene Literatur zu beschaffen. Schnell bildeten sich kleine Gruppen von Jugendlichen, die sich andere Lektüre suchten als das, was die marxistischen Bibliotheken boten. Daraus entstanden nach und nach illegale Gruppierungen. Sie verbreiteten Literatur und Informationen, die nicht im Einklang mit der kommunistischen Ideologie standen, ja diese geradewegs ablehnten. Sie konnten leicht Beute geübter Spitzel werden, die unter ihnen – wie in intellektuellen Kreisen überhaupt – mit professioneller Übersicht und dem Schutz des Staatssicherheitsapparates auf Jagd gingen. Ihre Aktivitäten reichten über die Staatsgrenzen hinweg, womit die Situation noch unübersichtlicher wurde. Oft kehrten junge Menschen von einer Reise zurück mit einem vermeintlich politischen Auftrag, der in Wirklichkeit von den im Ausland tätigen Geheimdienst-Agenturen kam. Ein solcher Mittelsmann war von vornherein dazu verurteilt, gefasst zu werden. Er selbst wusste oft nicht, in wessen Händen sein Schicksal lag.

Als Pavel begann Peter zu misstrauen, suchte er nach Möglichkeiten, ihn zu überprüfen. Wenn er wirklich der war, für den er sich ausgab, musste seine Tätigkeit im Ausland bekannt sein, egal unter welcher Deckung. Wie konnte man an eine verlässliche Information herankommen? Im Herbst 1951 bot sich eine Gelegenheit. Ein Studienkamerad bot Pavel an, ihn mit einem jungen Mann bekanntzumachen, den er gut kannte und von dem er wusste, dass dieser mit einem Freund flüchten wollte. Jirka Týfa aus Beroun, von Beruf Kfz- und Flugzeugmechaniker, erhielt von einem Aeroclub den Auftrag, ein Sportflugzeug zu reparieren. Jirka war fest entschlossen, das Flugzeug für seine Flucht in die Freiheit zu nutzen. Pavel nutzte die Gelegenheit und erzählte dem Mechaniker alles, was er über Peter wusste, der unter verschiedenen Decknamen unterwegs war. Er warnte den neuen Freund vor zahlreichen, ihm bereits bekannten Fallen und bat ihn nachdrücklich, sich in dieser Angelegenheit nur an einen vertrauenswürdigen Beamten der westlichen Behörden zu wenden. Die beiden einigten sich darauf, dass Jirka versuchen solle, den Sender »Freies Europa« dazu zu bewegen, ab Dezember 1951 das Ergebnis der Nachforschungen in seinen Nachrichten zu bringen. Die Meldung sollte mittwochs unter dem Kennwort »Jan Sladký Kozina« laufen.

Die Flucht mit dem Flugzeug misslang aufgrund technischer Probleme und so blieb Jirka und seinem Freund nichts anderes übrig als sofort zu flüchten. Sie waren zwar bewaffnet, allerdings auf einen Grenzübertritt zu Fuß nicht vorbereitet. Einige Tage bewegten sie sich noch in der Umgebung von Beroun, dann marschierten sie los. »Radio Freies Europa« meldete, dass den beiden die Flucht geglückt sei.

In den ersten Dezembertagen fing Pavel an, mit Freunden regelmäßig die Radiosendungen zu verfolgen. Er musste damit rechnen, dass die Nachrichten stark gestört wurden und dass sie an verschiedenen Orten unterschiedlich gut hörbar waren. Der Dezember verging ohne die ersehnte Nachricht. Mit fortschreitendem Januar verlor Pavel jede Hoffnung auf ein Gelingen der Aktion. Am 14. Januar, wenn auch nicht am vereinbarten Mittwoch, erklang in den Nachrichten das vereinbarte Kennwort. Pavel stürzte zum Radio und wollte lauter drehen, erreichte aber genau das Gegenteil. Erneut drehte er den Knopf, wieder nichts. Weit entfernt erklang die Stimme des Reporters, verlor sich dann aber ganz. Es folgten weitere Meldungen und solche, die wiederholt wurden. Wieder kam Pavels Kennwort. Kaum wurde es ausgesprochen, verschwand die Stimme erneut. Verständlich war nur der Rest der Meldung, die zur maximalen Vorsicht aufforderte. Da solche Meldungen mehrmals wiederholt wurden, verständigte er seine Freunde und bat sie, jeden Tag mitzuhören. Schließlich empfingen zwei seiner Freunde die ganze Nachricht: Jirka teilte mit, er habe erst jetzt Kontakt mit den betreffenden Stellen aufnehmen können, verlässliche Informationen über Peter gebe es noch nicht. Die ganze Sache werde verfolgt, Resultate später auf demselben Wege durchgegeben.

*

Etwa drei Tage später traf Pavel in der Prager Innenstadt auf Peter. Beide hatten sich gleichzeitig gesehen, ein Ausweichen war nicht mehr möglich. Peter hatte dies auch nicht vor. Er erklärte, er wolle ihn schon seit längerer Zeit sprechen und lud ihn ins Café »Berger« ein. Pavel versuchte abzulehnen, er habe viel Arbeit mit dem Studium und keine Zeit, aber Peter ließ nicht locker. Das zufällige Treffen nach fast einem Jahr nahm einen dramatischen Verlauf und bewies, dass tatsächlich etwas nicht in Ordnung war. Das gewählte Café in der Vodička-Straße war bekannt als ehemaliger Treffpunkt älterer Prager Damen, die sich hier bei Kaffee und Kuchen an die guten alten Zeiten erinnerten. Heute war das Café fast leer, es war zehn Uhr vormittags. Die Mäntel hatten sie in der Garderobe abgelegt und Peter wählte einen Tisch. Er bot Pavel einen Stuhl mit dem Rücken zum Saal an. Kaum hatten sie Platz genommen, entschuldigte sich Peter, da er etwas im Mantel in der Garderobe vergessen habe. Pavel setzte um, sodass er die Eingangstür im Auge hatte. Ihm fiel auf, dass Peter nicht aus der Garderobe, sondern von der Treppe kam. Entweder hatte er telefoniert oder mit jemandem gesprochen. Wahrscheinlich hatte er sich Unterstützung herbeigerufen, aber warum? Peter ließ ihn nicht lange im Unklaren. Er holte weit aus, sprach über den Leichtsinn junger Menschen, die etwas verbessern wollten, stattdessen aber der ganzen Sache schadeten. Manchmal gäbe es aber die Möglichkeit, eine so kompliziert gewordene Situation zu retten. Die Karten müssten offengelegt und die Lösung denjenigen überlassen werden, die von der ganzen Sache mehr Ahnung hätten. Plötzlich fing er an, konkreter zu werden. Er erzählte Pavel, dass jemand über ihn im Ausland Verleumdungen verbreitet hätte, die er jetzt verantworten müsse. Das wäre nicht so schlimm, fuhr er fort, es drohte aber, dass die tschechoslowakischen Spionagezellen, die ihre Mitarbeiter in allen westlichen Nachrichtenagenturen platziert hatten, alles erführen. Er wollte wissen, wer dahinter steckte und wie weit diese Person gegangen war, wer die Informationen weitergeleitet hatte und welche Aktivitäten noch folgen würden.

Während Peter sprach, füllte sich das Café. Nicht jedoch wie gewohnt mit älteren Damen, sondern mit jungen Männern und Frauen. Sie kamen von der Treppe, hatten keine Mäntel und ließen die Garderobe unbeachtet. Beim Eintreten blickten sie alle kurz zum Tisch, an dem Peter und Pavel saßen. Sie nahmen ihre Plätze so ein, dass immer einer direkt in Pavels Gesicht sehen konnte. Nach den ersten drei kamen ein Mann und eine Frau, wenige Minuten später noch ein Paar. Sie täuschten vor, sich nicht zu kennen, und setzten sich jeweils zu zweit an einen Tisch. Ständig trafen sich ihre Blicke mit Pavels. Alle waren um die dreißig. Als letztes kamen zwei ältere Männer um die vierzig und nahmen so Platz, dass sie Peter und Pavel im Auge hatten. Alle bestellten Kaffee und bezahlten sofort. Peter wechselte zu Floskeln, da er offenbar innerlich mit ihrem Kommen beschäftigt war. Als er sicher war, dass ausreichend Personen anwesend waren, kehrte er zum ursprünglichen Thema zurück.

Diesmal griff er Pavel ohne Umschweife an. Er behauptete, dass die im Ausland kursierenden Informationen solche Aktivitäten betrafen, von denen nur sie beide wussten. Er wollte wissen, was Pavel zu dieser Aktion gegen ihn bewogen hätte. Pavel bemerkte die Aufmerksamkeit seiner Tischnachbarn. Es gab keinen Zweifel, wer Peter und diese Leute waren. Sogar die Kellnerin war nervös geworden. Vermutlich war es nicht die erste Aktion dieser Art, die sie hier erlebte.

Pavels Nachricht und Jirkas damit verbundene Nachforschungen waren abgefangen worden. Dass Peter nur von der Radiomeldung ausging, war nicht möglich. Er wollte mehr erfahren und sich rächen. Das war die Gelegenheit. Von dem Treffen wusste ja niemand. Etwas musste jedoch fehlen, etwas, das die ganze Angelegenheit verschleierte, sonst würde er nicht zögern. Wenn Pavel den Verdacht bestätigte, würde dies zur sofortigen Verhaftung führen. Nach dem Verhör würde er dann liquidiert werden. Peter forderte ihn mehrmals auf, alles zu erzählen, denn nur so ließe sich die ganze Angelegenheit retuschieren und der Sturm würde sich wieder legen. Pavel sammelte sein ganzes schauspielerisches und rednerischen Können, und anstatt zu antworten, stellte er Rückfragen, die den Verdacht in Frage stellten. Er warf ihm vor, die Verbindung abgebrochen zu haben, was dazu geführt hätte, dass sie nichts voneinander wussten. Was die Nachforschungen aus Beroun anging, so bestand seiner Meinung nach nur eine zufällige Ähnlichkeit. Er bat ihn, Details zu verraten, dann könne er mehr in Erfahrung bringen und der ganze Verdacht würde sich damit erklären lassen. Peter war offensichtlich auf eine solche Debatte nicht vorbereitet und Pavels Aggressivität brachte ihn in Verlegenheit. Das nutzte Pavel aus und stellte seine Fragen immer eindringlicher. Aus der Rolle des Verhörten wechselte er in die Rolle des Verhörers. Peter fing an, das Gespräch in eine unbestimmte Richtung zu lenken. Er ordnete seine Gedanken zum entscheidenden Angriff. Nach dem fast zweistündigen angespannten Disput hatte er aber weder Kraft noch Argumente. Pavel spürte, dass die Angriffsbereitschaft des Gegners nachließ und schlug vor, er solle alles noch einmal überprüfen. Bei einem erneuten Gespräch könnten sie sich gegenseitig informieren, was sie in Erfahrung gebracht hatten. Sie verabredeten ein Treffen in vierzehn Tagen vor dem Eingang zum Klementinum, der Universitätsbibliothek. Sollte einer von beiden nicht kommen können, galt der gleiche Treffunkt, genau eine Woche später.

Sie gingen zur Garderobe und Peter fing mit der Garderobenfrau ein vertrauliches Gespräch an. Ein Vorwand, um länger zu bleiben und die anderen informieren zu können. Pavel war noch nicht am Ausgang, als einer der Männer zur Garderobe stürzte, umgehend jedoch von Peter beruhigt wurde. Sie sprachen leise, Pavel verstand nichts.

Er trat hinaus auf die Straße in die Januarkälte. An ihm vorbei gingen nichtsahnende Menschen und die Straßenbahnen bimmelten, Autos stauten sich vor dem Wenzelsplatz. Jetzt brauchte er Zeit für sich. Er bog links Richtung Karlsplatz ab. Ohne sich umzudrehen, damit seine Verfolger nicht aufmerksam würden, lief er langsam, in sich versunken und den Verkehr beobachtend. Er ging auf eine Haltestelle der Straßenbahn zu. Gerade fuhr die Neun ab, er lief los und sprang in den letzten Wagen. Erst jetzt drehte er sich um, aber kein Wagen schien ihm gefolgt zu sein. Heute hatte er gewonnen, wie aber würde es beim nächsten Mal sein? Nun galt es, seinen Freunden von der heutigen Begegnung zu berichten. Das war nicht einfach, da er nur zwei Telefonnummern hatte. Er stieg am Karlsplatz aus und nahm das erstbeste Telefon. Niemand nahm ab. Er versuchte die andere Nummer, ebenso vergeblich. Langsam wurde er nervös, sprang in die nächste Straßenbahn und fuhr zur Fakultät. Dort traf er endlich einen der Freunde. Er erzählte ihm alles, bat ihn, falls ihm etwas zustoßen sollte, alle anderen zu benachrichtigen und die Nachricht ins Ausland weiterzugeben.

Aber weder an diesem noch an den folgenden Tagen passierte etwas. Beim Treffen mit Hanka gelang es Pavel nicht, seine Nervosität zu verbergen. Er war mit seinen Gedanken woanders, was ungewöhnlich war in ihrem Beisein. Ihr fiel es sofort auf, zunächst nahm sie an, es sei wegen des Studiums. Dann sprach sie ihn offen darauf an. Pavel erzählte ihr alles, vom Beginn bis zu den Ereignissen der letzten Stunden. Sie hörte aufmerksam zu und ihr war klar, welche Gefahr ihm und ihrer Beziehung drohte, wenn Pavel gezwungen wäre zu fliehen. Sie war entschlossen, mit ihm zu gehen. Doch Pavel dachte nicht an Flucht. Sein Platz war hier, der Kampf, den er führte, spielte sich hier in diesem Land ab. Die Menschen waren abgestumpft durch den gerade erst beendeten Krieg. Das Verschleppen von Menschen in Gefängnisse und Arbeitslager erschien als eine gewisse Unerlässlichkeit. Auch Hinrichtungen waren nichts Neues, dabei wurden die Besten aufgehängt. Obwohl er nicht wusste, wie es weitergehen sollte, war Pavel nicht bereit, den Kampf einfach aufzugeben und zu flüchten.

Hanka spürte den Ernst der Situation, machte ihm aber keine Vorwürfe. Sie wusste, er konnte nicht anders. Sie wünschte, sie hätte das alles schon hinter sich. Manchmal wenn sie sich trafen, äußerte sie Interesse an dem, was er tat, drängte ihn aber nie, sich zurückzuziehen und eine andere Lösung für sich selbst zu suchen. Pavel schätzte das an ihr sehr und bemühte sich, die gesamte Angelegenheit in ihren Augen aufs Abstellgleis zu schieben.

Er stellte eine kleine Gruppe zusammen, die Peter beim nächsten Treffen und danach beobachten sollte. Der Treffpunkt wurde gründlich geprüft und alle Eventualitäten erwogen. Bis auf wenige Ausnahmen waren die Mitglieder der Gruppe ausschließlich Personen, die Peter nicht kennen konnte, auch wenn er einen von ihnen schon mal verfolgt haben sollte. Sogar untereinander kannte sich die Gruppe nicht. Pavel gewann einen nach dem anderen, sie wussten nichts voneinander. In den Abendstunden sollten sie sich einzeln mit Pavel treffen, wenn alles gutgegangen war. Zwei Tage vorher borgte er sich von einem Kommilitonen eine Pistole, bereit, wenn es sein musste, sein Leben so teuer wie möglich zu verkaufen.

Der Termin des vereinbarten Treffens rückte näher. Als er sich am Morgen von der Mutter verabschiedete, entging ihr seine Nervosität nicht. Fast fiel ihm die Pistole aus der Brusttasche, es fehlte nicht viel, und sie hätte die Waffe bemerkt. So etwas konnte auch im Zug oder in der Bibliothek passieren. Irgendwie beruhigte er die Mutter, aber das innige und lange Abschiednehmen nährte ihren Verdacht, dass etwas Ungewöhnliches im Gange war. Den ganzen Tag ging ihr dieser Abschied nicht aus dem Sinn.

Ungefähr halb eins stand Pavel vor dem Eingang des Klementinums. Einige Menschen spazierten auf der Karlsbrücke. Der Platz vor dem Brückenturm war leer. Ein ganz normaler Tag im Januar. Er stand da ohne Mantel, und die Kälte zwang ihn bald zum Umkehren. Jemand hatte das mit Eisen beschlagene Tor des Klementinums hinter ihm geschlossen. Er musste sich anstrengen, es war von außen schwer zu öffnen. In dem Moment hielt unweit von ihm ein schwarzer Wagen, aus dem fünf Männer stiegen. Einer hatte damals im Café »Berger« gesessen. Die fünf unterhielten sich kurz und gingen auseinander, jeder in eine andere Richtung, im Wagen blieb nur der Chauffeur. Pavel schloss langsam das Tor, beobachtete gerade noch die Ankunft eines weiteren schwarzen Wagens mit vier Männern. Der Chauffeur des ersten Wagens stieg aus, schloss das Auto ab und verschwand mit ihnen in der Karlsstraße. Pavel verlor keine Zeit mehr, holte seinen Mantel und verließ durch einen Hinterausgang das Gelände. Die Pistole steckte er in die Manteltasche. Er zweifelte nicht einen Augenblick daran, wer diese Männer waren. Sollte es schon heute geschehen? Er wollte weder sterben noch sich von der Polizei verhaften lassen. Es war 25 Minuten vor eins. Er ging zur Mánes-Brücke, Minuten vergingen. Seine Schritte wurden schneller, teilweise rannte er. Als er an der Brunclík Statue war, kam ihm ein schwarzer Wagen entgegen. Seine Hand klammerte sich um die entsicherte Pistole. Der Wagen fuhr weiter. An der Ecke angelangt, von wo aus er den Eingang des Klementinums sehen konnte, blieb Pavel stehen und wartete. Zwei Minuten fehlten bis dreizehn Uhr. Aus der Deckung einer der Statuen auf der Karlsbrücke heraus beobachtete er den Treffpunkt. Eine weitere Viertelstunde verging, ohne dass Peter auftauchte. Vielleicht wartete dieser mit seinen Komplizen in einem Versteck darauf, dass er den offenen Platz betrat. Das geschah jedoch nicht.

Nach einer halben Stunde kehrte Pavel über den Altstädter Ring zur philosophischen Fakultät zurück. Er setzte sich in die große Aula. Die Hörsäle waren kaum beheizt, deshalb behielt er den Mantel an. Um drei Uhr traf er sich am Jüdischen Friedhof mit dem ersten der Beobachter. Der junge Mann hatte niemanden, auf den Peters Beschreibungen zutreffen würde, gesehen. Pavel eilte zum nächsten Treffen mit einer Studentin, die in der Bibliothek aufgepasst hatte. Auch ihr war niemand aufgefallen. Keiner seiner Freunde hatte am benannten Ort einen Verdächtigen gesehen.

Nach fünf telefonierte Pavel mit Hanka, er teilte ihr mit, dass alles in Ordnung sei und verabredete sich mit ihr für den kommenden Tag. Zu Hause erwartete ihn seine Mutter voll böser Vorahnung. Als er ins Haus trat, umarmte sie ihn wie einen Kriegsheimkehrer, verlor aber kein Wort über ihre Sorgen.

Nun galt der Ersatztermin, eine Woche später am gleichen Ort, zur gleichen Zeit. Pavel war dauernd bewaffnet, er fürchtete einen Angriff. Es war schwierig, die Waffe sowohl zu Hause als auch in der Schule versteckt zu halten. Er erweiterte seine Gruppe immer nur um einzelne Personen. An ihm nagte der Verdacht, dass jemand die Aktion verraten haben musste, aber er hatte keine Ahnung, wer es gewesen sein könnte. Er musste den Termin wahrnehmen, egal welches Ende es nehmen würde.

Schließlich kam der Tag. Es war eisig kalt. Gegen zwölf Uhr trat Pavel vor die Bibliothek und besah sich sorgfältig das Gelände. Der Platz war leer, vorläufig. Er schlug den Mantelkragen hoch, ging ein Stück in die Karlsgasse hinein und durch einen Seiteneingang wieder in den Hof zurück. Genau um eins öffnete er das eiserne Tor und schritt, ohne nach links oder rechts zu schauen, auf den Platz hinaus. Er blieb erst am gegenüberliegenden Gehweg stehen. Aus Richtung der Karlsbadeanstalt kam eine Straßenbahn, er trat zwei Schritte zurück, um einem aus der Gegenrichtung kommenden Wagen auszuweichen. Zerrte man ihn in ein Auto, könnte das keiner seiner Freunde sehen. Er kehrte auf den Fußweg vor dem Eingang zurück und ging langsam hin und her. Lange dreißig Minuten vergingen, aber weder Peter noch einer seiner Komplizen waren zu sehen. Um sicherzugehen, blieb er noch eine weitere halbe Stunde stehen. Ab halb drei traf er nach und nach alle seine Posten, niemand hatte etwas gesehen. Peter war nicht gekommen.

Nun war klar, dass Peter entschlossen war, diese Angelegenheit auf eine andere Art zu erledigen, anders, als er es bei dem Treffen im Café Berger angedeutet hatte. Wer würde der erste Tote sein, wer der nächste? Würde man wieder eine geschundene Leiche in Bránik finden? Würde sie im Krematorium enden, als nicht identifizierbarer Toter? Die Methoden waren bekannt, man wusste nur nicht, wer ihnen wann zum Opfer fallen würde.

Es blieb nur ein Ausweg, die Flucht. Pavel benachrichtigte alle, denen Gefahr drohte. Allerdings waren die ihm bekannten Fußwege über die Grenze seit dem Frühjahr 1950 nicht mehr benutzbar. Das Grenzgebiet war schachbrettartig von Truppen des Innenministeriums besetzt, sodass kein Durchkommen war. Nur ein einziger Weg bot noch eine Chance: die Entführung eines Flugzeuges auf einer Inlandstrecke. Die Piloten dieser Linien waren nicht besonders gesichert, die Flugtickets waren erschwinglich. Es galt, die Besatzung mit Waffengewalt zu einer Kursänderung nach Westdeutschland zu zwingen. Alle diese Eventualitäten mussten einkalkuliert werden. Pavel wandte sich an einen ehemaligen Piloten der Aerolinie, den man nach 1948 entlassen hatte. Er hatte ihn damals mit Peter bekanntgemacht. Jetzt allerdings lehnte er ab, wollte mit all dem nichts zu tun haben. Damit war nun auch dieser letzte Weg für die Gruppe versperrt. Es blieb nichts als abzuwarten.

In dieser Situation absolvierte Pavel seine Abschlussprüfungen, schrieb eine Hausarbeit und bereitete sich auf die Staatsprüfung vor. Hanka bedeutete ihm nun alles. Ihre gemeinsame Zeit verbrachten sie bei langen Spaziergängen in den umliegenden Wäldern. In diesen Stunden war er nicht mehr das gejagte Wild in Erwartung des unvermeidlichen Endes. Ein Tag war schöner als der andere, als ob ihm die Natur das schenken wollte, worauf er bald würde verzichten müssen. Die Zeit verging, die drohende Gefahr schien zu verblassen. Manchmal dachten die beiden gar nicht mehr daran – immer dann, wenn sie vom künftigen Leben träumten. Der Frühling hauchte in diesem Jahr seine schönsten Düfte aus. Der April verging, und Pavel begann zu glauben, dass alles wieder gut wäre.

*

Die ganze Nacht starrte Pavel durchs Fenster auf die regelmäßig schlagende Uhr der Kirche des Heiligen Bartholomäus. Es war das Einzige, das ihn noch mit der Außenwelt verband. Langsam erwachte der Tag, für die Menschen da draußen ein Feiertag. Gegen Morgen bewegte sich die Klappe des Türspions häufiger, der Aufseher beobachtete die schlafenden Häftlinge.

Gefängnis – ein Wort, das in allen Zeiten grauenvoll klang. Der Gedanke an seine Zukunft machte ihn verlegen und hilflos. Dieses Gefühl bedrückte ihn wie eine Last, die nicht abgelegt werden konnte, raubte ihm den Atem, erstickte alles Lebendige, alle Perspektiven. Die Gedanken kreisten im Kopf und ließen ihn nicht schlafen.

Um sechs wurde mit einem metallenen Gegenstand gegen die eiserne Tür geschlagen. Um sieben flog plötzlich die Tür auf, jemand schob drei Schalen mit schwarzem Kaffee und dunklem Brot in die Zelle. Das Brot rührte Pavel noch nicht an, den Kaffee trank er gierig aus. Nach der durchwachten, fiebrigen Nacht hatte er Durst. Als der Erste das Klosett in der Ecke benutzte, wurde Pavel klar, dass ihr Leben dem von Tieren glich. Bald merkte er, dass für seine Peiniger Tiere wertvoller waren als Häftlinge. An den allgegenwärtigen Gestank dieser Kellerkerker musste er sich gewöhnen. Nach dem Frühstück wurden ihnen die Schalen wieder abgenommen und Ruhe trat ein, jedoch keine wohltuende Ruhe. Sie schmerzte.

Als Erster verspürte der Zeuge Jehovas den Drang, sich zu bewegen. Fünf Schritte hin, fünf zurück, Pavel schloss sich ihm an. Nur der Franzose blieb auf den Strohsäcken sitzen, das war erlaubt. Bald begann er jedoch wieder mit seinen Forderungen nach Zigaretten, irgendwie kam Stimmung auf.

Um neun Uhr hörten sie die ersten Salven zur Feier des Tages, sie drangen bis in die Gefängniskerker. Prag feierte. Das waren die Kontraste in dieser Gesellschaft. Damit die einen feiern konnten, mussten die anderen erniedrigt und gequält werden. Dazu diente ein ganzer Apparat von Martins, tausende öffentliche und geheime Mitarbeiter der Partei. Ihnen standen alle Mittel zur Verfügung. Hatte seine Seite überhaupt eine Chance zu überleben?

Langsam kehrte Pavel in Gedanken zu den Ereignissen des letzten halben Jahres zurück. Es gab keinen Zweifel, wem Peter diente, egal, ob seit jeher oder erst seit Kurzem. Das würden schließlich die Verhöre ergeben. Pavel versuchte verzweifelt, nicht an Hanka zu denken. Es war besser, sich nicht mit Erinnerungen zu plagen. Er fragte sich, gegen wen sonst noch ermittelt würde. Die ganze Angelegenheit war vielen bekannt, zu Hause wie im Ausland. Die Staatssicherheit hatte sich für eine strafrechtliche Verfolgung entschieden. Ihr Agent Peter hatte nun freie Hand, er hatte über das Schicksal der Beteiligten zu entscheiden.

Nach einer Stunde des Hin-und-her-Wanderns waren die beiden Häftlinge müde geworden. Sie setzten sich auf die Strohsäcke neben den Franzosen. Alles war ruhig, nur über ihnen in der Zelle marschierten auch zwei hin und her. Dies war also der neue Gegenstand seiner Sinneswahrnehmung.

Um elf Uhr öffnete sich wieder die Tür, ein Fuß stieß das Mittagessen in die Zelle. Es war, wie der Zeuge Jehovas erklärte, ein Festessen. Eine unbestimmte Gemüsesuppe, ein Knödel mit Soße und vier kleinen Stückchen Fleisch. Kaum hatten sie zu Ende gegessen, wurden ihnen die Schalen wieder abgenommen, die Löffel durften sie behalten. Gegen zwölf Uhr mittags kam das festliche Abendessen, Soße und einige Kartoffeln. Nicht einmal eine Viertelstunde später verlangte der Aufseher die gereinigten Schalen und die Löffel zurück. Das war an diesem Tag die letzte Mahlzeit. So lief es immer am Wochenende. Die Häftlinge waren gezwungen, bis zum nächsten Morgen zu hungern. So wurde man schneller schwach. Wenn nun noch einige Tage in der Dunkelhaft dazukämen, würde der Gesundheitszustand in wenigen Wochen katastrophal sein. In einer solchen Verfassung wurden die Gefangenen verhört, zu Aussagen und zur Unterschrift unters Protokoll gezwungen.

In der Zwischenzeit tauchten in der Zelle Gestalten auf, offenbar Agitatoren. Sie lobten die Vorzüge der Haft während des Gerichtsprozesses, da man dann sogar Lebensmittel bestellen könne. Am schönsten sei es jedoch nach dem Prozess in einem der Lager in Jáchymov. Jeder sollte sich auf ein Ende der Verhöre freuen, darauf, verurteilt zu werden und ein Leben lang die Armee der Sklaven zu erweitern. Gefangen zu sein zuerst hinter dem kleinen Stacheldraht und nach der Entlassung hinter dem großen, der das ganze Land umschloss. Ein entlassener Häftling hatte keine andere Wahl als einfache körperliche Arbeit zu verrichten, und zwar dort, wo sich andere weigerten. Nur kurz blieben diese Boten in den einzelnen Zellen, wurden dann angeblich zum Verhör gebracht und erschienen nie wieder. Einige boten an, nach der Entlassung die Familien der anderen Häftlinge zu besuchen und Verbindung herzustellen, erwähnten sogar Fluchtmöglichkeiten. Wehe dem, der ihnen glaubte und sich täuschen ließ. Gleichzeitig sollten sie die Haltung der Untersuchungshäftlinge, ihr Verhältnis zu anderen Mitgliedern von Widerstandsgruppen, ihre Familienverhältnisse ergründen, überhaupt alles, was das Gesamtbild vervollständigen und schließlich im Abschlussprotokoll und bei der Festlegung der Haftstrafe entscheidend sein konnte. Ihre Geschichten waren auf die Zielperson genau zugeschnitten. Das hatte Pavel noch vor sich.

Mit der Zeit verspürte er nur noch Hunger und Müdigkeit. Gegen Mitternacht der zweiten Nacht erlöste ihn der ersehnte Schlaf. Das Erwachen war das gleiche wie am Tag zuvor. Er gewöhnte sich daran, das Essen am Boden mit dem Fuß zugestoßen zu bekommen. Hier zeigte sich der Klassenunterschied zwischen Aufseher und Häftling in der klassenlosen sozialistischen Gesellschaft und die unbegrenzte Macht des Aufsehers.

Freitag war zwar ein Arbeitstag, aber es fanden keine Verhöre statt. Niemand wurde aus der Zelle geholt, alle waren ihren Gedanken überlassen und alle wussten, dass es gefährlich war, diese Gedanken auszusprechen. Der Zeuge Jehovas hatte sich mit seinem Schicksal abgefunden und summte ungarische Lieder, deren Worte für die anderen unverständlich waren, doch es waren Lieder voller Trauer und Schmerz. Ihre Schritte in der Zelle konnte man mittlerweile in Kilometer umrechnen.

Am Samstag wurde der Hunger schlimmer. Niemand konnte widerstehen, die Tagesration des schwarzen Gefängnisbrotes schon zum Frühstück zu verschlingen. In den kommenden Tagen wurde der Hunger immer erbarmungsloser. Mit der Zeit wurde er zur physischen Qual, die alle anderen Gedanken verblassen ließ. Wenn jemand sprach, dann waren es Erinnerungen an köstliche Speisen, als ob die Fantasie im Stande wäre zu sättigen. Pavel lernte alles über ungarisches Essen.

In der folgenden Nacht gelang es ihm wieder nicht einzuschlafen, er war in Gedanken daheim. Mit Gewalt unterdrückte er diese quälenden Überlegungen, denn am Montag erwartete er das erste Verhör. Doch es geschah nichts. Erst am Mittwoch war es so weit. Die Turmuhr schlug gerade halb neun, als sich die Tür öffnete und der Wärter Pavels Namen rief. Er musste sich die Augen mit einem Tuch verbinden und wurde ins Unbekannte abgeführt. Am Ende des Kellerganges wurde er jemandem übergeben, der ihn in das Erdgeschoss führte. Von hier geleitete ihn ein Dritter ins zweite Obergeschoss. An einer Stelle gingen sie über einen Balkon oder eine Terrasse. Pavel hörte unmittelbar um sich den Gesang von Vögeln. Der Duft der frischen Frühlingsluft weckte in ihm schmerzhafte Erinnerungen. Endlich waren sie in einem Büro angekommen. Er vernahm, wie der Aufseher jemandem Papiere übergab. Eine fremde Stimme ordnete an, das Tuch von den Augen zu nehmen.

Er stand in einem Büro, dessen Fenster zur Bartholomäus-Straße gingen, vor ihm zwei Schreibtische, dahinter drei Stühle und ein kleiner Tisch für die Schreibmaschine. Gegenüber den Tischen ragte aus der Wand in Kniehöhe ein Brett, dessen Kante mit der Wand ein rechtwinkliges Dreieck bildete. Man befahl ihm, darauf Platz zu nehmen.

Der Mann, wie sich später zeigte der Untersuchungsführer, war nicht allein. Im Zimmer bewegten sich schweigend noch vier andere. Sie erinnerten Pavel an den mit dem Revolver bei seiner Verhaftung. Der Untersuchungsführer setzte sich an den Tisch und begann feierlich, aus irgendwelchen Papieren alle Straftaten vorzulesen, auf die sich die Verhaftung gegründet hatte. Nach Beendigung dieses Zeremoniells kam durch eine Nebentür ein weiterer Mann. Groß, gut genährt, gut angezogen, seine Sprache verriet seine mährische Herkunft.

Der Untersuchungsführer am Tisch war das genaue Gegenteil, sein schmales, hartes Gesicht glich dem eines Arbeitslosen auf kommunistischen Vorkriegspropagandaplakaten. Abstehende Ohren ergänzten seine magere Statur. Auf den ersten Blick wirkte er gegenüber den anderen sanftmütig.

Als der Untersuchungsführer mit dem Vorlesen fertig war, herrschte im Raum Totenstille. Schon nach seinen ersten Worten war klar, dass die Angaben von Peter stammten. Er hatte sämtliche Informationen an die Staatssicherheit weitergeleitet. Er hatte nichts vergessen.

In den weiteren Fragen wurde Peter als Agent des westlichen Geheimdienstes bezeichnet. Es wurde nicht thematisiert, wo und wie sich Pavel und Peter kennengelernt hatten. Diese Information war nicht für die Ohren der vier assistierenden Männer bestimmt. Die Fragen dieser vier betrafen andere Sachverhalte. Endlich kam das Wichtigste. »Gestehen sie, mit solch einem Agenten in Verbindung zu stehen?« Pavel antwortete, nein, das tue er nicht. Der eingeweihte Untersuchungsführer korrigierte sofort die Fragestellung: »Genauer gesagt, haben sie diese Verbindung bis Januar dieses Jahres gepflegt?« Die Formulierung ließ keine Zweifel zu. »Darauf kann ich mit Ja antworten, allerdings mit großen Vorbehalten.« In diesem Augenblick mischte sich der Mann aus Mähren ein, der Untersuchungshäftling habe gestanden und dies müsse protokolliert werden.

Pavel, der aufgestanden war, setzte sich wieder. Der Untersuchungsführer wandte sich den vier Männern zu und erklärte ihre weitere Anwesenheit für unnötig. Die vier waren ein Schlägerkommando, gewohnt, die Häftlinge mit Fäusten so lange zu bearbeiten, bis sie zu jedem Geständnis bereit waren.

Kurz vor Mittag unterschrieb Pavel ein kurzes Protokoll. Darin stand nur die Tatsache, dass er gestanden habe, kein Wort darüber, was er eigentlich genau gestanden hatte. Nach der Unterschrift blieb Pavel mit dem Untersuchungsführer allein, der Mann aus Mähren verließ den Raum. Erst jetzt fiel die

Frage, wo er Peter kennengelernt hatte. Bevor Pavel antworten konnte, beantwortete der Mann seine Frage selbst: »Wir wissen es, in der Bibliothek, dort habt ihr beide ja Englisch gelernt.« Pavel nickte, das war die Geschichte, die sich Peter damals ausgedacht hatte, als er vielleicht wirklich noch für den Westen arbeitete. Dieses Detail bezeugte, was für eine Komödie hier gespielt wurde. Warum aber deckte dieser Untersuchungsführer jenen, der sie wirklich miteinander bekanntgemacht hatte? Es erweckte den Eindruck, dass der tatsächliche Vermittler ebenfalls Mitarbeiter der Staatspolizei gewesen war. Pavel hatte jetzt keine Zeit, darüber nachzudenken, und so blieb es bei dieser Darstellung bis zum Ende der Verhöre, so stand es auch im Protokoll für das Gerichtsverfahren.

Völlig erschöpft und niedergeschmettert kam er in die Zelle zurück. Seine Liquidierung sollte also durch ein Gerichtsverfahren ganz legal aussehen. Das würde wahrscheinlich auch die erwarten, die keinen Finger gegen Peter gerührt hatten. Niemand der Mitgefangenen fragte ihn nach etwas. Der Franzose beherrschte die Sprache nicht und der Zeuge Jehovas hatte kein Interesse. In dieser Hinsicht war er hier in Sicherheit. Aber wie lange noch?

Pavel erwartete ein neues Verhör am nächsten Tag, aber erst am Freitag führte man ihn wieder in den Untersuchungsraum. Anwesend waren der Untersuchungsführer und der Mann aus Mähren. Zunächst sprachen beide über die großen Vorteile des Sozialismus, ganz stupide Propagandaphrasen. Pavels Einwände, dieses System ähnlte dem des Protektorats, lehnten sie lachend ab. Sie meinten, er selbst könne sich ja überzeugen, wie demokratisch und tolerant die Staatsgewalt gegenüber jungen, vom Wege abgekommenen Menschen sei. All die Geschichten über gewalttätige Untersuchungsmethoden seien reine Lügen, jeder werde anständig behandelt. Wenn jemand aussagen wolle, in Ordnung, wenn nicht, müsse er nicht. Wenn sich herausstellte, dass die Verhaftung unbegründet war, würde der

Betreffende mit einer Entschuldigung und einer Entschä-
digung entlassen. Dieses Gerede sollte den jungen Mann
beeindrucken und ihn vielleicht sogar für eine eventuelle
Mitarbeit gewinnen. Pavel entgegnete, dass das nicht im
Einklang mit dem Hunger und den in der Untersuchungshaft herrschenden Verhältnissen stehe. Darauf antworteten
beide, es sei nicht der Hunger, sondern der beim jungen
Menschen nie zu stillende Appetit. Der vergehe jedoch
mit der Zeit. Je länger das Gespräch andauerte, desto kla-
rer wurde die Absicht dahinter. Sie wollten erfahren, wie
der Häftling auf die Haft reagierte und ob sich der Fall für
einen Schauprozess eignete. Wäre dies der Fall, würde man
sämtliche Verhöre mit Methoden führen, die bei einem
Prozess vor dem Staatsgericht Bestand hätten. Gegen Mittag endete diese Komödie und man führte ihn in die Zelle
zurück. Überrascht fand er dort einen Neuankömmling
vor. Ein etwa vierzigjähriger Mann regte sich auf, dass man
ihn am Freitag verhaftet hatte und ihm somit das ganze
Wochenende verdarb. Er erzählte viel. Irgendwann erklärte
er, wie einfach man von hier flüchten könne. Er empfahl
Pavel, vom Balkon, über den er immer geführt wurde, zu
springen. Man landete in einem Hof, von dort würde er
durch eine Ausfahrt auf die Straße gelangen und wäre weg.
Die ganze Aktion müsste man nur rasch durchführen. Der
Neue bot an, nach seinen Verhören Verbindung zu Pavels
Familie oder Freunden aufnehmen, ihm Zivilkleidung zu
besorgen. Dann sei alles nur noch eine Kleinigkeit. Den
ganzen Samstag und Sonntag versuchte der Mann, ihm diesen Gedanken einzuimpfen. Pavel hörte ruhig zu, ohne zu
reagieren, und das, obwohl der Neue ihm sein Mittag und
Frühstück angeboten hatte.

Als Pavel vom zweiten Verhör zurückgekehrt war, hatte er
unter dem Rand der Binde einen Blick hinunter werfen können. Unter ihm lag ein kleines Vordach, der Hof hatte eine
Tiefe von sechs oder sieben Metern. Ein Sprung aus dieser

Höhe wäre sicher nicht ohne Folgen. Mit solchen Vorschlägen wollte man Familienangehörige zu Straftaten verleiten, um auch sie zu verhaften.

Am Sonntag wurde der Neue in der Zelle nervös, sein Auftrag blieb offensichtlich unerfüllt. Bekäme er in diesem Fall die gleiche Belohnung? Gegen Abend schimpfte er pausenlos über das Regime. Hin und wieder fragte er Pavel, ob er die Flucht riskieren wolle. Er beschrieb sogar das Haus, in dem er sich verstecken konnte, nannte eine Person, an die er sich wenden sollte, um unterzutauchen. Freunde würden ihm helfen, aus Prag rauszukommen und ein »Loch im Zaun« fände sich gegen ein Schmiergeld sicher auch. Er erhielt zu seinem Bedauern keine Antwort.

Auf den Hunger vom Sonntag folgte am Montag ein Fastentag. Angeblich war kein Brot geliefert worden, also wurde keins verteilt. Zum Frühstück gab es nur bitteren schwarzen Kaffeeersatz. Nach den Erfahrungen der letzten Wochen rechnete Pavel nicht mit einem Verhör. Gegen neun Uhr wurde er jedoch aufgerufen und man schleppte ihn wieder nach oben. Auf dem Balkon blieben sie wieder stehen. Der Aufseher beobachtete Pavel, der sich den Hof und das Gelände unten ansah. Dann sagte er halblaut: »Wenn Sie springen, machen Sie sich im besten Falle zum Krüppel. Dem, der ihnen das geraten hat, schlagen sie in die Fresse.« Wer war dieser Mann, von dem er nur die Füße sah? Wieviel wusste er? Hatte schon jemand diesen Sprung versucht? Oder wusste er, dass man Delinquenten auf diese Weise ausradierte, und war damit nicht einverstanden? Auf jeden Fall bildete sich zwischen den beiden eine Art Einvernehmen.

Das Verhör war wieder reine Formsache, das Protokoll wurde nicht in Reinschrift verfasst. Nach seiner Rückkehr waren sie auf der Zelle nur zu dritt. Der Zeuge Jehovas war sichtlich froh, den Vierten los zu sein. Er warnte vor solchen Typen. Als ihm Pavel erzählte, was ihm der Kerl eingeflüstert hatte, war der Zeuge Jehovas erstaunt über das primitive

Vorhaben. Wer hatte diese banale Falle inszeniert? Wussten Pavels Untersuchungsführer davon?

Im Laufe der Woche verschlechterte sich das Wetter. Es wurde kalt, teilweise fiel sogar Schnee. Die Kälte drang auch in den Gefängniskeller.

Die ausgewaschenen Fußlappen hielten keine Wärme, die Kunststoffpantoffeln waren kalt und die halblangen Hosen boten auch keinen Schutz. Das Kippfenster blieb dauernd geöffnet. Nachts wurden die Häftlinge oft wach vor Kälte. Für Pavel begann bereits die dritte Woche.

Am Donnerstag erschütterte sie ein fürchterliches Ereignis. Schon seit Tagen hatten sie die Stimme eines Jungen gehört, der wiederholt nach seiner Mutter rief. Der Zeuge Jehovas glaubte, es wäre ein gezieltes Nervenspiel gegen die Untersuchungshäftlinge. Innerlich wollte er nicht wahrhaben, dass jemand ein unschuldiges Kind hier in diesen abscheulichen Kerkern festhalten könnte. Am Donnerstag erklang die Stimme des Kindes immer lauter. Lauter wurden auch die Mahnungen des Wärters. Plötzlich begann das Kind verzweifelt zu schreien, die Rufe nach der Mutter zu wiederholen, dann wurde es in die Dunkelhaft verschleppt. Der Stimme nach war es ein zehn- oder zwölfjähriger Junger. In der Dunkelhaft bat er verzweifelt um Hilfe. Der Wärter zeigte jedoch nicht einmal die Gefühle eines Tieres, sondern befahl ihm, Kniebeugen zu machen und drohte mit Schlägen und Hunger.

In den anderen Zellen war nun die Hölle los. Man hörte Hämmern und Geschrei. Der wütende Aufseher ließ endlich von dem Jungen ab, schimpfte die einzelnen Zellen an und drohte mit Bereitschaftsdienst. Als Antwort kamen Drohungen zurück. Die Menschen verband ein Gefühl der Pflicht, dieses Kind zu retten, ohne Angst vor den Folgen. Ein paar Minuten später kamen zwei weitere Wärter, die versuchten, die Situation zu beruhigen. Aus allen Zellen beschimpfte man sie als Gestapo und Feiglinge, die Kinder quälten.

Erst die Wachablösung in doppelter Anzahl brachte Ruhe. Sie hatten wie immer Filzschuhe an, man hörte ihre Schritte nicht, vernahm nur ihr aufgeregtes Flüstern an den Zellentüren. In der Dunkelhaft machten sie Licht an, das Kind hatte aufgehört zu schreien, nur ein leises Stöhnen war ab und an zu hören.

Am nächsten Morgen befürchteten die Häftlinge Repressalien, aber nichts geschah. Pavel war tief erschüttert. Was war alles möglich, verborgen hinter Gittern, wo niemand hinsah und nicht einmal verzweifelte Rufe eines Kindes hinausdringen konnten? Wer und wo war die Mutter des Kindes, nach der es so flehentlich geschrien hatte? Hörte sie seine Stimme, konnte sie nicht antworten? War das Foltern des Kindes eine Methode, um die Mutter zum Geständnis zu zwingen? »Ein Mensch – wie stolz das klingt!«, der Spruch hing an den Wänden der Hochschulen und in den Fabriken des Landes. Die Wirklichkeit bewegte sich in ihrer Grausamkeit irgendwo jenseits des Mittelalters.

Der Franzose begann die Dinge anders zu sehen. Plötzlich zeigte er Verständnis für den Kampf gegen das System. Solche Verhältnisse konnte er sich in Frankreich nicht vorstellen. Nach und nach wurde er sich des abgrundtiefen Unterschiedes zwischen Demokratie und Totalitarismus bewusst. In seinem Land würden über solche Geschehnisse bald alle Zeitungen berichten, die Verantwortlichen würde man vor Gericht stellen. Hier würde niemand davon erfahren, nicht in absehbarer Zeit. Diese Erkenntnis beunruhigte ihn, beleidigte seinen Sinn für soziale Gerechtigkeit. Er erwartete einen Vertreter der französischen Botschaft, war nun fest entschlossen, diesem alles zu berichten.

Der Montag war sehr rege. Gegen acht Uhr führte man Pavel zum Verhör. Es wurde weiter am Protokoll gearbeitet und natürlich wurde auch die ideologische Umerziehung fortgesetzt, überwiegend durch den Mann aus Mähren. Als seine Sprüche endeten, erzählte Pavel von dem Kind in der Dunkelhaft. Die beiden Ermittler sahen sich an, wussten im ersten

Moment keine Antwort. Dann erklärte der Kleinere resolut, dass nichts dergleichen gemeldet worden sei, und so etwas völlig ausgeschlossen sei. Solche Handlungsweisen würde er nicht dulden. Pavel bestand jedoch auf seiner Aussage und forderte deren Aufnahme ins Protokoll. Der Untersuchungsführer weigerte sich, argumentierte, das Protokoll beinhalte Aussagen des Verhörten und nicht irgendwelche Märchen über die Verhältnisse in der Untersuchungshaft. Inzwischen hatte der andere das Zimmer verlassen, kam etwa zehn Minuten später zurück, wirkte nachdenklich und etwas verlegen: »Lassen wir diese Geschichte, es scheint unten wirklich etwas passiert zu sein, wir werden es überprüfen.« Das Verhör wurde von nun an vollkommen konfus. Die Ermittler, die sich Referenten nannten, waren nervös. Die Geschichte mit dem Kind passte den beiden nicht in die Prozessvorbereitungen.

Der Referent war mit seinen Gedanken abwesend. Pavel verstand eine solche Reaktion nicht, wussten sie etwa nichts von den Methoden in der Haft? Der Mann aus Mähren bestätigte mit seinem Schweigen, wie unerwünscht die Neuigkeit für ihn war. Möglicherweise waren sie darüber verärgert, dass sich der Wärter gehenließ und den Häftlingen demonstrierte, wie weit die Staatssicherheit gehen konnte, ohne bestraft zu werden. Das Ganze entbehrte jeder Logik.

Nach dem Verhör führte man Pavel in den Keller. Bereits im Erdgeschoss roch man einen neuen Mief. Auf der Wendeltreppe wurde der muffige Geruch immer stärker. An der Zellentür blieben sie kurz stehen, der Wärter bekam einen Hustenanfall. Der Husten schüttelte ihn so sehr, dass er mit dem Schlüssel das Schloss nicht traf. Endlich öffnete er und stieß Pavel in die Zelle. Anstelle der halbleeren Strohsäcke lagen an der Wand drei vollgestopfte, jedoch war das Stroh muffig, wahrscheinlich völlig schimmelig. Daher also der scheußliche Geruch. In allen anderen Zellen war es ähnlich. Wenn das die Vergeltung für das Aufbegehren sein sollte, war es eine kurzsichtige Idee, denn auch die Wärter mussten acht

Stunden am Tag auf den Gängen verbringen. Der Husten wurde immer stärker, in und vor den Zellen. Als nach dem Abendessen die Schalen zurückverlangt wurden, bat Pavel um eine Stange, mit der man das Fenster weiter öffnen konnte, das seit dem Kälteeinbruch fast ganz geschlossen war. Seinem Wunsch wurde nachgekommen, und die Zelle war bald erfüllt von frischer, aber eisig kalter Luft.

In dieser Nacht schlief nur der Franzose. Das feuchte, muffige Stroh kühlte von unten und die dünne Decke schützte nicht vor der Kälte. Manchmal drang Zigarettenrauch herein, so versuchten die Wärter den Schimmelgestank zu übertönen. »Diese Luft muss die Lunge krank machen«, konstatierte der Zeuge Jehovas, erzählte von einem jugoslawischen Gefängnis, in dem er kurz vor Kriegsende einige Monate verbracht hatte. Pavel war derselben Meinung, hütete sich aber, es auszusprechen. Der Franzose wachte immer wieder auf und murmelte dabei unverständliche Worte.

Gegen zehn Uhr wurde der Franzose zum Verhör gerufen, kam aber gleich darauf zurück. Sein Referent hatte ihm ein Schriftstück gezeigt: die Ablehnung seines Antrags auf Einreiseerlaubnis in die Sowjetunion. Gleichzeitig wurde ihm mitgeteilt, dass man ihn in Kürze nach Frankreich ausweisen würde, man erwarte nur noch eine Stellungnahme des Rechtsanwalts der französischen Botschaft. Nun kauerte er verzweifelt am Boden der Zelle und grübelte darüber nach, was ihn erwartete.

Drei Tage später befahl man dem Franzosen, unmittelbar nach dem Frühstück seine Sachen zu packen und zu gehen. Schnell nahm er sein Zahnputzzeug und Seife, das war ja sein ganzer Besitz, drehte sich in der Tür noch einmal um. »Vive la liberté«, es lebe die Freiheit, dann verschwand er mit verbundenen Augen im Dunkel des Gangs.

Pavels Verhöre verliefen immer gleich. Es war schon Ende Mai und der Hunger unerträglich. Als er die mangelhafte Verpflegung erwähnte, bot ihm der Untersuchungsführer die Möglichkeit an, Brot zu kaufen. Pavel nutzte diese sofort. Nach einigen Tagen teilte ihm der Wärter mit, das Brot sei angekommen, müsse aber auf dem Flur liegen bleiben. Wenn der Häftling wollte, wurde ihm ein Messer zum Abschneiden einer Scheibe ausgeliehen, alles musste dann aber abgegeben werden. Diese Möglichkeit nutzte auch der Zeuge Jehovas, es schien, als wäre dem Hunger abgeholfen. Jeden Morgen schnitten sich beide ein großes Stück ab, das bis zum Abend reichen musste. Das bereits bei der Lieferung harte Brot wurde nach einigen Tagen so hart, dass es sich nicht mehr schneiden ließ. Der Wärter schimpfte, nahm ihnen das Messer ab und sagte, sie sollten sich behelfen. Den Rest des Brotes mussten sie Stückchen für Stückchen abnagen. Das Brot blieb nun in der Zelle, in ein Tuch eingewickelt, das die Häftlinge manchmal nach der Rückkehr vom Verhör behalten durften.

Nach dem Abgang des Franzosen blieben die beiden eine kurze Zeit allein in der Zelle. Bereits seit einigen Tagen hörten sie in der Nacht ein andauerndes Kratzen, doch eines Nachts schrie der Zeuge Jehovas plötzlich auf und schien mit einem unsichtbaren Feind zu kämpfen. Pavel versuchte ihn zu beruhigen. Dieser schrie aber weiter. »Ich habe sie gesehen, da ist sie!« Er meinte eine große Ratte, die aus einem Loch neben der Heizung gekrabbelt war und nun wie wild in der Zelle herumlief. Beide Häftlinge rissen sofort ihr Brot an sich. In diesem Moment öffnete der Wärter die Tür und die Ratte rannte zwischen seinen Füßen auf den Gang hinaus. Etwa fünfzehn Minuten später hörte man im Flur einen ungewöhnlichen Krach und laute Schritte. Die Stimmen blieben an ihrer Zelle stehen, der Schlüssel rasselte im Schlüsselloch und in der Tür erschienen zwei Männer in Monteuranzügen mit Eimern und Werkzeug in den Händen. Die Häftlinge mussten raus aus der Zelle, standen im Gang mit dem Gesicht zur Wand und warteten, bis das Loch mit Steinen und Zement zugemauert war. Der Wärter stand in der offenen Tür. Als die Männer fertig waren, gingen sie ohne ein Wort fort. Der Wärter schloss die Zelle wieder ab und die Häftlinge legten sich hin, das Brot fest an ihre Brust gepresst.

Es war Dienstag, der so genannte kleine Verhaftungstag, der große war der Donnerstag. An diesen zwei Tagen brachte man die Neuen ins Gefängnis. Gegen elf Uhr öffnete sich die Tür, auf der Türschwelle stand ein stattlicher, etwa fünfzigjähriger Mann. Als er sich das Handtuch von den Augen nahm, erkannte Pavel einen Gendarmeriewachtmeister aus Beroun. Er wollte ihn nach Hanka und seinen Freunden fragen, aber der Mann war offensichtlich betrübt und nicht ansprechbar. Die Tatsache, aus dem Familien- und Arbeitsleben herausgerissen zu sein, war so grausam, dass er es nicht verkraften konnte. Er verstand nicht, warum. Als er sich etwas beruhigt hatte, verlangte er resolut, zum Rapport geführt zu werden, um einen Verstoß gegen das gesetzmäßige Verfahren zu melden. Der Wärter lachte ihn aus und verwies ihn auf den nächsten Tag.

Pavel erklärte dem Wachtmeister, dass der Rapport hier reine Formsache sei, von dem er absolut nichts erwarten könne. Der Wachtmeister, inzwischen bereits Mitglied im *Korps der Nationalen Sicherheit*, erklärte, falls jemand etwas gegen ihn habe, so solle er von einem Militärgericht verhört bzw. verurteilt werden. Hier wolle er keine Zeit verlieren. Am nächsten Tag führte man ihn zum Verhör, teilte ihm mit, seine Tat falle unters Zivilrecht, zuständig sei der Staatsgerichtshof.

Als der Wachtmeister wieder in der Zelle war, sagte er ihm, dass er ihn kenne und erinnerte ihn an ein gemeinsames Erlebnis, die Rettung eines Selbstmörders. Dann sprachen sie über gemeinsame Bekannte und Freunde. Pavel erfuhr, dass man seinen geliebten Professor und guten Freund, den er hoch schätzte, verhaftet hatte. Auch wenn er wusste, dass der Agent Peter sich für diesen Professor auffällig interessiert hatte, war Pavel überrascht.

Es war Juni, für Pavel schon der zweite Monat in Untersuchungshaft. Jetzt verhörte ihn nur noch der abgemagerte

Arbeiter vom Propagandaplakat, behandelte ihn dabei verhältnismäßig anständig. Er verriet ihm sogar, dass Mutter und Hanka bis zum Gefängnisdirektor vorgedrungen waren und dort etwas Geld für Lebensmittel und warme Wäsche hinterlegt hatten. Das Geld war seinem Konto zugeschrieben worden, die Wäsche hatte man bei seiner Zivilkleidung untergebracht. Ein Besuch kam allerdings vor dem Prozess nicht in Frage.

Endlich wurde das erste Protokoll beendet und Pavel atmete auf, aber seine Erleichterung war verfrüht. Eine Woche später sollte ein neues Protokoll geschrieben werden, nun schon ohne grobe Fehler. Dieses war als Grundlage für die Anklage vorgesehen.

Es war Freitag, der Zeuge Jehovas und der Wachtmeister waren beim Verhör, Pavel blieb allein auf der Zelle. Es war überall ruhig, nur aus den Zellen über ihm hörte man Schritte. Plötzlich erklang ein Aufschrei, danach die bekannten dröhnenden Schläge, nach jedem Schlag ein Stöhnen. Der Stimme nach war es ein etwa sechzigjähriger Mann. Das Stöhnen verstummte, aber man schlug weiter auf den wahrscheinlich Ohnmächtigen ein. Die Schritte in den Zellen hatten angehalten. Auch Pavel war erschüttert. Allein in der Zelle wurde er sich seiner Wehrlosigkeit voll bewusst. Auf dem Gang hörte man Stimmen, Schlüssel rasselten, durch die geöffnete Tür kam ein etwa zweiundzwanzigjähriger, mittelgroßer, blonder Junge in die Zelle. In der schmutzigen Kleidung eines Häftlings, anstelle von Pantoffeln mit alten Leinenschuhen, legte er sofort los. Er sei im Schwimmbad verhaftet worden bei der Übergabe eines Päckchens mit Flugblättern an einen unbekannten Mann, der dort auf ihn gewartet hatte. Die Flugblätter sollten junge Menschen vor Spitzeln warnen. Er fragte Pavel, ob er auch Opfer eines Verrats sei. Als er keine Antwort bekam, begann er nach seinen Familienverhältnissen zu fragen. Dann begann der Neue grob auf die Partei zu schimpfen und kritisierte das gesamte Wirtschaftssystem. Dabei machte er grundlegende Fehler, er hatte sich offenbar nicht alles gemerkt. Pavel entschloss sich zur Gegenwehr. Er erklärte dem Neuen, dass er sich täusche, dass das System keine wirtschaftlichen Lücken zulasse und lauter Vorteile biete. Er empfahl dem Jungen, über alles neu nachzudenken und falls es ihm gelänge, hier bald herauszukommen, schnell ins normale Leben einzusteigen, ohne sich mit Spitzeln zu beschäftigen.

Inzwischen war der Wachtmeister vom Verhör zurückgekehrt, begriff sofort, was gespielt wurde und schloss sich Pavel an. Der Neue wurde sichtlich nervös, hatte alles andere als solche Reden erwartet. Dafür würden ihn seine Auftraggeber wohl kaum belohnen. Nach dem Mittagessen kam der Zeuge Jehovas wieder in die Zelle, mischte sich aber nicht in die Debatte ein. Schließlich kam der Neue auf die Spitzel zurück. Er blieb bis Dienstag. Nachdem er vom Wärter abgeholt wurde, begann er, sich schon im Gang laut mit dem Wachhabenden zu unterhalten. Der Zeuge Jehovas zuckte nur mit den Schultern, es war ihm unbegreiflich, dass die Staatspolizei solch primitive Dummköpfe als Spitzel einsetzte.

Das Protokoll war schon fast beendet, als Pavel völlig unerwartet in den Nachmittagsstunden zum Verhör gerufen wurde. Im Untersuchungsraum waren nicht nur sein alter Referent und der Mann aus Mähren, sondern noch drei weitere, unbekannte Männer. Sie befahlen ihm, in der Mitte stehen zu bleiben und betrachteten ihn längere Zeit schweigend. Dann ergriff der Mann aus Mähren das Wort. Er erklärte, er habe Pavel bereits am Anfang darauf hingewiesen, dass sie bereits alles wüssten, doch er leugne die Versuche, Verbindung ins Ausland hergestellt zu haben. Er überschüttete ihn mit weiteren Fragen, dabei zeigte sich, dass sie alles über den Flugzeugmechaniker Jirka Týfa und seinen Auftrag in Westdeutschland wussten. Einer der drei konstatierte, er halte sie zum Idioten, das würde sich für ihn nicht bezahlt machen. Pavel reagierte mit dem Hinweis, den er einmal vom Mann aus Mähren erhalten hatte, er habe ein Recht darauf, die Aussage zu verweigern. Der erste der Fremden, der den Angriff gestartet hatte, spuckte nun auf den Boden und schrie, er schäme sich für eine solche »goldene Jugend«, der Pavel angeblich angehörte, eine entartete Jugend, bereit, die Errungenschaften des Sozialismus an die Kapitalisten zu verkaufen. Das Gerede war lächerlich, diente aber dazu, eine mögliche Gewaltanwendung zu begründen, die offensichtlich zu seinen Arbeitsaufgaben gehörte. Die beiden anderen schienen neugierig zu warten, wann der Schläger loslegen würde. Dem Mann aus Mähren, der mehr Ahnung von Psychologie hatte, schien ein derartiges Verhör nicht zu gefallen. Sein Hauptziel war die Vorbereitung des Prozesses. Dafür waren Faustschlagdrohungen und Bespucken nicht nützlich. Der Referent mit dem Gesicht des verhungerten Arbeiters unterbrach die Komödie und erklärte Pavel, dass die Fremden Fabrikarbeiter seien, die manchmal an Verhören teilnahmen, um sich davon zu überzeugen, wie schwierig und notwendig die Arbeit der Staatspolizei sei. Das weitere Verhör würden die Referenten übernehmen.

Pavel verstand nicht, warum die Beamten erst jetzt mit den eigentlichen Fragen herausrückten. Peter hatte bereits bei dem Treffen im Café Berger davon gewusst. Damals war er sich wahrscheinlich noch nicht ganz sicher gewesen oder er fürchtete die Folgen, falls Pavel verschwand, falls Informationen über seine Tätigkeit bereits im Ausland verbreitet worden waren. Es gab etliche Gründe, am wahrscheinlichsten kamen Pavel aber nur zwei vor. Offensichtlich wollten sie wissen, wer Pavel mit dem Mechaniker Týfa bekanntgemacht hatte. Da sie nichts erfuhren, begannen sie ihn zu schlagen. Es war der Kommilitone von seiner Fakultät gewesen, der ihm damals auch die Pistole ausgeliehen hatte, aber davon wussten nur sie zwei. Zum Kennenlernen hatte sich Pavel eine andere Geschichte ausgedacht. Týfa besaß einige Motorräder, die er vor der Flucht sehr günstig verkaufte. Davon wussten nur einige wenige Jungs aus Beroun, denen er den Kauf anbot. Der Vermittler, der Pavel mit Týfa bekanntgemacht hatte, durfte auf keinen Fall verraten werden. Käme die Pistole ins Spiel, würde der Fall neue Dimensionen annehmen. Der zweite Grund bestand darin, dass der Tatbestand keine Grundlage für ein höheres Strafmaß bot, die Tätigkeit der Gruppe war zu belanglos. Bei einem Schauprozess wären die beabsichtigten Strafmaße nicht mit diesen Delikten begründbar.

Als die Arbeiter den Raum verlassen hatten, nahm das Verhör seinen gewohnten Gang. Zuerst ein ideologischer Vortrag, dann wurde eine Mitschrift verlesen, sogar eine Meldung darüber, dass der Mechaniker Týfa in Deutschland herausfinden sollte, wer der Agent Peter wirklich war. Ehe Pavel antworten konnte, wurde er gefragt, warum ihn das so sehr interessiere. Pavel gab an, dass Peter sich von mehreren Leuten Geld geborgt hätte, das er wahrscheinlich unterschlüge.

Der Mechaniker Týfa kannte nur Pavels Decknamen, den er gegenüber den westlichen Kontakten benutzte, aber den kannte auch Peter. Sein Deckname stand in Peters Bericht, den die Referenten zur Verfügung hatten, und der ihnen eine ausgezeichnete Gelegenheit bot, die Anklage zu erweitern. Doch alle Umstände mussten den Referenten bereits vor Pavels Verhaftung bekannt gewesen sein. Peters Zusammenarbeit mit der Staatssicherheit sollte im Zusammenhang mit Pavels Prozess auf keinen Fall erwähnt werden. Diese Methode benutzte die Staatssicherheit häufig. Jedem Richter war bekannt, wen er vor sich hatte und warum. Den so genannten Verbrechen gegen den Staat fehlte allerdings die grundlegende Eigenschaft, nämlich die konkrete Gefahr für die Gesellschaft. Illegale Gruppen ließ man so lange ungeschoren, bis die Grundlage für eine Anklage wegen Landesverrats oder Spionage gegeben war. Eine enge Zusammenarbeit mit den ausländischen Agenturen war nötig. Diese deckten ihre Informanten oder distanzierten sich von ihnen.

Auf eine solche Arbeit war der Widerstand nicht vorbereitet. Informationskanäle herzustellen war mit vielen Risiken verbunden, die die Untergrundbewegung weder technisch noch personell bewältigen konnte.

Unter diesen Umständen blieb Pavel nichts anderes übrig, als einzugestehen, dass er mit Týfa über Peter gesprochen hatte. Er blieb aber bei seiner Geschichte, er habe Peter verdächtigt, Geld zu unterschlagen. Kennengelernt hätte er den Mechaniker beim Kauf eines Motorrades. Das Verhör endete am späten Abend, völlig erledigt kam er in die Zelle zurück. Sein letzter Schutzschirm war gefallen.

Die Zukunft wurde immer hoffnungsloser. Langsam fand er sich damit ab. »Nimm dein Kreuz und folge mir!« Diese Worte hatten ihm bei seiner schweren, langwierigen Krankheit vor sechs Jahren geholfen. Auch damals spielte sich sein Leben nur in den vier Wänden seines Krankenzimmers ab, fast ein halbes Jahr lang durfte er sein Bett nicht verlassen. Er besiegte die tückische Krankheit und konnte sich wieder an Bewegung erfreuen, in die felsigen Berge der Hohen Tatra steigen und in den Ferien auf dem Feld arbeiten wie zuvor.

Er durfte die Hoffnung nicht aufgeben, solange er lebte. Er durfte nicht abweichen vom richtigen Wege. Dieser war ihm ebenso gegeben wie seine Ausdauer und Kraft, Hindernisse zu bewältigen. Mit diesem Vorsatz ließ er die nächsten Tage auf sich zukommen.

Der größte, zäheste Gegner der Häftlinge war die Zeit. Sie schonte niemanden, weder die zu Hause noch die hinter Gittern. Nach dem letzten Verhör wurde das Protokoll sorgfältig korrigiert und ins Reine geschrieben. Die Referenten fügten eigene Worte und Meinungen hinzu. Sie enthüllten sich selbst, als sie Argumente wiedergaben, die Pavel gegenüber dem jungen Spitzel angeführt hatte. Sie priesen sie als Zeichen eines Gesinnungswandels und als Ergebnis der erfolgreichen Umerziehung während der Verhöre. Die weiteren Verhöre verliefen glatt, alles deutete auf ein baldiges Ende hin.

Am 28. Juni war das Protokoll vollendet und unterschrieben. Pavel musste auch eine Erklärung unterzeichnen, in der er den akkuraten Umgang mit seiner Person bestätigte und versicherte, dass er Verhöre und Protokoll als Geheimsache behandeln werde. Nun erwartete er das Gerichtsverfahren.

Nach einer Woche erschien in der Zelle ein vierter, etwa vierzigjähriger Mann. Er trug Haftkleidung, obwohl er behauptete, direkt aus Jáchymov zu kommen, wo er angeblich schon eineinhalb Jahre im *Lager Nikolaj* gearbeitet hatte. Er war braun im Gesicht, das erweckte Vertrauen und er wollte nichts wissen, drängte sich niemandem auf. Als Pavel ihm erzählte, dass sich sein Protokoll dem Ende zuneige und seine Situation sehr schlecht aussehe, tröstete ihn der Mann mit den unvermeidlichen Worten der politischen Gefangenen, die Länge der Strafe sei vollkommen egal, die Westmächte würden bald Freiheit für alle bringen. Man würde nicht zulassen, dass Menschen gleicher Anschauung, gleichen Glaubens und gleicher Lebensart in bolschewistischen Gefängnissen und Lagern litten und starben.

Sofern die Todesstrafe beantragt wäre, würde man Pavel in der Gerichtshaft im Gefängnis Pankrác von Anfang an in einer Einzelzelle isolieren, in der Regel im Block B 1. Auch beim Ausgang wären die Gefangenen allein, um eine Kontaktaufnahme zu verhindern. Informationen dieser Art waren nicht unwichtig und ermöglichten dem Gefangenen zumindest einen ungefähren Blick auf das Kommende. Mit diesem Wissen wartete Pavel auf seine Überführung ins Gerichtsgefängnis. Beim letzten Verhör teilte ihm sein Referent mit, dass noch nichts entschieden sei. Das Strafmaß sei Sache des Richters. Aber ihn erwarte nichts Erfreuliches. Der Transport ließ nicht lange auf sich warten.

*

Am Morgen eines der ersten Julitage wurde die gepanzerte Tür des Kellerkerkers aufgerissen, in dem noch immer der

Gestank von verfaultem Stroh hing. Pavel wurde aufgefordert, seine Sachen zu nehmen und sich die Augen zu verbinden. Noch bevor sie den Keller verließen, tauschte der Wärter die Augenbinde gegen eine Schweißerbrille aus, deren dichte Seiten jegliche Sicht verhinderten. Dann führte man ihn in den Hof, stieß ihn in ein Geländefahrzeug, rechts und links von ihm setzte sich ein Wärter, vorne saßen ein Hundeführer mit einem Schäferhund und der Fahrer. Pavel überfielen Zweifel, ob man ihn tatsächlich nach Pankrác ins Gerichtsgefängnis transportieren wollte. Die Brille war vollkommen dicht, es war nicht zu erkennen, wo man langfuhr. Häufiges Anhalten und der Straßenlärm zeugten von einer Fahrt durch die Stadt. Schließlich fuhren sie bergan, also doch nach Pankrác. Unmittelbar am Auto hörte man die Straßenbahn bimmeln, dann blieb der Wagen stehen. Der Fahrer rief jemandem zu, dass er ein neues Stück brächte. Das »neue Stück« war Pavel.

Ein großes eisernes Tor öffnete sich und der Wagen fuhr langsam in den Hof. Nachdem das Tor geschlossen war, stieg der Mann mit dem Schäferhund aus, die anderen blieben sitzen. Am ersten Tor interessierte sich niemand für ihn, nach dem zweiten jedoch und den weiteren Toren wurde gefragt, um wen es sich handle. Endlich schien man im richtigen Hof zu sein, Pavel wurde befohlen auszusteigen. Obwohl die Sonne schien, konnte er nichts erkennen. Er wurde einige Stufen hoch in einen Gang geführt und angewiesen, mit dem Gesicht zur Wand stehenzubleiben, ohne sich umzudrehen. Ein anderer Wärter brachte einen Papiersack mit allem, was man bei seiner Verhaftung in der Bartholomäus-Straße konfisziert hatte. Nachdem die Wärter in ein Büro eingetreten waren, drehte Pavel sich ein wenig um. Er war nicht allein, hier standen noch ein paar andere mit dem Gesicht zur Wand. Sofort wurde er von einem Wärter angeschrien, sich ja nicht umzudrehen, sonst käme er in die Korrektion. Das war für ihn kein fremder Ausdruck, der Häftling aus Jáchymov hatte davon in der Untersuchungshaft erzählt. Hier in Pankrác bedeutete es Einzelhaft in der Abteilung A 1, ein Albtraum für alle Häftlinge. Man zwang sie zu Kniebeugen bis zur völligen Erschöpfung, dabei mussten sie laut zählen und standen dabei mit dem Rücken zur Tür. Sie wussten daher nicht, ob man sie beobachtete. Wurde man beim nur Zählen erwischt, bekam man hundert zusätzliche Kniebeugen. Dies alles bei halber Kost. Der Wärter entschied über die Zuteilung von Trinkwasser. Es gab keinen Unterschied zwischen männlichen und weiblichen Häftlingen.

An der Wand musste Pavel eine gute Stunde warten. Nach und nach wurden die anderen abgeführt, ihre Schritte konnte man hören, doch die der Wärter waren auch hier geräuschlos. Endlich kam Pavel an die Reihe. Ein Wärter drückte ihm den Papiersack mit seiner Zivilkleidung in die Hand und führte ihn durch Kellergänge. Sie gingen durch ein Labyrinth von Gängen. Der Wärter rasselte feierlich mit dem Schlüsselbund, öffnete eine Tür und ließ sie laut zuknallen. Das Echo dieses Geräusches hörte man mehrmals. So kamen sie bis zu einer schmalen Treppe, hier übernahm ihn ein anderer und führte ihn ins Erdgeschoss. Dort durfte er endlich die schwarze Brille abnehmen. Der Wärter rief nach dem Kalfaktor, der den Häftling umziehen und desinfizieren sollte. Gleichzeitig teilte man ihm mit, dass er seine Zivilkleidung tragen solle, bis auf die Wäsche, die würde ausgewechselt. Als er nackt da stand, besprühte ihn der Kalfaktor mit einem Mittel gegen Läuse, ein weiterer Akt völliger Erniedrigung.

Das Gefühl, wieder Zivilkleidung anzuziehen war unbeschreiblich. Als er seinen Mantel anzog, ergriff ihn ein quälendes Verlangen nach Freiheit. Plötzlich sah er sich auf einer Straße in der Stadt stehen; irgendwo auf einem Wald- oder Feldweg, dort, wo er sein Leben zurückgelassen hatte. Der stumpfe Gesichtsausdruck des Wärters rief ihn in die Wirklichkeit zurück. »Los, Bewegung!« Sie gingen in den Gang des Erdgeschosstraktes. An der Wand stand in großen Lettern B 1. Pavels Blut hämmerte in den Schläfen, also doch Todeszelle!

»Nein, ich darf nicht aufgeben! Vielleicht ist es ein Irrtum.«
Die Unsicherheit dauerte nicht lange an. Sie blieben vor einer offenen Zelle stehen. Der Wärter befahl ihm einzutreten. Der Kalfaktor brachte noch einen Krug Wasser, dann knallte die eisenbeschlagene Tür zu. Pavel blieb allein! Er konzentrierte sich auf seine Gedanken. Dann lauschte er an der rechten Wand. Er klebte mit dem Ohr an der Wand, aber es war nichts zu hören. Die Zelle war nur etwas kleiner als die in der Untersuchungshaft, der Holzboden rein geschrubbt. In der linken Ecke war das Klo, darüber hing ein Kettchen, das durch die Wand auf den Gang hinausging. Also kein fließendes Wasser in der Zelle. Auf der Pritsche lagen drei Strohsäcke und drei mit Stroh gefüllte Kopfpolster, im unteren Teil lagen drei sorgfältig zusammengelegte Decken. Rechts an der Wand stand ein kleiner Tisch mit zwei hölzernen Hockern. Ein Fenster aus Mattglas, bestehend aus einem festen und einem klappbaren Teil, war direkt unter der Decke. Wahrscheinlich war es dauernd geöffnet. Rechts vom Tisch hing ein kleines Regal an der Wand, darauf war Platz für den Wasserkrug und Putzmittel. Am unteren Teil waren kleine Haken für Handtücher und für eventuell vorhandene Kleidungsstücke angebracht. Pavel bemühte sich, alles möglichst intensiv wahrzunehmen, um die immer wieder aufkommenden Gedanken zu unterdrücken – B 1, Todestrakt, absolute Isolierung.

Inzwischen hatte sich das Blech am Guckloch mehrmals bewegt. Plötzlich rasselte der Schlüssel im Schloss, die Tür ging auf. Der Uniformierte schwieg, schien auf etwas zu warten, sie schauten sich gegenseitig eine Weile an, dann drehte sich der Wärter um und rief nach dem Kalfaktor. Der begann Pavel darüber zu belehren, wie er sich zu melden habe, wenn der Herr Kommandant die Tür öffnete und wie dieser anzusprechen sei. Dann las er dem Neuen aus der Gefängnisordnung vor, was verboten war. Sofern ein Wunsch vorlag, konnte dieser beim Rapport gemeldet werden. Der Kalfaktor brachte ihm einen Löffel, den er behalten durfte.

Von seinen Sachen aus der Untersuchungshaft bekam er Seife, Zahnbürste, Zahnpasta und etwa einen halben Brotlaib, der mittlerweile so hart geworden war, dass man nicht mehr von ihm abbeißen konnte. Pavel bat um ein Messer. Der Kalfaktor brachte es, gab es jedoch nicht aus der Hand, mühsam schnitt er etwa drei Scheiben ab. Der Wärter stand dabei schweigend in der Tür. Schließlich überließen sie Pavel seinen Gedanken.

Eine Weile später wurde das Mittagessen verteilt. Die vom Kalfaktor mit Suppe gefüllten Schalen wurden wie in der Untersuchungshaft mit dem Fuß in die Zelle hineingestoßen. Der zweite Gang wurde in einer Militärblechschale serviert. Nach dem Mittagessen brachte der Kalfaktor Wasser zum Spülen. Das gereinigte Geschirr wurde eingesammelt und im Gang neben die Tür gestellt. Pavel machte sich mit dem neuen Umfeld vertraut. Von draußen hörte man Schritte auf dem Gefängnishof, den er noch nicht kannte. Nachdem sich wieder einmal das Guckloch bewegt hatte, stellte Pavel die zwei Hocker übereinander unter das Fenster. Von oben konnte er durch eine Lücke etwas sehen. Direkt vor dem B 1-Trakt stand irgendein Verwaltungsgebäude, nach rechts war es an den A-Trakt angeschlossen. Der mit Gras bewachsene Platz dazwischen war mit kreisförmigen Wegen durchwoben und von einem hohen Eisenzaun umklammert. Über dem Rasen, etwa in der Mitte des Platzes, war in vier Metern Höhe ein dicker Draht gespannt, auf dem sich eine Rolle mit einer langen Kette befand, offensichtlich für einen Hund. Dort durften die Häftlinge an die frische Luft. Vorsichtig kletterte er wieder herunter und stellte die Sitze an ihren Platz. Beklommenheit und völlige Hoffnungslosigkeit übermannten ihn. In diesem Gemütszustand verbrachte er fast den ganzen Nachmittag. Gegen drei Uhr öffnete sich die Tür, der Kalfaktor reichte ihm die so genannte Pankrácer Gefängnisbuchtel. Das einzige Essen im Gefängnis, nach dem man für einige Stunden keinen Hunger verspürte. Wieder schlug die Turmuhr, sie zählte seine Stunden. Waren sie bereits gezählt?

An einen politischen Umbruch in nächster Zeit glaubte er nicht. Eine veränderte Haltung der Staatspolizei zu seinem Fall, das könnte eine Lösung bedeuten. Vielleicht war das alles nur eine Form von Psychoterror, um ihn zur Mitarbeit zu verpflichten. Er erinnerte sich an Menschen, die nach ein paar Monaten völlig gebrochen aus dem Gefängnis kamen und sich weigerten, mit Freunden zu sprechen. Ja, er wusste von einem Fall, der mit dem Suizid geendet hatte. Wann fällt das letzte Wort? Pavel dachte an die Verzweiflung seiner Mutter, an Hankas zerstörte Zukunft unter diesem Kainszeichen. Was würde an die Stelle des erträumten gemeinsamen Lebens treten? Würde sie dem Druck standhalten können? Was den eigenen drohenden Tod betraf, so weigerte er sich, diesen als Tatsache anzuerkennen.

Stundenlang ging er auf und ab, bis ihn die Erschöpfung übermannte. Mit der Müdigkeit kam etwas wie Stumpfheit, in Halluzinationen übergehende Visionen vom Leben in Freiheit.

Als kleiner Junge lag er gerne auf der Wiese hinter dem Haus, sah den Wolken nach, wie sie sich am Himmel ballten und dann in unbekannte Ferne zogen. Oder sie verwandelten sich in weiße Schäfchenwolken, stiegen weit hoch in den Himmel und blieben da bis zum Sonnenuntergang. Was würde er jetzt dafür geben, das noch einmal sehen zu dürfen. Plötzlich hörte er das Getrappel scheuender Pferde, die vor der Stille erschraken, als ihr Fuhrwerk von der steinigen Straße auf die frisch gemähte Kleewiese gelangte, man hörte nur hier und da das Knarren des ledernen Geschirrs. Wieder atmete er die Düfte des kommenden Frühlings ein, spazierte Hand in Hand mit Hanka. Jäh erwachte er aus seinen Träumen.

Mit dem dämmernden Abend kamen immer düsterere Gedanken. Er setzte sich auf den Hocker und lehnte sich gegen die Wand. Vor ihm kamen die Konturen der eisenbeschlagenen Tür zum Vorschein. Am Guckloch hatte sich etwas bewegt.

Kurz darauf wurde eine andere Zelle aufgeschlossen, jemand schrie unverständliche Worte. Der Wächter führte einen Häftling, der aus dem Fenster geschaut hatte, so wie Pavel zuvor, in die Korrektion. Die Kellerfenster des Blocks A, die in den gleichen Hof hinausgingen, mussten die berüchtigten Strafzellen sein. Die abendliche Stille wurde vielfach durch lautes Zählen unterbrochen. Man konnte hören, dass der gequälte Häftling keine Luft mehr bekam. Dann verstummte alles, die Wachablösung hatte ihn wahrscheinlich von seiner Qual befreit.

Gegen acht Uhr abends hörte man, wie das eiserne Tor im Zaun auf dem Hof geöffnet wurde. Die Kette rasselte, der Hundeführer band den Hund an, der sofort laut bellend losstürzte, so weit die Drahtrolle es erlaubte. Dem tiefen Bellen nach musste es ein gewaltiges Tier sein. Nach einer Weile trat Ruhe ein. Unter anderen Umständen wäre sie tröstend gewesen, doch hier war diese Ruhe nervenaufreibend. Irgendetwas musste geschehen, oder war schon alle Hoffnung verloren?

Die Turmuhr schlug neun. Der Wärter klopfte an die Tür, mit ruhiger Stimme kündete er die Nachtruhe an. Pavel legte die dünnste Decke über den Strohsack, zog sich aus und versuchte, unter den beiden anderen Decken einzuschlafen. Der 2. Juli 1952 war zu Ende, sein fünfundzwanzigster Geburtstag. Nach wenigen Minuten erlosch das große Licht, leuchtete dann nur noch gedämpft. Er fühlte keinen Hunger mehr, war völlig apathisch. Im Vergleich zur Bartholomäus-Straße war es hier recht luxuriös: er schlief auf einem Bett, hatte ein mit Stroh gefülltes Kopfpolster, seine Bekleidung hing an einem Holzhaken, nur die Gedanken wurden immer trostloser. Alles war klar und hart. Er war machtlos, nun konnte er nichts mehr tun als warten. Er warf sich vor, falsch gehandelt zu haben, Peter hätte er laufen lassen sollen, wozu hatte er versucht, im Ausland herauszufinden, für wen er arbeitete? Doch dann verwarf er diese Gedanken, es war seine Pflicht gewesen, der Kerl hätte sonst noch mehr Menschen ins Unglück gestürzt. Aber wer konnte jetzt all die anderen warnen, die bedroht waren? Alles war sinnlos. Überall nur Opfer. Bestand eine Möglichkeit, dass Týfa im Westen erfuhr, was passiert war? Würde jemand Interesse daran haben, diesen Peter zu isolieren? Tausend Gedanken schwirrten ihm durch den Kopf, endeten immer wieder bei seiner Mutter und Hanka. So verbrachte er seine erste Nacht zwischen den Wänden, die den Tod prophezeiten. Er hörte noch, wie es vier Uhr schlug und schlief dann ein.

Starke Schläge gegen die Tür und das Gebrüll des Wärters weckten ihn. Schnell zog er sich an und putzte die Zähne. Kälte von draußen drang in die Zelle. Um sich zu wärmen, schritt er schnell auf und ab. Die Uhr schlug viertel nach sechs. Jemand machte den Hund los und führte ihn aus. Gegen sieben Uhr erklang das Rasseln der Schlüssel. Der Wärter öffnete bei ihm jedoch nur den kleinen Schieber und reichte ihm eine Tasse mit bitterem Gefängniskaffee, dazu ein Stück Pankrácer Schwarzbrot, das keine hundertfünfzig Gramm wog. Dennoch war es frisch und warm und klebte an den Zähnen, hie und da biss man auf Sand oder vielleicht auch Schlacke. Pavel ließ nichts übrig, er hätte viel mehr davon essen wollen … Nach einer Weile wurden die Zellen wieder geöffnet, man hörte das Schieben der Tassen auf dem Boden, nur bei Pavel öffnete sich wieder der Schieber und der Wärter nahm die Tasse entgegen. Dann trat Ruhe ein.

Um neun hörte man wieder das Öffnen der Zellen und dann Schritte. Der Ausgang fing an. Ab und zu erklang das Knirschen von Sand unter den Füßen der Häftlinge, die sich langsam in einem großen Kreis bewegten. Pavel schlussfolgerte, dass der Wärter mit ihnen im Hof war, er baute wieder die Sitze vor dem Fenster aufeinander und schaute durch die schmale Lücke hinaus. Die Häftlinge gingen in Zweier- und Dreiergruppen in einem großen Kreis. Der Abstand zwischen den einzelnen Gruppen betrug etwa fünfzehn Meter. Er erkannte aber keinen der im Kreis Marschierenden. Schnell

sprang er wieder hinunter und stellte die Sitze gerade rechtzeitig auf ihren Platz zurück. Im Guckloch erschien das Auge
des Wärters. Pavel hatte angenommen, dass alle draußen im
Hof seien. Selbst diese Zeit war also nicht sicher. Nach zehn
Minuten kehrten die Männer zurück. So wechselte sich der
gesamte Gang ab.

Es war halb elf, als sich die Tür öffnete und Pavel zum
Ausgang aufgefordert wurde. Im Gang war es noch dunkler
als in der Zelle. Er ging auf den mit Rasen begrünten Hof, der
mit Sandwegen durchzogen war. Der Aufseher befahl ihm, im
kleinen Kreis zu laufen ohne sich umzusehen. Pavels Augen,
die an Finsternis gewöhnt waren, konnten sich nicht dem grel-
len Tageslicht anpassen. Gerade hörten die Augen auf zu tränen, da kämpfte sich die Sonne durch die Wolken durch – das
Sonnenlicht stach wie hundert Nadeln. Die Augen brannten
und tränten. Er atmete tief und spürte, wie ihm die frische
Luft in die Lungen drang. Nach zwei Monaten sah er endlich
wieder den Himmel über sich. Auf dem Weg hinter dem Eisenzaun marschierten in Zweiergruppen etwa zehn Häftlinge mit
Rückentragen voller kleiner Brote. Hinter ihnen lief ein Wärter
mit einem Schlüsselbund in der Hand. Nach zehn Minuten
war der Ausgang zu Ende. In die Zelle zurückgekehrt, dachte
er über seine Lage nach. Ein Einzelausgang in kleinem Kreis
bedeutete absolute Isolation. Ein weiteres Zeichen für das, was
er immer noch nicht glauben wollte, das Ende in absehbarer
Zeit. Die Gedanken vom Vortag kehrten zurück.

Im Gang vor der Zelle schien sich etwas zu tun, Türen
wurden aufgeschlossen, Essschalen klapperten auf dem Boden.
Auch seine Zelle wurde geöffnet, auf dem Boden stand die
Schüssel mit der gleichen Suppe wie gestern. Er hob sie auf
und begann hastig zu essen, endlich eine Tätigkeit, die einen
ablenken konnte. Er reinigte die Schüssel und wartete, bevor
er sie durch die wieder geöffnete Tür schob und die Blechschale mit ein paar Kartoffelstücken und Soße nahm, das war
alles. Es verscheuchte den Hunger für einige wenige Minuten,

allerdings meldete er sich dann in viel stärkerem Maße wieder zurück. Er wusste noch nicht, dass man auch hier das Abendbrot um ein Uhr verteilte. Bis zum nächsten Morgen wäre das alles. Man wollte die Häftlinge völlig aushungern, um sie die Hoffnungslosigkeit und Machtlosigkeit fühlen zu lassen.

Pavel spürte, wie sich der Schlaf um ihn bemühte, das einzige Mittel, den zermürbenden Gedanken zu entfliehen. Er schloss die Augen, Phantasiebilder kamen in ihm auf, Bilder von Gegenden, in denen er niemals gewesen war. Es waren Träume, die sich eines Menschen bemächtigten, der mit seinen Kräften nicht mehr weiter konnte. Rosige Träume, die die unerbittliche Wirklichkeit für eine Weile verdrängten. Trotzdem gab er sich ihnen hin, sie leisteten ihm in der Zelle Gesellschaft und verkürzten das hilflose Warten im Spiel um das eigene Leben.

So vergingen die Tage, und jeden Tag hörte man lautes Zählen aus der Strafzelle, häufig waren es auch Frauenstimmen. Mitte Juli zogen Wärter einen der Stimme nach älteren Mann den Gang entlang. Er schlug um sich und schrie aus Leib und Seele immer wieder: »Ihr Mörder, ihr habt meine Frau und mein Kind getötet!« Man hörte, wie er den Wärtern heftige Schläge versetzte. Der Schmerz verlieh ihm die Kraft eines Menschen, der nichts mehr zu verlieren hatte, außer dem eigenen Leben, das ihm nach dem Verlust seiner Lieben wertlos schien. Dann verstummte seine Stimme inmitten eines Wortes. Der Schlag einer Eisenstange auf den Kopf des Mannes musste den Kampf entschieden haben.

Die Tage zogen sich so endlos wie die Nächte. Jeden Tag wiederholte Pavel beim Frührapport die Bitte, nach Hause schreiben zu dürfen. Der Wärter antwortete ihm, sein Gesuch mehrmals weitergeleitet zu haben, Brieferlaubnis werde jedoch erst nach der Gerichtsverhandlung erteilt. Eigentlich gab es nichts zu schreiben, aber die Zeilen wären ein Zeichen für Mutter und Hanka, dass er noch am Leben war. Ein Brief hätte die Hoffnung gestärkt. Aber nicht einmal das war der unglückseligen Mutter vergönnt.

Irgendwann hörte man im Morgengrauen aus dem Kellergeschoss des A 1-Traktes das Wehklagen einer jungen Frau, dann schrille Schreie. Offenbar Schläge, die nicht mehr auszuhalten waren. »Um Gotteswillen, nicht in den Bauch, ich werde doch keine Kinder haben können!« Das waren die letzten Worte, die man verstehen konnte. Dann nur noch ein Röcheln, ihre Stimme verstummte. Darauf hörte man nur noch die Schläge auf den kraftlosen Körper.

Diese Geräusche mussten doch auch in den umliegenden Häusern zu hören sein. Und doch reagierte niemand darauf. War Menschlichkeit und Mitgefühl abhandengekommen? War der Sittenverfall schon so groß in diesem Land? Der ganzen Umgebung musste doch klar sein, was sich hier hinter den Mauern abspielte! Oder betrachtete man dort die Verbrechen der Wärtermeute als Verdienste ums Vaterland? Dieses Unrecht rief nach Gegenwehr, aber was konnten die Häftlinge tun? Hier war jeder machtlos, der Willkür dieser Uniformierten ausgesetzt.

Mit der Zeit wuchs vor allem der Hunger. Die frühe Essensausgabe am Wochenende trug Früchte. Es war unmöglich, etwas für abends aufzuheben, denn die Schüssel musste umgehend abgegeben werden. Die Zelle blieb verschlossen bis zum nächsten Morgen. Das mitgebrachte Brot aus der Untersuchungshaft hatte Pavel längst aufgegessen. Er bestellte beim Rapport neues, man versprach es ihm, aber er wartete vergeblich.

Ende August führte man ihn, völlig unerwartet, zu einem erneuten Verhör. Es betraf den Piloten Týfa. Die erfundene Geschichte, wie sie sich kennengelernt hatten, gefiel den Anklägern nicht. Sie wollten die Aussage verändern und hofften, den jungen Mann bei einem Fehler zu ertappen, um ihn daraufhin zu einem neuen Geständnis zu zwingen. Pavel blieb bei seiner Legende, und die Männer führten ihn erfolglos ab.

In derselben Woche erschien auch der Pflichtverteidiger. Er sprach nicht viel, erklärte, die Akte gelesen zu haben und fragte, ob Pavel noch etwas hinzufügen wollte. Er äußerte seinen Widerwillen, überhaupt im Prozess aufzutreten und jemanden verteidigen zu müssen. Ihm war dieser Fall zugeteilt worden und er hatte keine Möglichkeit abzulehnen. Zum Schluss teilte er mit, dass der Prozess nicht mehr lange auf sich warten lassen würde, man müsse eine wirksame Verteidigung vorbereiten und er würde in Kürze noch einmal mit konkreten Vorschlägen erscheinen. Auf Pavels Frage, welches Urteil zu erwarten sei, wollte er sich nicht festlegen, deutete nur an, man müsse mit einer hohen Strafe rechnen. Dann gab er dem Wärter ein Zeichen, dass er den Raum verlassen wolle.

Irgendwann wurde ihm mitgeteilt, dass das bestellte Brot angekommen sei. Offenbar wollte man nicht, dass die Angeklagten beim Schauprozess vor der gaffenden Menge einen verhungerten Eindruck machten. Pavel ließ sich drei große Scheiben abschneiden, nahm sich vor, wenigstens eine bis zum Abend aufzusparen, aber der Hunger war mächtiger als der Wille.

Anfang September kam es zu einem Ereignis, das ihn auf andere Gedanken brachte. Nach dem Wechsel der Wachhabenden schlug der neue Wärter wütend gegen die Tür der Zelle und schrie, wo der zweite Häftling sei. Pavel erklärte, er sei seit seiner Ankunft allein. Der Wärter rief einen Kollegen, öffnete die Zelle und befahl Pavel, auf den Gang zu treten. Dann durchsuchte er die Zelle. Als sie keine Anzeichen eines Ausbruchs fanden, schickten sie ihn wieder zurück. Sie diskutierten an der Tür, man hörte, wie sich die Tafel bewegte, mit der jede Zelle versehen war und die wahrscheinlich die Angaben zu den Zelleninsassen enthielt. Er hatte seine Tafel niemals gesehen. An anderen Türen hatte er die Tafeln gesehen, es aber nie geschafft, die Namen zu lesen. Der aufgeregte Wärter wollte die Angelegenheit unbedingt klären, nach einer halben Stunde kam er zurück und erklärte, dass er nicht mehr lange allein bleiben würde. Aus diesem Ereignis schloss Pavel, dass in der Beurteilung seines Falles eine bedeutungsvolle Wende eingetreten sein musste. Am Montag schließlich war er nicht mehr allein auf dem Hof. Zu zweit und zu dritt spazierten dort etwa zwölf Häftlinge, davon nur zwei allein. Es waren junge Männer etwa um die dreißig. Der Kleidung nach zu urteilen, mussten sie schon mehrere Monate hier verbracht haben. Für ihn bedeutete es das Ende der Isolation.

Am Mittwoch regnete es, alle blieben in den Zellen. Gegen elf Uhr wurde es im Gang ungewöhnlich laut. Pavel achtete nicht darauf, er nahm an, man bringe das Mittagessen. In der plötzlich geöffneten Zellentür stand ein etwa fünfzigjähriger, großer, ziemlich abgemagerter Mann. Er machte den Eindruck eines Menschen vom Lande. Er stellte sich als Václav Bíňovec vor und bestätigte mit seinen ersten Worten Pavels Vermutung. Er war Bauer und Viehhändler und damit war er bestens versorgt gewesen, bis der kommunistische Putsch kam und man seinen Hof in eine landwirtschaftliche Genossenschaft eingegliedert hatte. Man erlaubte ihm, weiterhin in seinem Haus zu wohnen. Václav behauptete unschuldig zu sein, man müsse ihn bald entlassen. In Untersuchungshaft befand er sich seit Juni. Pavel mit seiner viermonatigen Erfahrung war zwar anderer Meinung, wollte aber dem Bauern nicht die Hoffnung nehmen.

Pavel wurde verpflichtet, den Neuankömmling mit allem vertraut zu machen, was erlaubt und was nicht erlaubt war. Sofort empfahl er ihm, Brot zu bestellen.

Nach dem Mittagessen ergab sich Václav seinen Erinnerungen an zu Hause und seine Augen füllten sich mit Tränen. Diesen wehmütigen Gesichtsausdruck verlor er nie. Um die schweren Gedanken zu vertreiben, erzählte er von seinen Geschäften, seinen Reisen in die Slowakei und die Karpatenukraine. Pavel war froh über die Abwechslung. Mit Václavs Ankunft veränderte sich Einiges: Man konnte sich mit jemandem über verschiedene Themen unterhalten. So erfuhr Pavel, wie die österreichischen Heere während des Ersten Weltkriegs vierzehn Monate lang in Galizien ohne einen Schuss lauerten, wie die österreichischen Soldaten tschechischer Herkunft die tschechoslowakischen Legionäre wahrnahmen, und viele andere Sachen, über die man zu Hause nie gesprochen hatte.

Das Brot war innerhalb von zwei Tagen aufgegessen, das neu bestellte kam nicht, und nun meldete sich wieder der Hunger, um den sich bald alle Gedanken drehten. Sie fingen an, sich gegenseitig von Festessen und guten Wirtschaften zu berichten. Bald kannte Pavel alle Details eines richtigen Schweinefestes und alle möglichen Schweinefleischprodukte auswendig. Gequält vom Hunger stellten sie sich Schmaus und Wohlstand vor!

Anfang Oktober wurde Václav zum Anwalt gerufen. Maßlos aufgeregt kehrte er in die Zelle zurück, denn der Pflichtverteidiger hatte von einer Anklage wegen Hochverrats gesprochen, in Verbindung mit der Gruppe um Professor Kepka. Man warf ihm vor, den Professor zum illegalen Verlassen der Republik überredet zu haben. Das hatte er beim Verhör zwar strikt abgestritten, aber so stand es im von ihm unterschriebenen Protokoll.

Eines Tages, gleich nach dem Mittagessen, warf man ihnen einen vollen Sack mit Daunenfedern in die Zelle und forderte sie auf, diese bis zum Morgen zu schleißen, sonst würde man ihnen die Brotbestellung streichen. Die Federn waren schmutzig, und wie Václav erklärte, handelte es sich um Entenfedern, die schlecht zu bearbeiten waren, trotzdem begannen beide sofort, die Kiele aus den Federn zu entfernen. Die Hoffnung auf Brot lockte unwiderstehlich. Bereits um sechs Uhr abends waren sie fertig. Das war jedoch ein Fehler, denn am folgenden Tag war der Sack bedeutend größer und so ging es Tag für Tag. Václav behauptete zwar, bei der Arbeit verginge die Zeit besser, aber Pavel, der ständig den Kopf voller Gedanken hatte, war anderer Meinung. Das Brot kam nicht. Am zehnten Tag beschloss Pavel sich zu weigern mit dem Argument, dass er an einer Lungenkrankheit leide, der

Staub sei für ihn unerträglich, er huste bereits Blut, das könne er auch beweisen. Er bat um eine ärztliche Untersuchung. Man brachte ihn zum Arzt. Doktor Provazník, ebenfalls ein politischer Häftling, verstand natürlich sofort, um was es ging. Er schickte Pavel zu einer Röntgen- und EKG-Untersuchung, denn er vermutete eine Herzklappeninsuffizenz. Doktor Provazník empfahl Gesundheitsklassifikation B, der zivile Gefängnisarzt bestätigte den Befund. Nun war Pavel von der Arbeit mit den Federn befreit. Diese Klassifikation B war in Gefängnissen und Lagern ungemein begehrt.

Mitte Oktober bekam Václav eine Vorladung, die Gerichtsverhandlung sollte in wenigen Tagen stattfinden. Er hoffte, das Gericht von seiner Unschuld überzeugen zu können und bald wieder zu Hause zu sein. Aber schon in den Abendstunden dachte er anders, bemitleidete Professor Kepka. Diesen hatte die Staatssicherheit als Kopf der angeblichen Widerstandsgruppe bezeichnet. Gegen ihn richtete sich daher der ganze Hass des Staatsanwaltes und des Gerichtshofs. Václav befürchtete, dass sie beide kein gutes Ende erwartete. Er täuschte sich nicht, am dritten Tag fielen die Urteile. Professor Kepka: Todesstrafe, Václav: sechs Jahre für Hochverrat. Er kehrte völlig niedergeschmettert in die Zelle zurück, weil er fühle, dass er nie mehr nach Hause zurückkehren würde. Alle legten gegen die Urteile Berufung ein. Am Tage nach dem Prozess verlegte man Václav in die Transportzelle. Später erfuhr Pavel, dass das Todesurteil tatsächlich vollstreckt wurde. Auch Václav überlebte nicht, man deportierte ihn in eine Kohlengrube, bei einem Unglück unter Tage kam er ums Leben.

Pavel blieb wieder allein. Am fünften Tag öffnete sich die Tür der Zelle. Hinein kam ein junger Mann, schätzungsweise etwas älter als Pavel. Er stellte sich als Karel Hlavatý vor und war sehr bedrückt, sprach schon nach kurzer Zeit über seinen Fall. Die Hauptrolle darin spielte sein Mitarbeiter, ein langjähriger Parteigenosse. Dieser sollte eine Widerstandsgruppe aus seinen Freunden gebildet haben, deren Ziel ihm nicht bekannt war. Was er erzählte, war so verworren, dass Pavel am Schluss nicht wusste, wer eine positive und wer eine negative Rolle spielte. Er behauptete, der Untersuchungsführer habe ihm versichert, dass das Gerichtsurteil einige Monate nicht überschreiten würde. Trotzdem war er verzweifelt bei der Vorstellung, körperlich arbeiten zu müssen. Gleich am nächsten Morgen bestellte er Brot, bekam es umgehend, und auch Pavel erhielt sein lang ersehntes Brot. Bald schon redeten sie über ihre Liebsten. Karel bot ihm an, nach seiner Entlassung Pavels Mutter und Hanka zu besuchen. Pavel hatte jedoch keine konkrete Nachricht und bedankte sich nur für das Angebot. Gleichzeitig kam Misstrauen in ihm auf. Ob sein Verdacht berechtigt war oder nicht, sollte er niemals erfahren. Schon nach kurzer Zeit wurde Karel irgendwohin versetzt und Pavel sah und hörte nie wieder etwas von ihm.

Nach einem trockenen und heißen Sommer kam langsam der Herbst, kalt und nebelig. Pavel hatte wieder Gesellschaft bekommen. Der Neue kam aus einer Zelle mit vier Häftlingen. Jirka Vála war sehr erfahren und geschickt. Er beherrschte das Morsealphabet, die Kunst, durch das Klosett zu telefonieren, und er behauptete, das WC so reinigen zu können, dass man daraus trinken konnte. Er war ein großer Optimist, seiner Meinung nach war es egal, wie hoch die Urteile ausfielen, da alle Häftlinge bald von den Amerikanern und den Westmächten befreit werden würden. Nun käme es nur darauf an, am Leben zu bleiben, allerdings nicht um jeden Preis, sagte er. Er setzte viel Vertrauen in die Wahl des neuen amerikanischen Präsidenten, den Kandidaten Dwight Eisenhower. Die Wahl fand in diesen Tagen statt. Die Amerikaner würden doch nicht Völker unter einer Diktatur leiden lassen, die zur gleichen Zivilisation gehörten, die gleichen moralischen Normen verteidigten wie sie selbst. Die Freiheit käme bald, sehr bald! Pavel war allerdings anderer Meinung. Nach den zurückhaltenden Äußerungen des alten Kämpfers Winston Churchill am Sarg des englischen Königs erwartete er nicht, dass die Welt energisch gegen den Bolschewismus vorgehen würde.

Letztlich wurde die Sowjetunion nur durch harten Terror zusammengehalten. Die Lage im Inneren war geprägt von dauernden Prozessen gegen angebliche Staatsverräter, die noch vor Kurzem als treue Parteimitglieder gegolten hatten. Auch in den Satellitenstaaten fanden Prozesse statt, die zu Todesstrafen führten. Dasselbe wurde nun auch in der Tschechoslowakei im Fall Slánský vorbereitet.

Für die Häftlinge war die Hoffnung auf Rückkehr der alten Zeiten lebenswichtig, nur diese Hoffnung ließ sie durchhalten. Pavel selbst bemühte sich, besonnen zu bleiben und Illusionen zu vermeiden. Manche freudige Prognosen hielt er für schädlich. Wenn sie sich nicht erfüllten, fiel man in eine Depression, und es war schwierig, die Menschen wieder auf die Beine zu bringen. Das Pankrácer Gefängnis war in diesen Tagen beherrscht von der Wahl des amerikanischen Präsidenten. Jirka morste jeden Tag Fragen nach allen Seiten und von überall kamen Antworten. In den Abendstunden bekam er die Nachricht, General Eisenhower war zum Präsidenten der Vereinigten Staaten gewählt worden. Die Nachricht flog durch die Steinwände der Zellen wie ein Blitz, neue Hoffnung auf ein baldiges Ende kam auf. Im ganzen Gefängnis verbreitete sich ein neuer Gruß: »I like Ike!« Jirka klopfte bis in die Nacht, bis ihm die Fingerknöchel anschwollen. Nach drei Uhr wurden sie durch rasendes Hundegebell und wütendes Schimpfen des Hundeführers geweckt. »Eine Hinrichtung!«, sagte Jirka. Pavel verstand die Zusammenhänge nicht und fragte, wie er darauf komme. Wenigstens einmal in der Woche wurde der Hund in der Nacht aus dem Hof entfernt. Jirka erklärte, warum. Der Hund fühle mit dem Menschen, auch wenn es nicht sein Herr sei. In einem Moment voller Angst könne es vorkommen, dass sich der Hund gegen seinen Führer wende und sich instinktiv dem Willen eines anderen unterordne. Das Tier empfinde Trauer, Freude, Entsetzen und zeige diese. Auch der ruhigste Häftling, den man zur Hinrichtung führe, verbreite einen Geruch der Angst um sich. Den nehme ein Hund mit seinem empfindlichen Geruchssinn auch auf weite Entfernung und sogar noch nach einer Stunde auf. Er beginne dann kläglich zu heulen, nehme Anteil an der Angst und Trauer des Menschen. Alle anderen Hunde schließen sich ihm an und wecken mit ihrem kläglichen Gejaule die ganze Umgebung auf. Deswegen wurden die Hunde am Tag einer Hinrichtung immer eine Stunde vorher weggeführt. Nach dem großen Freudenausbruch war das eine grausame Rückkehr in die Realität.

Alle wertvollen Gefängnistricks konnte Pavel von Jirka nicht mehr lernen, denn Anfang November wurde Pavel zu seinem Verteidiger gerufen und der gab ihm bekannt, dass die Gerichtsverhandlung so angesetzt sei, dass das Urteil am 17. November gefällt werden könne. Die Vorladung bekomme Pavel noch schriftlich. Weiter teilte ihm der Verteidiger mit, die Anklage laute auf Landesverrat und Spionage, wobei das Gericht allerdings mildernde Umstände akzeptieren könne, ein Strafmaß müsse man an der oberen Grenze erwarten. Als Verteidiger habe er keine Mittel zur Verfügung und würde sich der Situation beugen müssen.

Zwei Tage später erhielt Pavel die schriftliche Vorladung. Der Beginn des Prozesses wurde so festgelegt, dass ein Urteilsspruch am 14. November ausgesprochen werden konnte, also drei Tage eher als angekündigt. Derzeit wurde im Gefängnis der Schauprozess gegen Slánský, den ehemaligen hohen Parteifunktionär, vorbereitet. Schon in diesen Tagen wurden ganz spezielle Sicherheitsvorkehrungen getroffen. Am Sonntag vor seinem Prozess wurde Pavel rasiert und man schnitt ihm die Haare. Der Friseur war ein etwa fünfundsechzigjähriger deutscher Häftling. Als der Wärter zur Seite ging, versuchte Pavel ein Gespräch mit dem Alten anzufangen, bekam aber keine Antwort. Am Montag war es also endlich so weit.

*

Kurz nach dem Wecken brachte der Kalfaktor eine Tasse Kaffee und Brot. Der Wärter war sichtlich nervös. Ungefähr um halb acht rief er Pavel auf den Gang und befahl ihm, mit dem Gesicht zum Ausgang, der zum Hof führte, stehen zu bleiben und sich nicht umzudrehen. Nach einer Weile waren Schritte aus dem Dunkel des Ganges zu hören, später kamen noch andere Häftlinge aus den oberen Stockwerken. Pavel musste allein gehen, hinter ihm die anderen, immer zu zweit. Der Weg führte durch das Labyrinth verschiedener Gänge in den Block A. Dort kamen offenbar noch einige dazu, und dann ging es in den Keller hinunter. Ein Gitter nach dem anderen wurde vor dem Zug geöffnet und nach ihm wieder krachend geschlossen. Endlich kamen sie zu der Treppe, die hoch ins Gerichtsgebäude führte. Man machte alle erneut darauf aufmerksam, dass sprechen untereinander streng verboten sei. Ein Verstoß dagegen würde Disziplinarstrafen, vielleicht sogar eine Unterbrechung der Gerichtsverhandlung zur Folge haben.

Dann stiegen alle die Treppe hoch, kamen in einen größeren Nebenraum. Man stellte die Häftlinge so auf, wie sie in den Gerichtssaal gerufen werden sollten. Später ging die ganze Gruppe in den Vorsaal und wartete hier den Anfang der Verhandlung ab. Um sie herum bewegten sich ununterbrochen zehn Wärter, um jegliche Kontaktaufnahme zu verhindern. Pavel schätzte, dass die Gruppe ungefähr zwanzig Häftlinge zählte. Pavels Universitätsprofessor schien der älteste zu sein. Die anderen Häftlinge waren Mitte zwanzig, darunter auch ein Mädchen. Langsam wurde es neun Uhr. Einer der Aufseher machte alle darauf aufmerksam, dass es verboten sei, sich beim Eintritt in den Gerichtssaal umzudrehen oder nach Verwandten und Bekannten Ausschau zu halten, das würde ebenfalls sofortige Sanktionen zur Folge haben.

Schlag neun Uhr öffnete sich die Tür des Gerichtssaals, die Aufseher ordneten an, einzeln einzutreten. Als erster wurde Pavel in Begleitung eines großen, etwa vierzigjährigen Polizisten hineingeführt. Sein Blick schweifte sofort nach rechts unter die Gäste, aber weder Mutter noch Hanka konnte er entdecken. Erst ein Aufschrei seiner Mutter ließ ihn eine Sekunde innehalten. Der Polizist forderte ihn sofort auf weiterzugehen. Vier der Häftlinge bildeten die erste Reihe, das mussten die Hauptangeklagten sein. Zwischen ihnen immer ein Polizist. Die anderen Angeklagten standen hinter der ersten Reihe, nur von je einem Polizisten rechts und links der Reihe flankiert. Nachdem sich der Saal gefüllt hatte, befahl man allen Anwesenden Platz zu nehmen. Pavel sah sich um. Rechts vor ihm befanden sich die Plätze für die Verteidiger und eine Art Nische mit Stühlen und einer bescheidenen Schreibanlage. Vorne an der Stirnseite stand ein langer Tisch für die Richter und Beisitzenden, links der Platz für den Staatsanwalt und eventuelle Assistenten. Der Hintergrund war mit einem roten Tuch bezogen, mittig das Wappen der Tschechoslowakischen Republik, beschmutzt und verstaubt. Was für eine Symbolik! Über das Wappen zog sich ein dunkler Strich, offensichtlich entstanden durch einen Wasserschaden.

Vorne an der Wand öffnete sich eine Tür, das Gericht trat ein. Zuerst der Vorsitzende, danach vier Beisitzende. Der Staatsanwalt und sein Assistent setzten sich links auf die Galerie. Auch die Verteidiger nahmen ihre Plätze ein. Beim Eintritt des Gerichtshofes waren alle aufgestanden.

Nach den einführenden Worten des Vorsitzenden wurde die Anklage verlesen, was fast zwei Stunden dauerte. Die vier in der ersten Reihe zwischen den Polizisten wurden der Spionage und des Landesverrats beschuldigt. Er betonte manche Passagen, andere überging er flüchtig, entsprechend dem vorher festgelegten Prozess-Szenario. Um elf Uhr beendete er seinen Auftritt, bis auf Pavel mussten alle Angeklagten den Saal verlassen. Nun begann das Gerichtsverhör, Pavel war Hauptangeklagter. Die erste Frage, ob er sich schuldig fühle, beantwortete er mit nein. Dann folgten weitere Fragen, basierend auf dem Protokoll der Staatspolizei und natürlich entsprechend dem Szenario. Der Pflichtverteidiger zeigte nicht die geringste Bemühung, irgendwie einzugreifen.

Ungefähr um zwei Uhr wurde der nächste Angeklagte in den Saal gerufen, Zdeněk, ein zweiundzwanzigjähriger Jurastudent der Karlsuniversität. Gleich zu Beginn kam es zu einer Konfrontation, denn er beschuldigte die Kommunisten, dieselben Methoden zu praktizieren wie die Nazis, wofür man jene in Nürnberg verurteilt habe. Zwischen dem Nationalsozialismus und dem heutigen Regime gebe es seiner Meinung nach keinen Unterschied. Zdeněk beendete seine Aussage mit einem Bekenntnis zu den demokratischen Prinzipien des Präsidenten Masaryk. Er stimmte zwar einigen Fakten der Anklage zu, die seine Kontakte zu manchen Personen betrafen, lehnte es aber ab, über seine Freundin und Kommilitonin auszusagen. Er fühlte sich nicht schuldig. Der Auftritt von Zdeněk war beispielhaft, den weiteren Hauptangeklagten gelang es leider nicht, diese kompromisslose Haltung fortzusetzen.

Der Staatsanwalt und der Vorsitzende des Gerichtshofes verbaten sich strikt jede weitere Meinungsäußerung und waren entschlossen, mit allen Mitteln sich an den vorher festgelegten Ablauf zu halten. Nur einem Einzigen gelang es noch, dieses Schauspiel einer harten Kritik zu unterziehen, Pavels Professor. Er tat es auf eine Weise, die alle Vertreter der klagenden Partei verstummen ließ.

Der erste Gerichtstag endete um fünf Uhr, alle waren völlig erschöpft und ausgehungert. Es war schon fast dunkel, als sie in die Zellen zurückkamen. Pavel nahm Mittag- und Abendessen gleichzeitig zu sich und dachte nach, wie es nun weitergehen würde. Er hatte keine Ahnung gehabt, dass in seinem Prozess zweiundzwanzig junge Menschen vor Gericht stehen würden. Doch bereits aus der Anklage wurde deutlich, dass die meisten nur niedrige Strafen erhalten würden, ein paar Monate vielleicht, oder lediglich eine Bewährungsstrafe. Sofern sie noch studierten, würden sie die Universität verlassen müssen. Viele von ihnen legten wahrscheinlich, so wie Pavel, gerade ihre Staatsprüfung ab, daraus würde nun nichts mehr werden.

In einer anderen Situation befanden sich die jungen Leute aus der Gruppe um Zdeněk. Sie gehörten der Sozialdemokratischen Jugend an, deren führende Persönlichkeit war in einem anderen Prozess bereits verurteilt worden. Zdeněk war es eine Zeitlang gelungen, diese Tätigkeit zu verheimlichen, jetzt war alles geplatzt. Den ganzen Abend dachte Pavel an Zdeněk. Es gab nur zwei Möglichkeiten. Im ersten Falle konnte das Gericht seine jugendliche Unreife betonen und »Großzügigkeit« zeigen, indem man ihm die Chance der Umerziehung bot, mit dem Hinweis, dass ihn die Nazis erschossen hätten. Man würde so gezielt auf seinen Auftritt vor Gericht reagieren. Im zweiten Falle musste er eine harte Strafe erwarten, seine Liquidierung.

Die erste Variante stünde im Einklang mit dem Szenario dieses Schauprozesses, der zum Jubiläum des 17. November beweisen sollte, wie großzügig das Regime mit Studenten umging, die es dem Nationalsozialismus gleichstellten. Diese so genannte Großzügigkeit bestand allerdings in einem Strafmaß von über zehn Jahren, zu verbringen in den Lagern von Jáchymov oder in Gefängnissen wie Bory, Mírov oder Leopoldov. Also eine ausgesprochen bolschewistische Großzügigkeit.

Am zweiten Tag wurden weitere Angeklagte aus den hinteren Reihen verhört. Ein Kommilitone Pavels lobte den großen Charakter ihres gemeinsamen Professors, er wurde umgehend vom Staatsanwalt unterbrochen. Der Vorsitzende griff ein, um den gewünschten Verlauf der Verhandlung zu wahren. Diejenigen Angeklagten, die auf geringe Strafen oder sofortiges Entlassen aus der Haft hoffen konnten, sagten bereitwillig aus. Alles lief nach Plan, sodass die Verhandlung bereits um drei Uhr beendet war.

Jirka erklärte ihm, dass seine Gerichtsverhandlung große politische Bedeutung habe, denn bewaffnete Wärter stünden auf dem Dach des Gerichtsgebäudes, was er von der Zelle aus sehen konnte.

Am dritten Tag verlas der Staatsanwalt nach den letzten Verhören die einzelnen Anklagen. Jede Anklage enthielt eine Charakteristik des Angeklagten sowie seine Beurteilung durch Mitarbeiter am Arbeitsplatz, aus der Schule und vom Wohnort. Als der Prokurator Pavels Namen nannte, schien ihn das etwas zu überraschen. In der Beurteilung wurde er als sehr anständiger, arbeitsfreudiger Mensch bezeichnet, der jederzeit bereit war, in der Gemeinde auszuhelfen. Der Prokurator blickte irritiert auf den Gemeindevorsteher, dessen Unterschrift unter dieser Beurteilung stand. Sekundenlang sahen sich die beiden an, worauf sich der ältere Mann, offensichtlich ein ehrlicher Mensch, laut in dem Sinne äußerte, er verstehe nicht, worüber sich der Staatsanwalt wundere. Pavel konnte den Mann nicht sehen, aber dem umstürzenden Stuhl nach zu urteilen, verließ er erregt mit lauten und zornigen Bemerkungen den Saal.

Nach den letzten Worten der Anklagen erhielt die Verteidigung das Wort. Pavels Pflichtverteidiger plädierte auf die Jugend des Angeklagten, sein bisheriges ordentliches Leben, seine öffentlich nützliche kulturelle Tätigkeit in seinem Wohnort und betonte die Notwendigkeit, nicht nur bei ihm, sondern bei allen Angeklagten den Hintergrund des Falles nicht unbeachtet zu lassen. Die Verteidigerin von Zdeněk hob bei ihrer sehr emotionalen, in dieser Zeit ungewöhnlichen Rede vor allem das jugendliche Alter der Angeklagten hervor, drückte fast Verwunderung darüber aus, dass man so junge Menschen verurteilen könne, und forderte im Falle einer Verurteilung das niedrigste Strafmaß. Der dritte Verteidiger hielt sich an vorgeschriebene, leere Formulierungen. Die Verhandlung endete mit der Erklärung, das Gericht werde sich beraten, die Urteile werde man am nächsten Tage bekanntgeben.

Pavel nahm an, die Strafmaße würden sich bei knapp zwanzig Jahren bewegen. Die letzte Nacht in Ungewissheit, wie würde die Gewissheit aussehen?

Am Morgen wiederholte sich der übliche Verlauf, nur waren die Wärter leiser, wie um zu sagen, dass die Insassen durch das Urteil ihre Gefährlichkeit verlieren würden. Sie wären dann nur noch menschliches Arbeitswerkzeug. Vor dem Eintritt in den Gerichtssaal galt allerdings wieder strenge Disziplin, niemand durfte nach seinen Familienangehörigen Ausschau halten. Endlich betrat das Gericht den Saal. Alle standen auf, im Raum trat Unheil verkündendes Schweigen ein. Die Spannung erreichte ihren Höhepunkt. Als alle wieder Platz genommen hatten, begann der Vorsitzende zu lesen und zählte die begangenen Straftaten der Angeklagten auf, die die Verhöre vor dem Gerichtshof bestätigt hatten, das Elaborat hatte über dreißig Seiten. Am Ende machte er eine kurze Pause und fuhr dann fort: »Hiermit werden verurteilt ...!« Pavel zu vierzehn Jahren Freiheitsentzug, Verlust der Bürgerrechte und Beschlagnahmung sämtlichen Besitzes, Zdeněk ebenfalls zu vierzehn Jahren, der Professor zu zwölf und Jiří, Student der Pädagogik, der letzte der vier Landesverräter, zu elf Jahren. Die anderen Strafen waren alle unter zehn Jahren. Alle außer jenen mit den niedrigsten oder mit Bewährungsstrafen legten Berufung ein. Als die jungen Menschen aus dem Gerichtssaal geführt wurden, schlug es gerade zwölf Uhr, es war der 14. November 1952. Das Urteil war gefällt. Noch am selben Tag begannen die Vorbereitungen für den Prozess gegen Rudolf Slánský. Niemandem war ein Gespräch mit Familienmitgliedern oder ein so ersehntes Päckchen gestattet. In der Zelle wurde Pavel von dem neugierigen Jirka begrüßt. Jirka lachte über die vierzehn Jahre, sie würden sowieso bald alle nach Hause kommen. Pavel war anderer Meinung, und die Zeit gab ihm Recht.

Am Abend, auf den Strohsäcken liegend, dachte jeder an etwas anderes. Pavel, endlich befreit von dem unerträglichen Warten, war mit seinen Gedanken bei Mutter und Hanka. Er fragte sich, wie beide auf das Urteil reagieren würden. In diesem Augenblick war es für ihn unvorstellbar, sieben Jahre isoliert leben zu müssen, wenn das überhaupt Leben war. Er war überzeugt, dass man laut Gesetz nach sieben Jahren, also nach der Hälfte der abzubüßenden Strafe, auf Bewährung entlassen werden konnte. Sein Ziel würde es nun sein, physisch zu überleben und nach Möglichkeit irgendeine geistige Betätigung zu finden. Pavel verbrachte noch zwei Tage in der Zelle mit Jirka Vála, das war ungewöhnlich. Er ahnte nicht, wie dankbar er dafür sein musste. Am dritten Tag rasselte der Schlüssel und man befahl ihm »mit all seinen Sachen« auf den Gang zu treten. Diese Formulierung sollte ihn die langen Jahre bis zu seiner Entlassung begleiten. Auf dem Gang erhielt er vom Kalfaktor einen Papiersack für die Zivilkleidung, die er hier hatte tragen dürfen, und gleichzeitig eine abgetragene Gefängnistracht und ein Paar alte Schuhe. Unter den anderen Häftlingen wurde getauscht, bis jeder endlich eine passende Größe gefunden hatte. Zum Kittel gehörte eine Weste mit langen Leinenärmeln, zu den Schuhen ein Paar Fußlappen. In dem Durcheinander gelang es Pavel, ein Paar von Mutters gestrickten Socken aus dem Sack einzustecken. Dann wurde der Sack zugebunden, bekam einen Namenszettel und wurde irgendwohin getragen.

Nach einer Weile tauchten aus dem Dunkel des Ganges weitere Gestalten auf, ebenfalls in Gefängniskleidung.

Dieser Akt des Kleiderwechsels hatte sie in echte »MukL« – laut Gefängnisjargon die Abkürzung für »zur Liquidierung bestimmte Männer« verwandelt. Eine bedrückende Perspektive, deren Dauer niemand abzuschätzen wagte, sofern er sich nicht schon damit abgefunden hatte, das ganze Strafmaß absitzen zu müssen.

*

Sie schritten durch dunkle Gänge, immer wieder öffneten und schlossen sich schwere Eisentore. Endlich stiegen sie in den ersten Stock. Dort bekam jeder zwei Decken, eine Blechschale mit Löffel und die Belehrung, dass jeder Verlust der Gegenstände bezahlt werden müsse. Man setzte voraus, dass jeder der Sträflinge Zahnbürste und Seife besaß.

Der Gang, in den sie nun geführt wurden, war hell und rein. Der Wärter befahl ihnen stehen zu bleiben und öffnete eine der Transportzellen.

Der Anblick, der sich Pavel bot, war erschreckend. Gegenüber der Tür befanden sich drei mit weißer Farbe getünchte Fenster, in der Ecke ein Spülklosett, natürlich verstopft, ein Meter weiter ein Ausguss unter einem Kaltwasserhahn. Der Boden war schmutzig und bedeckt mit einer Schicht aus angetrocknetem Matsch und Staub. In einer Ecke waren etwa zwanzig Strohsäcke aufgestapelt. Ihre Decken und Essschalen sollten sie darauf ablegen.

Als die Zellentür abgeschlossen wurde, begann zunächst eine erregte Debatte über die Neuigkeiten und die aktuelle politische Lage. Alle wussten bereits von der Ernennung des neuen amerikanischen Präsidenten General Eisenhower. Daraus schlussfolgerten sie, dass er bald resolut eingreifen würde, so wie damals in das Kriegsgeschehen, und in Europa wieder Ordnung schaffen würde. Auch Pavel erlag langsam dieser Vorstellung, sie war so verlockend, es war fast unmöglich, sich dagegen zu wehren. Doch bald siegte in ihm die nüchterne Vernunft.

Alle in der neuen Zelle waren so genannte Staatliche, das bedeutete, ein Staatsgericht hatte sie wegen ihrer staatsfeindlichen Haltung gegenüber dem Regime verurteilt. Pavel erkannte zwei der jungen Männer aus seinem Prozess, bei beiden betrug das Strafmaß weniger als ein Jahr.

Das hitzige Gespräch der Häftlinge unterbrach ein Wärter, der ihnen befahl, die Zelle zu reinigen. Kaum waren sie fertig damit, zählte er sie ab und übergab alle einem Kollegen, wie er sagte, »zur Arbeit«. Dieser führte den ganzen Haufen in die Gefängnisbäckerei, jeder bekam einen Korb mit noch warmem Brot auf den Rücken geschnallt. Der Wärter behauptete, die Brote seien gezählt, gab jedoch zur Sicherheit jedem der Sträflinge einen Laib von zirka 300 Gramm in die Hand. Keinen interessierte es, wohin sie gingen, glücklich bissen sie von ihren Broten ab. Animalische Sehnsucht, den quälenden Hunger zu stillen, überwältigte alle anderen Gedanken. Als der Wärter für einen Augenblick in dem Büro der Bäckerei verschwand, begrüßte sie der Bäcker mit dem unter Pankrácer Sträflingen nun schon weit verbreiteten Gruß: »I like Ike!« Alle antworteten mit dem gleichen Slogan, das Gespräch drehte sich wieder um das bekannte Thema. Als er noch dazu erfuhr, dass drei von ihnen Verurteilte aus dem Schauprozess der vorigen Woche waren, schob er jedem der drei noch eine Zigarette unter und allen anderen zwei Streichhölzer. Der Bäcker hatte gerade noch Zeit, einem der Häftlinge zu erklären, wie man die Stäbchen geschickt anzündet, da kehrte der Wärter auch schon zurück. Nun begann der Rundgang durch das ganze Gefängnis, langsam leerten sich die Körbe.

Zum Schluss gaben sie sie wieder in der Bäckerei ab. Damit war die Arbeit der Gruppe noch nicht beendet. In Zweierreihen aufgestellt, führte sie der Wärter über den sandigen Hof auf die andere Seite zur Gefängnisküche. »Immer zwei nehmen einen Kanister«, sagte der Wärter, »und keine Unterhaltung da drinnen!« Er schloss die Tür auf und sie gingen in die Küche. An den Kesseln arbeiteten Frauen, sie betrachteten neugierig die Sträflinge und meldeten dem Wärter, alles sei fertig und vorbereitet zur Übergabe an die Abteilungen. Der ging nach nebenan, wahrscheinlich, um etwas zu unterschreiben. Die Frauen sahen die hungrigen, noch mit Brotkrumen beklebten Gesichter, nahmen Essschalen, füllten sie mit Kartoffelsuppe und reichten jedem eine. Jedem war es egal, mit welchem Löffel er aß, jeder gierte danach, den plagenden Hunger loszuwerden. Der nicht besonders eifrige Wärter schien damit gerechnet zu haben, er zeigte sich erst, als der Letzte aufgegessen hatte.

Der Weg zurück führte durch dunkle Gänge. Hier waren die letzten Vorbereitungen für den Schauprozess gegen den ehemaligen Generalsekretär der Kommunistischen Partei der Tschechoslowakei und heutigen Landesverräter Slánský zu spüren. Die Wärter, denen die Sträflinge begegneten, waren nicht von hier. Die stattlichen Männer waren ausgesuchte Wärter aus anderen Gefängnissen der Republik.

Nach mehrmaligem Öffnen und Schließen der eisernen Gitter in den Gängen kam die Gruppe endlich auf die große Hauptkreuzung, die man »Kreuz« nannte. Dort warteten bereits die Kalfaktoren aus dem Erdgeschoss, in dem sich die Einzelzellen befanden, und übernahmen die Kanister für ihre Abteilungen. Die Gruppe kehrte auf ihre Transportzelle zurück, ganz zufrieden mit den ersten Erlebnissen etwas freierer Art.

Dort warteten bereits einige Neulinge, die man aus anderen Zellen hierhergebracht hatte. Unter ihnen entdeckte Pavel einige Freunde und Komplizen. Gegen ein Uhr, später als in den Einzelzellen, wurde das Mittagessen verteilt. Es gab größere Portionen und dazu bekam jeder noch ein ganzes Brot. Wohlstand ohnegleichen. Bis jetzt waren unter ihnen nur »Staatliche«, zur Arbeit musste niemand mehr, also warteten alle gespannt die Abendstunden ab.

Als das Abendessen gebracht wurde, war es schon dunkel. Es war Samstagabend, zu Hause freute sich alles auf die sonntägliche Erholung. Nach all den erregten Debatten voller Optimismus und Hoffnung kam nun die Flaute, alle waren erschöpft. Die endlosen Wochen und Monate des Wartens waren zwar zu Ende und man fühlte sich irgendwie erleichtert, aber diejenigen mit den hohen Strafen quälte neue Unsicherheit. Ihnen drohten die berüchtigten Gefängnisse Leopoldov und Mírov, die berüchtigten Lager in Jáchymov. Manche meinten, sie glichen den Konzentrationslagern der Nazis. Die Kommandos in der Umgebung Prags, außer im Kalksteinbruch Mořina, waren nicht so gefürchtet. Als erträglich galt auch das Lager an der *Grube*

Fierlinger bei Kladno. Politische Häftlinge gelangten in dieses Lager nur durch Zufall oder für ganz kurze Zeit. Der Lagerkommandant dort war für seine Nachsichtigkeit bekannt, gestattete Besuche und sogar kleine Päckchen. Eine ausgesprochene Idylle. Deswegen schickte die zentrale Gefängniskanzlei dorthin meist nur so genannte Steuerbetrüger oder Kleinkriminelle. Dagegen war das Lager am Kalksteinbruch Mořina, oft als »Tschechisches Mauthausen« bezeichnet, eine kleine, ziemlich genaue Kopie des berüchtigten deutschen Lagers aus dem Zweiten Weltkrieg. Die Grausamkeit des Lagerkommandanten und der Wärter war gefürchtet. Einige Monate in so einem Lager bedeuteten eine zerstörte Gesundheit mit Folgen für das ganze Leben. Die Perspektiven waren alles andere als rosig, man lebte zwar, war aber weiterhin bedroht.

Endlich schlug die Uhr acht, der Wärter kündigte die Nachtruhe an. Jeder schnappte sich einen Strohsack und man verteilte sie über den Boden. Trotz aller Vorsicht fiel einer vom Stoß und eine Staubwolke füllte die Zelle. Der Staub reizte die Augen und zwang zu husten. Das geöffnete Fenster half dem ab, dafür war es in der Zelle so kalt wie draußen. Noch dazu riss ein Wärter die Tür auf und schrie, es sei verboten, die Fenster zu öffnen. Er ließ alle antreten und begann sie abzuzählen. Als keiner fehlte, befahl er, die Fenster zu schließen und beendete den Appell. Bis in die Knochen durchgefroren legten sich alle wieder hin. Jede Bewegung auf dem Strohsack wirbelte neuen Staub auf. Pavel duckte sich unter den Decken, zwang sich ruhig zu liegen. Am Morgen spürte er ein Brennen in Nase und Hals, Anzeichen für Schnupfen und Bronchitis.

Am Sonntag war Wecken erst um sieben Uhr. Allen liefen die Nasen und Augen. Jetzt mussten sie die Strohsäcke wieder an der Wand aufstapeln, die Decken zusammenlegen. Binnen weniger Minuten sah es in der Zelle wie vor dem Schlafengehen aus. Da sich die Wache abgelöst hatte, riskierten sie ein

Öffnen der Fenster. Bevor das Frühstück ausgetragen wurde, war der Raum einigermaßen gelüftet.

Gegen zehn öffnete sich die Zellentür, alle mussten arbeiten, obwohl Sonntag war. Das Essen musste wieder ausgetragen werden, heute auch in die Transportzellen. Diesmal begleitete sie ein anderer Wächter, deswegen gelang es ihnen in der Bäckerei nur, ein paar alte, harte Brothälften zu ergattern, aber auch dafür war man dankbar. Als die Gruppe durch den Hof geführt wurde, bemerkte Pavel bewaffnete Wachen auf den Dächern, neue Wachtürme und Hundehütten, alles Vorbereitungen für den Slánský-Prozess, der schon am nächsten Tag beginnen sollte.

Zum Austragen der Abendmahlzeit wurde eine andere Zelle bestimmt. Den Nachmittag verbrachten sie sitzend auf den anders gestapelten Strohsäcken, erzählten und versicherten sich gegenseitig, dass alles bald zu Ende wäre. Mit Furcht warteten sie den Abend ab, wenn sich die Zelle wieder in eine einzige Staubwolke verwandeln würde. Vergeblich hofften sie, dass der Heizkörper etwas Wärme abgab. Nach der verkündeten Nachtruhe verteilten sie möglichst vorsichtig die Strohsäcke über dem Boden, der Unterschied zum vorigen Tag war geringfügig. Sie riskierten, das Fenster zu öffnen. Die neue Wache kümmerte sich nicht darum. Pavel konnte nicht einschlafen. Die verstopfte Nase ließ keine Luft durch, so dass er durch den Mund atmen musste. Das würde zu Schmerzen in der Brust und Bronchitis führen. Genau das, was er jetzt absolut nicht gebrauchen konnte.

In der nächsten Woche erwarteten ihn einige Überraschungen. Am Montag nach dem Frühstück holte man ihn und einige andere auf den Gang. Dort standen schon Sträflinge aus anderen Sammelzellen. Pavel erkannte sofort seinen Professor. Man führte sie in ein Verwaltungsgebäude, wo sie Büromöbel und zwei Panzerschränke umrücken sollten. Gerade die richtige Arbeit für ausgemergelte Sträflinge. Die Möbel schafften sie irgendwie, aber die Tresore waren zu schwer. Endlich fiel dem Wärter ein, ein paar Stangen als Hebel holen zu lassen. Damit gelang es den Männern, die schweren Stücke zu bewegen. Pavel nutzte jeden Moment, um mit dem Professor zu sprechen. Dabei erfuhr er, dass man diesen erst im Juni verhaftet hatte, ins Gerichtsgefängnis war er später gekommen. Die Staatssicherheit habe ihm erzählt, dass Pavel der Galgen drohe und ihn aufgefordert, seinen Studenten auf keinen Fall zu schützen. Von seiner Familie sprach der Professor lieber nicht. Zu Hause hatte er eine fünfjährige Tochter und einen gerade schulpflichtigen Sohn zurückgelassen, eine schreckliche Vorstellung. Er munterte Pavel auf. Auch wenn man manchmal kurzzeitig verlor, es ging darum, durchzuhalten. Ohne Opfer gäbe es keinen Sieg. Doch die Opfer dürften nicht vergeblich sein.

Am Nachmittag verlegte man Pavel auf eine andere Sammelzelle. Es schien, als stellte man dort einen Transport nach Jáchymov zusammen – lauter junge Männer. Die Zelle war größer und verhältnismäßig sauber, wahrscheinlich ging man von hier direkt in den Transport. Pavel verbrachte dort nur wenige Tage. Danach kam er in eine andere Zelle, scheinbar eine tatsächliche Transportzelle. Es waren etwa fünfundzwanzig Männer, darunter nicht nur politische Gefangene. Nur ein älterer Unternehmer aus Jihlava hatte ein Strafmaß von vierzehn Jahren. Einem Jungen, gleichalt wie Pavel, hatte man sogar zwanzig Jahre verpasst. Endlich führte man sie auf den Hof, dort wartete ein Bus mit dem Lagerkommandanten des *Lagers Fierlinger*. Mehrmals las man ihre Namen und zählte sie wiederholt ab. Als sie schon einsteigen sollten, erschien ein Wärter und begann sie nach der Höhe ihrer Strafen zu fragen. Pavel wurde aus dem Transport sofort ausgegliedert, ebenso der Unternehmer, der junge Student und einige andere. Der Kommandant protestierte, er brauche dringend neue Arbeitskräfte zur Erfüllung des Arbeitsplans, doch der Wärter ließ sich nicht erweichen. So landete Pavel wieder in der Sammelzelle.

Inzwischen lief im Gerichtssaal das Verfahren gegen Slánský. Pavel holte man jeden Tag zu Arbeiten auf dem Hof oder zum Essenaustragen. Er war froh, draußen zu sein, obwohl seine Bekleidung dem frostigen Novemberwetter nicht entsprach. Gegen Ende der Woche schickte man ihn mit einem anderen Häftling als Hilfskraft zu Bauarbeiten, Sand durchsieben und Mörtel mischen. Der Arbeitsplatz war in der Nähe des Gerichtsgebäudes. In der Ecke arbeiteten schon andere Sträflinge, hauptsächlich junge Menschen. Die eisige Kälte erforderte Bewegung, daher überwachte man die Gruppe nicht sonderlich. Plötzlich erschien der Wachhabende, jagte alle außer Pavel und seinen Mitarbeiter in den zweiten Hof und verschloss das Tor. Eine Weile später öffnete sich im gegenüberliegenden Gebäude eine Tür, und es erschien ein seltsamer Tross. Der Gruppe voraus schritten zwei uniformierte Wärter mit Maschinenpistolen, dahinter drei in Zivilkleidung, offensichtlich Staatspolizei, und dann eine junge, etwa fünfunddreißigjährige Frau mit dunklen Haaren, ohne Mantel, nur in einem weinroten Kleid. Hinter ihr wieder drei in Zivil und zwei Bewaffnete. Zehn Männer begleiteten eine Frau. Später erfuhr Pavel, dass es wahrscheinlich Frau Taussigová gewesen war, bereits verurteilt in einem früheren Prozess gegen hohe kommunistische Funktionäre. Diesmal sollte sie als Zeugin auftreten.

Durchnässt kehrten nach dem Mittagessen alle in die gemeinsame Zelle zurück. Pavel schien es, als ob die oben nicht wüssten, wohin mit ihm. Die Vermutung bestätigte sich, als er am Montag wieder zum Transport ins *Lager Fierlinger* aufgerufen und wieder in die Zelle zurückgebracht wurde. Nun war es bereits seine zweite Woche in der Transportzelle.

Täglich zu Mittag durchquerte er das Labyrinth der Gänge, um das Essen zu den Einzelzellen zu bringen. Die Gänge an sich waren schon beängstigend, nun standen im Dunkel der Nischen bewaffnete Soldaten, Angehörige der Grenzpolizei des Innenministeriums und der Volkspolizei, berufen zur Unterstützung der Gefängniswärter. Auch Hunde fehlten nicht.

Die Sträflinge mit den Körben auf den Schultern oder den Kanistern in den Händen mussten sich schnell bewegen, es gab keine große Möglichkeit sich umzuschauen. Hier, hinter diesen unzähligen Gittern, hatten während des letzten Weltkrieges tschechische Patrioten auf ihr unabwendbares Schicksal gewartet. Irgendwo da befand sich die Hinrichtungsstätte, das so genannte Beilzimmer. Immer wenn er die Gänge durchschritt, gedachte Pavel voller Ehrfurcht derer, die damals diese Katakomben nicht mehr wahrgenommen hatten, weil ihre Gedanken nicht mehr auf dieser Welt waren. In den Kellern verbrachten jene ihre letzten Stunden, die von den Kommunisten verurteilt worden waren und auf den Henker warteten. Nach Verkündung der Urteile gegen Slánský und seine Mitangeklagten wurden die Gänge noch sorgfältiger bewacht. Die Uniformierten standen überall, nur einige Meter voncinander entfernt. Von einem Mitgefangenen, einem ehemaligen Prager Polizisten, der die Räumlichkeiten kannte, erfuhr Pavel, dass sich hinter einem eisernen Tor, geschützt von einem Gitter, tatsächlich der Gang befand, in dem die Hinrichtungsstätte war. Nach der Verurteilung Slánskýs wurde dieser Ort intensiv bewacht, die Wärter standen dort zu zweit oder gar in Gruppen und beobachteten aufmerksam die passierenden Häftlinge. Die Gänge wurden noch düsterer. Der ehemalige Polizist behauptete, dass hinter diesem Tor jetzt diejenigen aus dem Prozess festgehalten wurden, die zum Tode verurteilt worden waren und Berufung oder Gnadengesuche eingereicht hatten. Es war ein Racheakt, ein Akt maßloser Willkür.

Langsam lernte Pavel das ganze Gefängnis kennen, mit Ausnahme der Gänge mit den Einzelzellen, die durften nur die Kalfaktoren betreten, in der Regel Sträflinge mit kurzen Strafen. Jetzt war schon die dritte Woche nach der Verurteilung, alle seine Mitverurteilten aus dem Prozess hatte man schon zugeteilt und abtransportiert. Auf ihn schien eine Gefängniszelle zu warten.

Am 2. Dezember herrschte auf dem Hof und in den Katakomben spürbare Nervosität. Die Sträflinge wussten nicht, worum es ging. Die Wachen am eisernen Tor wurden beim Passieren der Arbeitskolonne mit den Körben am Rücken sehr nervös. Nach dem Abendessen wurden die Häftlinge auf den Sammelzellen mehrmals hintereinander abgezählt, die Wache kontrollierte Fenster und Türen. Bei der letzten Zählung wurde in jeder Zelle einer der Sträflinge als Befehlshaber bestimmt und sein Name notiert, das war mehr als ungewöhnlich. Dazu betonte man seine Verantwortung für die Aufrechterhaltung strengster Disziplin, vor allem war es verboten, die Fenster zu öffnen. Als Befehlshaber in der Transportzelle wurde der Nächststehende ernannt, durch Zufall traf es Pavel. Die Zelle befand sich über der Küche, die Fenster der Zelle gingen in Richtung Krankenblock. Die Sicht wurde zum Teil durch das Küchendach verstellt, nur aus den beiden Eckfenstern sah man auf den Weg, der zum Richtplatz am Krankenhaus führte. Pavel gelang es, mit seinem Strohsack den Platz unter einem der Fenster zu ergattern, das direkt auf die Stelle blickte, wo nachts der Hund angebunden wurde. Neben ihm lag ein Mann, den man für die Verursachung eines Autounfalls verurteilt hatte. Auf der anderen Seite lag ein Kleinbauer aus dem böhmisch-mährischen Hochland, der seine Hütte und die umliegenden steinigen Felder um keinen Preis hatte aufgeben wollen und daher zu elf Jahren verurteilt worden war. Der Bauer schlief bald ein, Pavel unterhielt sich leise mit dem anderen darüber, was nun passieren würde. Keiner der beiden zweifelte daran, dass der ganze Aufruhr Slánský galt. Sie glaubten, man würde den Mann unter scharfer Bewachung in die Sowjetunion transportieren. Dort würde er einfach verschwinden, so wie Millionen seiner Genossen, die bereit gewesen waren, für das System zu töten und dann selbst zu Opfern wurden.

Gegen halb drei in der Früh rasselte unten im Hof die Kette, halblaute Worte, der Hund wurde abgeführt. Pavel wusste bereits, was das zu bedeuten hatte. Es gab keinen Zweifel daran, für wen diese Nacht die letzte sein sollte. Kurz vor drei Uhr waren auf dem Weg zum Krankenhaus leise Stimmen zu hören. Beide Häftlinge beobachteten das Guckloch in der Tür. Der Deckel draußen öffnete sich, der Wärter kontrollierte die schlafenden Häftlinge. Die Stimmen auf dem Weg wurden lauter, es schien, als würde eine größere Anzahl von Menschen kommen. Endlich klappte der Deckel zu, der Wärter schritt weiter zur nächsten Zelle. Pavel öffnete vorsichtig das Fenster, durch einen Spalt beobachtete er den verschneiten Weg. In Richtung Krankenhaus bewegten sich kleine Gruppen von Menschen. Sie hatten lange Mäntel mit aufgestellten Kragen an, andere trugen Pelze und russische Pelzmützen, auch Frauen waren darunter. Die Stimmen waren nicht mehr so gedämpft, manchmal klang sogar Lachen herauf. So gingen vierzig, vielleicht fünfzig Menschen vorbei, zweifellos zu dem Platz, wo die Hinrichtung stattfinden sollte. Pavel schloss das Fenster und beide schlüpften unter ihre Decken. Gerade im richtigen Augenblick, die Klappe am Guckloch wurde geöffnet.

Pavels Herz schlug wie wild, er war völlig außer sich. Sie beide waren als einzige zivilisierte Menschen Zeugen eines unglaublichen Geschehnisses geworden. Da unten gingen Menschen, ihre Sinne von Hass vollkommen verwirrt. Sie alle waren gekommen, um den sich am Strick in Krämpfen windenden ehemaligen Gefährten zu betrachten. Vielleicht war es für viele von ihnen ein gewohnter Anblick, eine Vorführung, der sie nicht zum ersten Male beiwohnten. Der, der hier vor ihren Augen sterben musste, machte ja nur Platz für den nächsten Machthaber, der bei Bedarf die gleichen Methoden nutzen würde. Vergeblich versuchten die beiden einzuschlafen. Die Stimmen draußen kehrten zurück, verstummten langsam, tödliche Stille trat ein, nur unterbrochen von den im Schnee knirschenden Schritten der Wachen. Aus der Ferne hörte man den allmählich lauter werdenden Lärm der erwachenden Pankrácer Straßen.

Nach diesem Ereignis wurden die Häftlinge erst um sieben Uhr geweckt. Pavel meldete sich in die Gruppe der Essensausträger. Auf den Gängen herrschte Ruhe, die Sondermaßnahmen hatte man aufgehoben. Der dunkle Gang zur Hinrichtungsstätte, gestern noch strengstens bewacht, war hell erleuchtet und leer, nur in der Ecke auf dem Boden lagen unzählige Zigarettenkippen. Das gepanzerte Tor stand weit offen, auch das Gitter davor. Das Urteil hatte man also am frühen Morgen vollstreckt.

Pavel trug den Suppenkanister gemeinsam mit dem ehemaligen Prager Polizisten. Der drehte sich dauernd um, stolperte plötzlich und verschüttete die Suppe. Normalerweise wäre das ein Grund gewesen, die ganze Gruppe für wüste Beschimpfungen anzuhalten, diesmal jedoch gingen sie weiter, von dem Wärter fiel kein Wort. Gegen vier Uhr nachmittags kamen zwei Wärter in die Zelle und verlasen fünf Namen, auch Pavels war darunter. Endlich eine Veränderung. Man brachte sie in eine andere Transportzelle, wo schon einige Sträflinge warteten. Gegen Abend waren es schon an die dreißig. Ein Transport ins Gefängnis wurde zusammengestellt. Diese Zelle war im Gegensatz zu den anderen sauber, die Strohsäcke zu je sechs Stück aufgestapelt. Eine vertrauliche, gesellige Stimmung verbreitete sich. Alle saßen im selben Boot und wussten, es fuhr in die richtige Richtung. Sie hörten nicht auf dies zu glauben.

In den frühen Morgenstunden des 4. Dezember verließ ein Bus mit dreißig Häftlingen das Pankrácer Gefängnis, Freiheitsstrafen von zehn Jahren bis lebenslänglich. Einer von ihnen, Václav Tlustý, ein ehemaliger Abgeordneter der Nationalversammlung, gewählt vor dem Jahre 1948, hatte noch vor einer Woche die Armbinde eines zum Tode Verurteilten getragen. Nach seinem Widerspruch erhielt er »lebenslänglich«. Die Gruppe war sehr bunt: acht katholische Geistliche, ein Professor von der Forsthochschule in Brünn und der ehemalige Direktor der Agrobank. Fünf Universitätsstudenten vertraten die junge Generation.

Erste Probleme begannen schon morgens in der Zelle, als alle ihre Papiersäcke mit der Zivilkleidung bekamen, die sie für unterwegs anziehen sollten. Der junge Chemiker, den man im Sommer im Schwimmbad verhaftet hatte, besaß nichts außer sein T-Shirt, Badehose und Sandalen. Glücklicherweise gelang es ihm, von den Mitgefangenen einen Pullover und warme Wollsocken zu ergattern, allerdings ziemlich notdürftig für die Fahrt im ungeheizten Bus. Sie fuhren Richtung Osten. Lange blieb unklar, ob das Ziel Leopoldov oder Mírov war. Die Fenster waren so schmutzig, dass nur ein Kenner anhand bestimmter markanter Punkte beurteilen konnte, wo man sich gerade befand. Vorne im Bus saßen, mit dem Rücken zum Fahrer, zwei Wärter mit Maschinenpistolen, gekleidet in kurze Pelze, ein Dritter saß neben dem Fahrer, zu seinen Füßen ein Hund. Vor dem Bus fuhr ein Geländewagen mit vier Wärtern und einem Hund. Ein ebenso besetzter Wagen bildete den Schluss der Kolonne. Also zwölf Wärter und drei Hunde. Die meisten Häftlinge würden am Ziel dieser Fahrt zehn und mehr Jahre ihres Lebens verbringen und manche von ihnen gar nie wieder lebendig zurückkehren. Es war kurz nach Mittag, als sich vor ihnen das Tor des Gefängnisses Mírov öffnete. Für Pavel und die anderen begann ein neues Kapitel.

II. Durch das Fegefeuer

Der Bus fuhr langsam durch das Tor, hinter ihm die beiden
Begleitfahrzeuge. Pavel schätzte die Höhe der Mauern an dieser Stelle auf etwa vier Meter, also verhältnismäßig niedrig,
aber von innen sicher unüberwindbar. Sobald sich das Tor
geschlossen hatte, wirkten die Wärter erleichtert. Einer blieb
im Bus, die anderen stiegen aus. Pavel saß am Fenster und
versuchte, durch das schmutzige Fenster etwas zu erkennen.
Endlich fand er eine Stelle, wo sich etwas sehen ließ. Links
vom Bus stand ein einstöckiges Gebäude, dahinter die Mauer
eines alten Hauses, mehr war nicht zu sehen. Unter dem Fenster ging ein unbekannter Wärter vorbei, wahrscheinlich ein
Angehöriger der hiesigen Gefängniswache. Der Kommandant
der Eskorte war mit einigen anderen vorne verschwunden,
wohin, konnte Pavel nicht mehr erkennen. Lange Minuten
verstrichen. Darüber, dass sie in Mírov waren, gab es keinen
Zweifel. Der Professor der Brünner Hochschule gab flüsternd
Auskunft über umliegende Dörfer und Städte. Das lange Warten machte sie nervös, denn es kam die Vermutung auf, die
Wache habe sich lediglich eine Ruhepause gegönnt und die
Fahrt ginge weiter nach Leopoldov. Die Spannung steigerte
sich, als der bewaffnete Hundeführer wieder im Bus Platz
nahm. Nach einer Weile hörte man draußen Schritte, die sich
dem Bus näherten. Eine Stimme erklang »Wer verlesen wird,
meldet sich mit ›Hier‹ und steigt aus!« Schon fielen die ersten
Namen, darunter auch Pavels. Die vor Kälte steifen Strafgefangenen standen mühsam auf, versuchten trotzdem so schnell
wie möglich auszusteigen, um den anderen das stundenlange
Martyrium nicht noch zu verlängern. Draußen traten sie in
Dreierreihen mit ihren Papiersäcken an. Viele atmeten seit
vielen Monaten zum ersten Mal wieder frische Luft. Sie sahen
sich um und achteten nicht auf die schimpfenden Wärter.
Pavel fiel auf, dass die Wand hinter dem neueren einstöckigen
Gebäude zu einer Kirche gehörte. Dahinter stand ein Unheil

verkündender zweistöckiger Block, wahrscheinlich die Verwaltung, in der Mitte ein Durchgang. Darüber eine Inschrift, die jener zynischen Losung über deutschen Konzentrationslagern glich: »Durch Arbeit zur Freiheit!« Jeder wusste, was das bedeutete. Endlich waren alle Aufgerufenen ausgestiegen, jetzt begann das Zählen der Dreierreihen, das mehrmals wiederholt wurde. Als der übernehmende Wärter die Anzahl der Neuankömmlinge ermittelt hatte, gab er dem Kommandanten der Eskorte ein Zeichen, dass er diese übernehmen solle. Die ganze Zeremonie dauerte fast eine halbe Stunde. Auch das erinnerte an die deutschen Konzentrationslager. Man hatte sogar die Terminologie übernommen und sprach vom »apel plac«. An diesem Tag war das Thermometer knapp unter null gesunken, der Wind hatte zugenommen und verstärkte das Kältegefühl. Die Sträflinge zitterten, einige waren nicht mehr im Stande zu sprechen.

Endlich setzte sich die Gruppe in Bewegung, es ging durch einen Durchgang auf den großen Gefängnishof – Mírov in all seiner Pracht. Vor ihnen stand das Mittelgebäude, die Verbindung des linken und rechten Blocks mit dem Turm im Windsor-Stil, wie die ganze ehemalige Burg.

Am Turm befand sich eine Turmuhr, die unzähligen Menschen die Minuten ihres Lebens erbarmungslos abgezählt hatte. Das Mittelgebäude, so wie alle anderen dahinter stehenden Häuser, war zweistöckig. Es gab keine Zeit für langes Umschauen, auf dem Hof bogen sie nach rechts ab. Im Durchgang standen einige Gefängniswärter, zwei davon waren Offiziere. Pavel nahm an, dass einer von ihnen der Gefängniskommandant war.

Nach wenigen Schritten trat die Gruppe in einen verhältnismäßig kleinen, nicht beheizten Raum. Der Temperaturunterschied zwischen draußen und drinnen war trotzdem beträchtlich. Man zitterte nicht mehr vor Kälte. Der Naphthalingeruch verriet ein Bekleidungsmagazin oder eine Umkleide. In einer Ecke war eine zweite Tür, die Wände waren kahl.

Nach einer Weile kam ein älterer, etwa fünfzigjähriger Wärter mit einem Sträfling hinein, der im Magazin arbeitete. Man befahl den Männern, sich auszuziehen und alle Zivilsachen in den zugeteilten Papiersack zu tun, dieser werde bis zu ihrer Entlassung deponiert. Es war nicht nur ein Abschied von ihrer Zivilkleidung, sondern auch von ihrem vorherigen Leben. In Gedanken waren sie zu Hause bei ihren Eltern, ihrer Frau und ihren Kindern, bei den zurückgelassenen Lieben. Hinter der Tür gab jeder durch ein kleines Fenster seinen Papiersack ab und erhielt dafür braune Gefängniskleidung: einen kurzen Kittel, eine Weste mit leinenen Ärmeln, eine Hose, Mütze, Schuhe, Unterhose und Fußlappen. Jeder durfte sein Taschentuch behalten. Als alle durch den Gang in den nächsten Raum gegangen waren, kam ein älterer Wärter und gab bekannt, dass man sie jetzt, vorübergehend alle, in einer Transportzelle unterbringen würde.

Es war dunkel geworden. In den Gängen und Zellen leuchteten Lampen auf, die spärliches Licht verbreiteten. Zwei Wärter führten die Gruppe um den rechten Flügel, in einem Gang des Mittelgebäudes blieben sie stehen, der eine Uniformierte ging in ein Büro, der andere schaltete das Licht an. Alle erkannten den unförmigen Gegenstand am anderen Ende, einen mit einem schwarzen Tuch bedeckten Leichenkarren, sofort einsatzbereit. Darüber, wie oft er zum Einsatz käme, dachte in diesem Moment niemand nach. Die Gruppe bewegte sich weiter, vorn und hinten ein Wärter, über einen kleinen Hof durch eine offene Tür ins erste Kellergeschoss mit den Transportzellen und einigen Einzelzellen. Der Gestank auf den Gängen verriet, dass es in den Zellen keine Spülklosetts gab, nur Blechbehälter für Fäkalien und schmutziges Wasser. Vor einer mit Eisen beschlagenen Tür blieben sie stehen. In Augenhöhe war ein kleines verglastes Loch, wie üblich in Gefängnis- und Klosterzellen. Ein Wärter schloss auf und befahl einzutreten. Der Raum war nicht besonders groß und hatte einen Fußboden mit mehreren Ebenen. In der dicken Wand waren zwei große Fenster, die sich nach außen verjüngten. Wahrscheinlich Schießscharten noch aus der Zeit, als Mírov eine Burg war. Die Fenster waren auf gleicher Höhe mit den Burgmauern, auf denen Wachposten verteilt standen. In einer Ecke lagen aufgestapelte Strohsäcke und Decken. Auf der höchsten Ebene des Fußbodens standen zwei unbedeckte Blecheimer. Ein Tisch oder Stühle waren nicht vorhanden.

Während sich die Neuankömmlinge mit der Umgebung vertraut machten, wurde es laut auf dem Gang. Man hörte die Kalfaktoren Schalen mit Suppe füllen und das Essen verteilen. Pavel hatte seit dem Morgen nichts gegessen. Durch die geöffnete Tür durfte sich jeder eine Schale nehmen und bekam einen Löffel. Da viele Geistliche unter ihnen waren, begann das Essen mit einem Gebet. Dann nahmen alle auf den Stufen des Bodens und auf den Strohsäcken Platz. Eine halbe Stunde später wurde warmes Wasser zum Reinigen der Schalen und Löffel gebracht, die sie behalten durften. Schließlich brachten die Kalfaktoren eine Kanne bitteren schwarzen Kaffee. Es kam zu den ersten gegenseitigen Kontakten, man tauschte Informationen aus. Manche erfuhren von Freunden, die bereits seit zwei Jahren in diesen Mauern lebten. Die Gespräche an diesem Abend waren von vielen unguten Eindrücken des Tages überschattet. Vor der Nachtruhe erklärte der Wärter, dass drei Strohsäcke fehlten. Nun begann das übliche Prozedere. Irgendwie gelang es allen, auf den verschiedenen Ebenen des Bodens Platz zu finden. Der Platz neben den Eimern blieb leer, sowieso hätte er nur für einen Strohsack ausgereicht.

Um acht legten sich alle hin. Alle hatten mindestens ein halbes Jahr Untersuchungshaft hinter sich, meist unter viel schlechteren Bedingungen, trotzdem konnten viele nicht einschlafen. Auch Pavel wälzte sich hin und her. Von irgendwo kam ein leises Stöhnen. Später erfuhren sie, dass es kurz vor ihrer Ankunft einen Fluchtversuch gegeben hatte. Die Sträflinge hatten Betttücher zusammengerollt und sich auf die Wälle hinuntergelassen, von wo aus sie über die Mauern hinunterspringen wollten. Sie wurden entdeckt und endeten mit einem Sturz aus mehreren Metern Höhe zwischen Wall und Gefängnismauer. Man hatte auf sie geschossen. Die Verwundeten trug man fort und die anderen sperrte man in Strafzellen. Dort schlug man sie und überließ sie, an Händen und Füßen gefesselt, einige Tage ihrem Schicksal.

Die Korrektion bestand aus steinernen Zellen im zweiten Kellergeschoss unter den Transportzellen. Ursprünglich waren es die Heizöfen der Burg. Die heiße Luft strömte von dort durch Luftlöcher in die Wohnräume. Einige dieser Zellen waren ohne Fenster, andere hatten kleine Öffnungen zur Burgmauer, die nicht verglast waren. Am Ankunftstag des Transports waren noch einige Sträflinge dort unten eingesperrt. Den Kalfaktoren, auch Sträflinge, war es verboten, nach unten zu gehen.

Manche der Insassen der Transportzelle hörten noch Mitternacht schlagen, dann schliefen alle ein. Wecken war um sechs. Zuerst kam ein Eimer mit Wasser zum Waschen, dann schwarzer bitterer Kaffee und etwa zweihundert Gramm Brot. So begann Pavels erster Tag im Gefängnis, einst die Burgresidenz für den Olmützer Bischof. Schon seit dem vergangenen Jahrhundert diente Mírov als Gefängnis, aber die mittelalterlichen Verhältnisse hatten überlebt, besonders, was die Hygiene betraf. Die Blecheimer in den Transportzellen waren ohne Deckel und wer sie benutzte, musste dies vor den Augen der Anderen tun. Die Häftlinge sollten sich an die neue Umgebung gewöhnen. Vormittags und abends kam ein Wärter mit einem Kalfaktor, der trug die Eimer zu einem Schacht, leerte sie und spülte sie mit etwas Wasser und Chlorkalk aus.

*

Es war Abend, der 5. Dezember. Zu Hause bereiteten Mütter die Nikolausbescherung für die Kinder vor. Die Straßen wimmelten von Nikolausfiguren, Knecht Ruprechts und Engelsfiguren. Die Augen der Kleinen leuchteten voller Erwartung. Sie ahnten nichts von einer roten Burg irgendwo, in der ihr Vater litt. Wie sollte ihnen die Mutter das erklären?

Solche Gedanken fraßen sich in die Köpfe der Männer, die ihre Kinder hatten verlassen müssen. Wie erklärten das junge Männer ihren Mädchen, mit denen sie ein gemeinsames Leben beginnen wollten? Wie sollte ihr Fehlen den Müttern erklärt werden, für die sie die Stütze im nahenden Alter sein sollten? Pavel erfasste unsagbare Trauer. Schon längst glaubte er nicht mehr an Monate oder an ein bis zwei Jahre. Ihn schreckte die Vorstellung eines unerfüllten Lebens. Sein Leben hatte doch seinen Sinn. Er konnte sich nicht mit dem Gedanken abfinden, dass es jemanden gab, der zu Unrecht Macht an sich gerissen hatte, über ihn verfügen und ihm seinen willkürlichen Willen aufzwingen konnte.

Der Glaube an Gott und seine Gesetze wurde zur einzigen Stütze in Stunden völliger Hoffnungslosigkeit. Der Glaube half ihm, nicht zu verzweifeln, er schenkte ihm lebenswichtigen Optimismus ohne Illusionen. Pavel versuchte seine eigene Welt zu kreieren mit guten und schlechten Veränderungen, um darauf vorbereitet zu sein, sie ablehnen oder zulassen zu können. Er entwickelte eine eigene Philosophie, mit deren Hilfe er alles überleben wollte, ohne seine moralischen Prinzipien aufzugeben. Diese Tore musste er unbeschadet verlassen, egal wann und wie.

Immer öfter dachte er an Hanka. Das hatte schon in der Gerichtshaft im Pankrácer Gefängnis angefangen. Damals war es noch fraglich, ob er überhaupt überleben würde. Vor diesem Hintergrund hatte er über ein gemeinsames Leben nachgedacht. Mit der Verurteilung änderte sich alles. Die Perspektive, vierzehn Jahre hinter Gittern zu leben, war entsetzlich, barg jedoch Hoffnung in sich. Er konnte sich nicht vorstellen, dass ein so hübsches und liebes Mädchen im Stande wäre, so lange zu warten. Andererseits war der Gedanke, sie zu verlieren, unerträglich. Immer wieder dachte er an die letzten Tage vor seiner Verhaftung. Die Gefühle füreinander hatten eine besondere Tiefe, einen gewissen Ernst angenommen. Beide verstanden das, jeder auf seine Art. Ein Ende schien ausgeschlossen. Jeder lebte jetzt in einer anderen Welt. Pavel glaubte nicht an eine Niederlage, war sich aber auch eines Sieges nicht sicher. Aber dazwischen gab es nichts, keine Möglichkeit eines Kompromisses. Das waren seine Gedanken in diesen Tagen, während ständig Veränderungen eintraten.

*

Nach einer Woche in der Transportzelle wurden sie aufgefordert, mit all ihren Sachen anzutreten. Man führte sie über eine Treppe ins Erdgeschoss, dann in den zweiten Stock, zu einer Zelle mit der Nummer dreizehn. Keine ermunternde Zahl, aber alle betrachteten das als Zufall. Im Raum standen fünfzehn zweistöckige Pritschen mit Strohsäcken und Decken. Auf der linken Seite war noch Platz für einen langen Tisch und zwei Bänke. Gleich hinter der Tür eine verdeckte Ecke mit einem Blecheimer und einem Waschbecken mit fließendem kalten Wasser. Gleich daneben ein kalter Heizofen, der Kohlenkasten war leer. Im Vergleich zur Transportzelle bedeutete das alles einen gewissen Fortschritt. Auf der linken Seite waren noch zwei große Fenster, auf der rechten zwei kleine, die man öffnen konnte. Keines der Fenster bot Ausblick in die Umgebung, nur aus einem kleinen Fenster waren nachts in der Ferne Funken einer Lokomotive zu sehen. Man hörte auch deutliches Bimmeln, von der Hauptverbindung Zábřeh-Mohelnice, auf der auch Schnellzüge fuhren.

Die Gruppe begann sich langsam einzuleben. Auf die Aufforderung »vier zum Kohle holen« meldeten sich fast alle, aber es war keine einfache Sache. Auch die anderen Zellen, deren Insassen zur Arbeit waren, mussten versorgt werden. Trotzdem war es verlockend, denn die Kohleträger kamen mit den anderen schon länger im Lager Lebenden in Kontakt, brachten auch einige Stücke Brot mit, das sofort verteilt und vertilgt wurde. Einheizen durfte man allerdings nur auf Befehl, und nachts musste der Ofen leer sein, wahrscheinlich um zu verhindern, dass die steinerne Burg Feuer fing.

Ein großes Ereignis war der erste Ausgang auf dem Haupthof. Es war zwar nur leichtes Frostwetter, aber in der dünnen Bekleidung war die Kälte zu spüren. Der Hof füllte sich mit in Fünferreihen marschierenden Häftlingen. Viele der Neuen sahen bekannte Gesichter, die schon seit längerer Zeit hier waren. Pavel erkannte einen älteren Studenten, der öfters seinen Bruder besucht hatte. An diesem Tag gelang es ihnen nicht, miteinander zu sprechen, aber Dan erwähnte Pavels Anwesenheit in seinem nächsten Brief nach Hause, so dass seine Eltern Bescheid geben konnten. Pavel war froh, dass Mutter und Hanka eine Stütze in den Eltern des Studenten finden würden. Schließlich waren sie schon seit zwei Jahren mit dieser Situation vertraut.

Die Häftlinge marschierten in schnellem Schritt, um warm zu werden. Der etwa dreißigjährige Wärter, offensichtlich sadistisch veranlagt, bekam Lust, sich zu amüsieren und befahl Laufschritt. Für Pavel war das kein Problem, aber die Älteren und Kranken konnten nach ein paar Schritten nicht mehr, taumelten, wurden langsamer. Darauf hatte der Wärter nur gewartet. Zwei Alte mussten die Mützen abnehmen und stramm stehen. Alle hatten bereits kahl geschorene Köpfe. Bei der Kälte und ihrem Gesundheitszustand konnten die beiden ernsthaft erkranken. Die anderen liefen immer langsamer weiter, nahmen die schon stolpernden Älteren zwischen sich und halfen ihnen. Als der Wärter begann, sich zu langweilen, ordnete er Marschtempo an. Alle waren erschöpft. So wurden diese viertelstündigen Ausgänge, eigentlich als Erholung gedacht, meist zur Hölle. Zum Glück gab es auch andere, mehr oder weniger anständige Wärter. Diese Hofgänge waren eine der harten Seiten von Mírov. Erst später wurde auf einem kleinen Hof ein Ausgangsraum für die Alten und Kranken errichtet, wodurch sich die Situation wenigstens teilweise verbesserte.

*

Nach einigen Tagen führte man die ganze Gruppe in eine Werkstatt im linken Block. Man fertigte hier Schuheinlagen aus Baststreifen. Obwohl man im Sitzen arbeitete, war es sehr ermüdend. Es gab zwar noch keine Norm, aber üblicherweise verarbeitete jeder mindestens zwei Spindeln mit einem Durchmesser von achtzig Zentimetern. Die Arbeit war mühsam und die Sträflinge bekamen nichts dafür. Nur zu Weihnachten, wenn man sie als arbeitende Insassen betrachtete, erhielten sie manche Vorteile. In diesem Fall war es die Erlaubnis, einen Brief schreiben zu dürfen, auf den die Familien der Neulinge seit Ewigkeiten warteten und der für viele das erste Lebenszeichen war. In diesen Briefen war es streng verboten, über die Verhältnisse zu schreiben, über die Kost, über die Arbeit, einfach alles, woraus man hätte schließen können, wo sich der Sträfling befand. Meist war es ungemein schwierig, einen solchen Brief zu verfassen. Jede Andeutung oder ein Gruß an eine dritte Person wurde sofort zensiert, der Verfasser zum Rapport gerufen und verhört.

Obwohl Mírov seit 1950 unter Aufsicht der Staatspolizei stand, herrschte hier ein eingeführtes Reglement, möglicherweise noch aus Zeiten der alten Monarchie. Beispielsweise durfte der Sträfling alle drei Monate nach Hause schreiben, eine Antwort erhalten, oder in gleichen Intervallen um Besuch bitten. Meist wurde dem Gesuch entsprochen. Für die Familienangehörigen von weit her war das anstrengend, aber es war doch die einzige Gelegenheit, sich zu überzeugen, dass der Ihrige noch lebte, ihm mit einem Kuss oder wenigstens einem Blick zu beweisen, dass sie zu ihm standen und sich nichts geändert hatte. Für alle hinter Gitter waren diese Augenblicke ungemein wichtig, monatelang lebte man dafür und davon. Vor Weihnachten hatte jeder Anrecht auf ein Päckchen von seiner Familie, allerdings nur unter gewissen Voraussetzungen, z. B. musste man zur Arbeit eingeteilt sein, die Norm erfüllt haben und durfte keine Disziplinarstrafe erhalten haben. Zum Großteil hing es davon ab, welcher Wärter die Werkstatt leitete. Nicht alle waren gleich. Zwischen dem Gefängnis und der Außenwelt gab es die so genannte schwarze Post, organisiert von den Anständigen unter den Wärtern. Für Eingeweihte waren illegale Päckchen, Briefe oder Nachrichten eine Selbstverständlichkeit. Auch die steinernen Mauern hatten ihre Löcher. Davon hatten die Neuen allerdings noch keine Ahnung.

Der Heilige Abend kam näher. Früher hatte sich Pavel immer darauf gefreut, nun hatte er Angst. Immer öfter war er in Gedanken bei Mutter und Hanka, erinnerte sich an seine Kindheit, wie ihn Mutter plötzlich weckte, um ihm den Weihnachtsbaum zu zeigen, den das Christkind gerade gebracht hatte. Damals fiel weder ihm noch seinem Bruder ein, dass in reicheren Familien auch Geschenke unter dem Baum lagen. In den Zweigen hingen große Glaskugeln, glänzten im Schein der Petroleumlampe, so wie der weiße Engel auf der Spitze. Wenn sich die Kugeln berührten, gab es einen besonderen Klang, der charakteristisch für jede Weihnacht war. Nach den Feiertagen wurden die Kugeln vorsichtig wieder in Watte gehüllt und in eine Schachtel verpackt, damit im nächsten Jahr wieder ihre Melodie erklingen konnte. Wie würde es diesmal sein? Mutter würde in ihrer Einsamkeit wohl keinen Baum schmücken, aber sicher an ihre Jungs denken. Vom älteren, der schon in den ersten Tagen des schicksalhaften Februars in den Westen geflüchtet war, hatte sie seit Jahren nichts mehr gehört. Sie glaubte jedoch fest, dass er am Leben war, an sie dachte, wie sie an ihn. Lange hatte sie geweint in den Tagen nach seiner Flucht, sie konnte sich mit dem Gedanken nicht abfinden, ihn lange nicht sehen zu können. Andererseits war sie froh, dass er dieser wütenden

Meute entronnen war, die sich so grausam wie die Nazis verhielt. Als sie Pavel verhafteten, konnte sie es kaum glauben und hoffte, er käme in wenigen Tagen wieder zurück. Als das nicht geschah, geriet sie in Verzweiflung. Pavel könne mit seiner angeschlagenen Gesundheit nicht lange durchhalten, vor sechs Jahren hatte selbst der Arzt bezweifelt, dass er überleben würde. Pavel selbst hatte sich mit seinem Schicksal irgendwie abgefunden, aber ununterbrochen quälten ihn Gedanken an Mutter und an Hanka.

Am Heiligen Abend wurde nicht gearbeitet, alle konzentrierten sich auf den heranrückenden Abend, für viele die erste Heilige Nacht hinter Gittern. Schon nachmittags kamen per schwarzer Post einige Schokoladenbonbons und Plätzchen von den Geistlichen aus den Nebenzellen, dazu sogar eine Kerze. Alles wurde sorgsam verteilt. Nach dem Abendessen setzten sie sich um den Tisch. Die, die dort keinen Platz fanden, saßen auf den Betträndern. Einer der katholischen Priester leitete den Abend mit einem Gebet ein. Dabei brannte die Kerze, Symbol des neuen Lichtes, gebracht den Menschen durch die Geburt Christi. Man rezitierte Gedichte, so wie sie in Erinnerung geblieben waren, es fehlte nicht Kiplings »Wenn...«, und Verse tschechischer Dichter. Pavel schloss sich an mit der Einleitung zu »Im Schatten der Linde« von Svatopluk Čech. Schon nach den ersten Worten über Sehnsucht und Heimat waren alle tief ergriffen. Dieses Gefühl hielt für den Rest des Abends an, alle waren woanders. Um halb zehn lagen sie schon auf ihren Strohsäcken, aber niemand schlief, Geschichten über Weihnachtserlebnisse nahmen kein Ende. Es war eine Flucht vor der Realität.

*

Zu Hause war es anders. Hanka war schon am Nachmittag gekommen, um noch vor dem Abendmahl Kerzen auf dem Friedhof anzuzünden. Als sie zurückkehrte, war es schon fast dunkel. Mit aller Kraft versuchte sie, ihre Trauer zu bewältigen, aus Sorge, an diesem Abend eine schwache Stütze für Pavels Mutter zu sein. Sie setzten sich beide an den Tisch zum kleinen weihnachtlichen Abendessen. Dann kam die Verteilung der Geschenke, die meisten waren für Pavel bestimmt, denn beide glaubten fest an seine baldige Rückkehr. Mikši, der sonst draußen Wache hielt, war auch im Zimmer und lag unter dem Tisch zu Mutters Füßen. Manchmal hob er den Kopf, als erwartete er noch jemanden. Gegen sieben verabschiedete sich Hanka und eilte zur Bahn, um den Rest des Abends mit ihren Eltern zu verbringen. Die Mutter blieb einsam zurück, in Gedanken immer wieder bei ihren Jungen, als diese noch kleine Kinder waren. Wie sie sich damals über jede Kleinigkeit freuten, das waren glückliche Zeiten. Jetzt wünschte sie sich diese Zeit mit den Kindern ihrer Söhne. Sie wusste nicht, dass ihr dies nicht beschieden war. Einsamkeit sollte sie bis an das Ende ihrer Tage begleiten.

*

Weihnachten in der Gesellschaft so vieler Geistlicher war im wahrsten Sinne des Wortes ein Fest zu Ehren der Geburt Christi. Es wurden Ausschnitte aus dem Neuen Testament zitiert, verschiedene Bilder und Passagen erklärt, die für Laien schwer verständlich waren.

Bereits an den Festtagen fingen die Studenten an zu lernen, ihre Sehnsucht nach Bildung war auch hinter Gittern ungebrochen. Dauernd suchte man nach Papierfetzen, um deutsche und englische Vokabeln festzuhalten, das Gedächtnis zu trainieren und die Zeit hier sinnvoll zu füllen. Es gab genug Ältere, von denen man lernen konnte, und so wurde das Gefängnis langsam zur Universität. Jeder, der wollte, konnte vom anderen gründliche Kenntnisse aus allen möglichen Fachgebieten erlangen, allerdings ohne jede Systematik. Das mussten die Vortragenden und die Schüler selbst bewerkstelligen.

Auch die Wärter stellten ein Problem dar. Sie achteten streng darauf, dass sich niemand weiterbildete oder zu viel nachdachte, damit die Häftlinge besser zu lenken und zu manipulieren waren, um sie schließlich problemlos in die Sklavenhorde eingliedern zu können. Wurden Literatur, Vokabellisten oder gar ein Lehrbuch entdeckt, gab es harte Strafen, meistens mehrere Tage Haft in einer Strafzelle. Diese steinernen Zellen in Mírov waren sehr kalt, im Sommer wie im Winter. Ihre Einrichtung bestand aus einer Holzpritsche, einer Decke und einem Blecheimer. Eine Woche oder vierzehn Tage in so einem Loch, das nagte auch an der Gesundheit der Härtesten. Maximale Vorsicht war geboten.

In der Weihnachtszeit war die Gefängniskost in Mírov ein wenig besser als an anderen Tagen. Für alle, die aus der Untersuchungshaft oder Gerichtshaft kamen, schien sie fast zu reichen. Das Mittagessen gab es wirklich zur Mittagszeit oder gleich nach der Arbeit und Abendessen abends, nicht wie im Pankrácer Gefängnis um elf. In den ersten Tagen wurden die Neuen von ihren Kameraden aus den anderen Zellen mit Geschenken per Schwarzer Post verwöhnt. Aber nach und nach war jeder wieder auf sich selbst gestellt und auf die offiziellen Zuteilungen. Langsam sickerten die ersten Warnungen vor manchen Wärtern wie Smrčka, Krajčík, Macháček, Džbánek und anderen durch. Die weniger gefährlichen blieben weiter namenlos.

Nach Neujahr arbeitete Pavel noch eine Weile in der Baststreifenwerkstatt, aber ungefähr nach einer Woche wurde er mit einigen anderen jüngeren Sträflingen in die Zollstockwerkstatt versetzt. Die neue Arbeit bestand im Zusammennieten von Zollstöcken. Das war ein guter Exportartikel und die Herstellerfirma nutzte die billigen Arbeitskräfte in den Gefängnissen.

Neben der Zollstockproduktion wurden in Mírov auch Körbe geflochten, Arbeitskleidung und weiße Tarnanzüge fürs Militär genäht und in der ehemaligen Kapelle wurden

Wattepolster hergestellt. Im Gefängnis arbeiteten fast 1000 Sträflinge, davon etwa 800 Politische und 200 auf Grundlage der Retributionsdekrete Verurteilte. Bei ihnen handelte es sich um Angehörige der Protektoratsregierung, der NS-Verwaltung und um Kollaborateure. Die größte Gruppe unter den Politischen waren katholische Geistliche, verurteilt in inszenierten Schauprozessen. Anfang 1953, vor der Frühjahrssortierung, waren es in Mírov ungefähr 130.

Die neue Arbeit bedeutete für Pavel auch, in eine andere Zelle umzuziehen. Diese befand sich in der Mitte des Verbindungstraktes, gleich neben dem Turm. Sie fasste wie fast alle anderen 30 Mann. Die Scheiben der Fenster, die nach dem großen Hof ausgerichtet waren, waren weiß getüncht und hatten daher eine depressive Wirkung. Gleich am ersten Sonntag kam es zu einer Auseinandersetzung mit dem Wachhabenden. Er lehnte es ab, die Zellen zu öffnen, dabei liefen die Blecheimer mit den Fäkalien bereits über und das Wasser war auch knapp. Gegen halb fünf vernahm man Geschrei und Schläge gegen die Tür aus der Nebenzelle, jemand hatte die Nerven verloren. Der Wächter gab irgendwann trotzig nach und ließ die Eimer hinaustragen, doch der Sträfling, der ihn dazu gezwungen hatte, musste am nächsten Tag zum Strafrapport.

Pavel lernte eine Menge neuer Menschen kennen, auf der Zelle wie am Arbeitsplatz. Der Leiter der neuen Werkstatt, ein fast siebzigjähriger Mann, war Herr Fousek aus Hostím bei Beroun, Ritter und Träger des Maria-Theresia-Ordens. Nach dem Krieg hatte man ihn für seine Tätigkeit bei der *Nationalen Gemeinschaft* verhaftet, aber bald wieder freigelassen. Die Freiheit währte nicht lange. Jemand hatte es auf sein Herrengut abgesehen und so wurde er abermals verhaftet. Die Untersuchungs- und Gerichtszeremonie verzögerte sich, aber Weihnachten 1947 feierte er wieder im Kreis seiner Familie. Er nahm an, nun endlich Ruhe zu haben, aber er irrte sich, denn nach dem kommunistischen Februarputsch wurde er wieder verhaftet und zu zehn Jahren Haft verurteilt. Weitere nach dem Retributionsdekret Verurteilte waren der Sekretär des Protektoratspräsidenten Hácha, Dr. Kliment, und der Deutsche Dr. Herzog. Alle anderen waren tschechische politische Häftlinge. In kurzer Zeit entstanden in der Gruppe freundschaftliche Beziehungen, das war in einer Atmosphäre, in der ständig Lagerkoller herrschte, ziemlich ungewöhnlich. Ritter Fousek war schon mehrere Jahre in Mírov und hatte nach allen Seiten gute Verbindungen. Fast nach jedem Mittagessen kam aus der Küche ein »Nachschlag« in die Werkstatt, zur großen Begeisterung der ausgehungerten Neuen. Auch Päckchen von zu Hause hatte er durchgeboxt, es schien, als ob man es hier aushalten könnte. Die Idylle währte nicht lange.

*

Ende Februar kamen Gerüchte auf, man plane große Verlegungen nach Leopoldov und Jáchymov. Am 27. Februar nach dem Abendessen wurden Pavel und zwei andere aufgefordert, am nächsten Morgen um fünf Uhr zum Abtransport fertig zu sein. Der Auswahl der Häftlinge nach konnte es sich nur um Jáchymov handeln.

Halb fünf wurden die drei geweckt, bekamen eine Schale schwarzen Kaffee und ein Stück Schwarzbrot. Ein Wärter führte sie über den Hof in den Umkleideraum. Dort, im vorderen großen Raum, warteten schon andere. Viele kannte Pavel von den Rundgängen auf dem Hof. Alle spekulierten, wohin man sie transportieren würde. Schließlich verlas der Wärter die Namen und zählte alle ab. Es waren genau 80 Mann, das bedeutete zwei volle Busse.

Einer nach dem anderen erhielt aus dem Magazinfenster den Papiersack mit seinen Zivilsachen. Da passierte etwas, was keiner je mehr vergessen sollte. Trník, ein Fahrdienstleiter der Bahn aus Karlsbad, zog aus seinem Sack eine Geige, setzte an und begann zu spielen. Das Largo aus Dvořáks Symphonie »Aus der neuen Welt«. Aus der Gruppe schloss sich der Operettentenor Láska an, sang die Worte zu diesem Gedicht voller Schmerz und Sehnsucht. In seinen Vortrag legte er eigene Gefühle hinein – ein vollkommener Einklang von Komponist und Umgebung. »Großer Gott blick aus deiner Höhe auf Deine Dir treuen Kinder ...«, es klang wie ein Choral, hallte von den weißgetünchten Wänden wider, Zeugen so vieler schicksalhafter Ankünfte und Abschiede, drang auch in die Herzen der Härtesten. Alle schwiegen und lauschten ergriffen. Die Töne drückten aus, was alle fühlten, die Sehnsucht nach etwas weit Entferntem, so wie der große tschechische Komponist es gefühlt hatte. Sogar der eintretende Wärter war in der Tür stehen geblieben. Langsam verklang die Melodie, Trník setzte die Geige ab. Es herrschte Totenstille, ein langes Warten begann, es war ein weiter Weg in die Hölle von Jáchymov.

Kurz nach sieben Uhr erschien der Lagerkommandant von Mírov, Leutnant Král, mit seinem Vertreter, dem Ruthenen Gelbič. Sie übergaben dem Leiter der Eskorte die Namenslisten der zu transportierenden Sträflinge. Man verlas abermals alle Namen, die Häftlinge füllten zwei Busse. Die ersten Vordersitze besetzten Wärter, in der Hand die auf die Sträflinge gerichteten Maschinenpistolen. Der Kommandant der Eskorte schaute durch die offene Tür, befahl die Schuhe auszuziehen und neben sich auf den Boden zu stellen. Wer Hausschuhe dabei hatte, durfte sie anziehen. Am ärgsten waren die dran, die in den Sommermonaten verhaftet worden waren und demzufolge nur dünne Socken besaßen. Doch niemand hatte die Papiersäcke kontrolliert, so dass die einen den anderen mit Reservesocken aushalfen. Nachdem noch der Hundeführer mit einem großen Schäferhund eingestiegen war, schloss sich die Tür, es folgte eine Instruktion, wann ohne Vorwarnung geschossen würde und wann generell geschossen würde. Die Wärter entledigten sich ihrer kurzen Pelze und saßen nur in Hemden da. Das gab Hoffnung auf eine funktionierende Heizung. Der unvermeidliche Geländewagen mit vier Mann Besatzung und einem Hund fuhr voran. Die Kolonne fuhr los in Richtung Westen. Man konnte noch acht Uhr schlagen hören.

Als die Kolonne durch Litomyšl fuhr, winkten Menschen auf der Straße. Die Männer im Bus hatten alle Gefängniskleidung an, die Zivilsachen waren in den Säcken geblieben. Sie fuhren durch Dörfer und Städte. In den kleinen Dörfern sah man bereits erste Ergebnisse des praktizierten Sozialismus. An manchen Stellen hingen riesige Plakate und Transparente, die Wohlstand nach Eintritt in die landwirtschaftlichen Genossenschaften versprachen. Hinter einem Zaun standen Unmengen von Dreschmaschinen, Traktoren, Sämaschinen und Hochleistungsmähmaschinen, die man den Bauern mit Gewalt abgenommen hatte. Dafür hatten sie eine schriftliche Bestätigung bekommen. Jetzt mussten sie die hohen Staatsabgaben mit primitivem Werkzeug erarbeiten, der beste Weg, sie zum Eintritt in die Genossenschaft zu zwingen. Wer sich wehrte, endete als unverbesserlicher Kulak im Arbeitslager oder wurde wegen Nichterfüllung der Abgaben, also Sabotage, verurteilt. Das tschechische Dorf lebte trotzdem noch. Einige der Bauern gaben nicht auf, sie schindeten sich in der Hoffnung, am Ende doch durchzuhalten. In solchen Gemeinden waren keine bombastischen Transparente zu sehen.

Die Route des Transports führte über Nebenstraßen, was auch der Grund für eine ziemlich langsame Fahrt war. In der Nähe von Kuttenberg wurde die erste Rast gemacht. Auf eine kleine, für die Wachen überschaubare Wiese ließ man immer fünf Mann aussteigen, um sie nach mehrstündiger Fahrt ihr Geschäft erledigen zu lassen. Die Wiese war von den Männern mit den Maschinenpistolen und dem Hund umzingelt. Obwohl es schon fast Mittag war, befand sich noch Reif auf dem Gras. Die dünnen Pantoffeln wurden nass. Nach einer halben Stunde fuhr die Kolonne weiter. Alle erwarteten eine Fahrt durch Prag, wurden aber enttäuscht, als die Busse vor der Hauptstadt plötzlich auf Bezirksstraßen auswichen. Sie passierten Pkws und Fuhrwerke. Der späte Nachmittag brach an. Noch einmal wurde Rast gemacht, die Wärter packten dicke Wurstbrote aus, auch die Hunde bekamen davon ab. Die Sträflinge verteilten unter sich die kargen Reste des am Morgen erhaltenen Schwarzbrotes.

Nach der Fahrt durch Karlsbad gelangten die Busse in die Berge, deren verschneite Gipfel in der untergehenden Sonne schimmerten. Im Tal nach Jáchymov lag tiefer Schnee, im Bus wurde es spürbar kälter. Im Zentrum von Jáchymov bog die Kolonne scharf nach rechts ab und blieb nach etwa 400 Metern stehen. Man war am Ziel.

Links sah man einige Holzbaracken – das Zentrallager der Grube *Bruderschaft*. Unter Aufsicht der Eskorte und der hiesigen Wärter stiegen alle aus und gingen durch das Lager bergaufwärts. Rechts floss ein Bergbach, dahinter standen Holzbaracken. Sie gingen über einen angefrorenen Holzuntergrund. Pavel schätzte die Kälte auf etwa fünf Grad minus. Vor einer der Baracken blieb der Zug stehen, von Neuem wurden die Fünferreihen gezählt. Sie ahnten noch nicht, wie oft sie solche Appelle erleben würden, bis sich die Tore dieser Hölle hinter ihnen schlossen. Nach halbstündigem Stehen, alle zitterten schon vor Kälte, erschien aus der Baracke vor ihnen ein Sträfling, scheinbar der Lagerhalter, und begann wieder zu zählen. Niemand wusste, warum. Obwohl er mit Fragen überschüttet wurde, gab er keine Antwort. Unzufrieden mit den sich in der Kälte dauernd bewegenden Sträflingen, kehrte er in die Baracke zurück, mit der Bemerkung: »Mir ist warm im Magazin, ich werde warten, bis ihr euch beruhigt habt!« Er wurde mit pfeffrigen Rufen verabschiedet. Eine weitere Viertelstunde verging, das Warten wurde unerträglich. Man hatte den Männern beim Aussteigen die Schuhe nicht zurückgegeben, nun standen sie die ganze Zeit in durchnässten, gefrorenen Pantoffeln da. Zwei von ihnen sogar nur in Socken. Ein unvergessliches Erlebnis.

Endlich kam der Lagerhalter wieder heraus, gekleidet in einen neuen, warmen Kittel, Filzschuhe, einen Schal und eine warme, offensichtlich maßgeschneiderte Mütze. Ihm folgte sein Gehilfe, ein gut genährter Bursche und, wie sich später zeigte, noch gemeiner als sein Chef. Welch ein Unterschied zur Ankunft in Mírov! Beide waren politische Gefangene, die weniger als fünf Jahre abzusitzen hatten. Der Gehilfe befahl, die im Bus genutzten Sachen wieder in die Säcke hineinzulegen. Niemand durfte etwas behalten. Dann kommandierte er die ersten zehn ins Magazin. Dort entstand ziemliches Chaos, so dass nicht mehr kontrolliert werden konnte, wer was behielt. Den meisten gelang es, warme Wollsocken, ein Taschentuch oder andere Schätze durchzuschmuggeln.

Alle mussten die Gefängniskleidung abgeben, bekamen eine andere, ungleich schlechtere als die aus Mírov. Nur selten erhielt jemand eine Weste mit Ärmeln oder eine passende Hose. Sie fragten sich, ob es an der schlechten Laune des Lagerhalters lag oder ob es bereits Teil der Strafe oder der Beginn der physischen Ausschaltung war.

Endlich nahm die Begrüßung ein Ende und es wurde ein verantwortlicher Wärter gerufen. Der teilte die Gruppe in zwei kleinere Transportbaracken ein. Holzpritschen mit halbleeren Strohsäcken und klirrende Kälte. Jeder konnte sich einen Platz aussuchen. In den zwei Baracken waren nur wenige Kriminelle, sie warteten auf ihren Transport in weitere Arbeitslager. Nach einer Weile folgte das Antreten für das Abendessen. Das bestand aus einem heißem schwarzen Kaffee und einer Schale mit etwas Erbsenbrei. Brot gab es erst am Morgen. In der Baracke heizte endlich einer der Kriminellen den Ofen an, leider nicht für lange, über Nacht durfte kein Feuer brennen. Alle schliefen in der Hoffnung ein, dass es in den anderen Lagern besser wäre. Jetzt galt es, den Anfang zu überstehen.

Der feindliche Gegenwind war deutlich stärker als in Mírov. Dort standen auf der Gegenseite nur die Gefängniswärter, und von denen auch nicht alle. Hier kamen noch die Kapos hinzu und Menschen, die, um sich ihr warmes Plätzchen zu sichern, nicht davor zurückschreckten, anderen Sträflingen schlechtere Bedingungen aufzubrummen. Dabei wusste er noch nichts von den Zuträgern unter den Sträflingen, den Petzern, die ein schwer aufzudeckendes Informationsnetz bildeten. Die Folgen ihrer schmutzigen Arbeit waren oft verheerend. Die Anschuldigung, einen Fluchtversuch vorzubereiten, bedeutete sofortige Versetzung ins *Marienlager* und Folter, bis man gestand und Mittäter verriet.

Etwa um zwei Uhr nachts wurden alle zum Zählen auf den Appellplatz geholt. Es dauerte eine ganze Stunde, gezählt wurde mehrmals. Der Mond stand weit oben, als ob er etwas Licht in den dunklen Geist der Wärter bringen wollte. Diese Appelle betrachtete die Lagerleitung als wirksames Mittel der Umerziehung, um den Sträflingen zu zeigen, dass sie nur im früheren Leben Menschen waren. Ihre Existenz im Lager war eine andere. Die Neuen, geschwächt durch den Aufenthalt im Gefängnis, fingen nach wenigen Minuten an, vor Kälte zu zittern, sie bewegten sich und hüpften herum, um sich wenigstens etwas zu wärmen. Das Ende des Appells und die Rückkehr in die Baracken war eine Erlösung. Sie stürzten sich unter die schäbigen Decken, wickelten ihre Kittel um die Füße und versuchten einzuschlafen. Die Ruhe dauerte nicht lange. Schon um viertel nach vier war Wecken für die Frühschicht angesagt. Im Lager wurde es außerordentlich rege. Der Antritt der Neuen war um halb acht, dann wurde endlich Brot verteilt, schwarz, glitschig und viel zu wenig. Der drei Kilo schwere Laib, der niemals drei Kilo wog, musste in zwanzig Teile geschnitten werden. Das war die Tagesration – etwa hundertzwanzig Gramm. Pavel verschlang seinen Teil schon zum Frühstück, in der seligen Hoffnung, man würde sie am Nachmittag in andere Lager versetzen, wo es besser wäre. Welch ein Irrtum!

Am Vormittag wurden sie zum Schneeschippen gerufen. Der Schnee musste vom oberen Teil des Lagers in Schubkarren in den Bach geschüttet werden, damit bei Tauwetter nicht das ganze Lager unter Wasser stand. Inzwischen kam die Sonne heraus und durch das Lager strömten kleine Eiswasserbäche. Zum Glück hatte Pavel gute und dichte Schuhe, aber auch die wurden nach stundenlangem Laufen im nassen Schnee feucht. Bis er dieses Lager verließ, sollte es ihm nicht mehr gelingen, das Leder völlig zu trocknen. Täglich wurden Transporte zusammengestellt, aber Pavel blieb. Möglicherweise waren in den anderen Lagern seine Freunde, mit denen er nicht in Kontakt kommen durfte. Die Situation nach seiner Verurteilung, als er wochenlang auf den Transport warten musste, wiederholte sich.

Dann kam es zu einem Ereignis von weltweiter Bedeutung: Stalin, der blutigste Diktator dieses Jahrhunderts, war gestorben. Sein Tod musste doch zu Änderungen der Methoden und Mittel, die er in der Sowjetunion etabliert hatte, führen. Das würde sich vielleicht auch bei uns auswirken, hoffte Pavel. Gleichzeitig befürchtete er, dass das stalinistische System überleben könnte, Stalins Anhänger würden ihren Sturz nicht so leicht zulassen und an der eingeführten Ordnung festhalten. In nächster Zeit erwartete er keine tiefgreifenden Veränderungen.

Am Anfang der dritten Woche schickte man Pavel als Aushilfe in die Grube *Bruderschaft*, zu der das Lager gehörte. Er bekam Gummistiefel und Schutzkleidung, es schien, als sollte er Grubenarbeiter werden. Er arbeitete in der Frühschicht mit zwei anderen Männern. Sie sollten den Sockel unter einer Wasserpumpe ausbetonieren. Von der nicht befestigten Decke des kürzlich ausgeschossenen Hohlraumes fielen noch immer kleine Steine auf die arbeitenden Männer und die anzuschlie-ßenden Pumpen. Um zehn entschloss sich der Vorarbeiter Tee zu kochen. Alle stiegen über eine Leiter aus der Höhle und halfen auch Pavel hoch. Da er die Gepflogenheiten noch nicht kannte, versuchte er es ihnen nachzutun. Sie gingen etwa fünfzig Schritte weiter einen Gang entlang in eine kleine Nische, in der man sich hinsetzen konnte. Der Vorarbeiter zog einen elektrischen Tauchsieder heraus und schloss die Drähte an die Leitung an der Decke an, deren Isolierung abgeschabt war. Das Wasser aus der Rinne am Rande des Ganges begann langsam zu kochen. Plötzlich hörten sie einen dröhnenden Knall, die Gangbeleuchtung und sogar die Karbidlampen gingen aus. Der Vorarbeiter riss den Draht des Kochers aus der Leitung, in der Annahme, er habe einen Kurzschluss verursacht. Die Männer zündeten ihre Karbidlampen an und machten sich enttäuscht auf den Rückweg. Der Vorarbeiter blieb als erster jedoch auf einmal stehen und schrie: »Schaut nach vorn!« Die aus der Höhle gezogene Leiter war halb verschüttet. Die aufgeschossene Kaverne mit der Pumpe verschwunden. Die Öffnung, durch die sie vor wenigen Minuten hinausgestiegen waren, lag unter einer Steinmasse begraben. Alle drei standen unter Schock. Der Vorarbeiter war auf die Knie gefallen und betete, er hatte vier Jahre hinter sich und sollte in einem Monat nach Hause gehen. Pavel zitterte am ganzen Körper. Der Dritte starrte regungslos auf die noch immer rieselnden Steine, drehte sich um und stürzte davon. Nach einer Weile beruhigten sich der Vorarbeiter und Pavel und sie gingen im Schein der Karbidlampen zum Hauptstollen. In der letzten Nische fanden sie ihren Kameraden. Zitternd stand er im Dunkel, weiter war er nicht gekommen, seine Lampe war ausgegangen. Die beiden blieben bei ihm stehen, konnten ihr Glück noch immer nicht fassen. Nach einer Weile kam der Steiger und suchte die Ursache des Stromausfalls. Die Männer zeigten ihm die Richtung. Gleich darauf kam er blass zurück und rannte zum Füllort, um die Katastrophe zu melden. Dann fuhren alle auf.

Pavel zog seine nassen Schuhe an und ging wieder Schnee schippen. Unter der Erde würde er sich nie sicher fühlen, das wusste er. Während der Arbeit fand er unter der Magazinbaracke einige Stücke leicht abgebrannter Kohle. Später kam er, um sie einzusammeln. Andere hatten in den Grubenarbeiterbaracken ein paar Stück Holz erbettelt. Endlich konnte man nach Arbeitsschluss einheizen und endlich wurden Pavels Schuhe fast trocken. Noch wusste er nicht, wie dankbar er am nächsten Tag dafür sein würde.

*

Nach dem Morgenappell wurden die Namen der Sträflinge vorgelesen, die auf Transport gingen, diesmal war auch Pavel dabei. Die Auswahl der Sträflinge ließ keine Vermutungen zu. Die Hälfte waren Politische, der Rest Kriminelle mit kurzen Strafen. Der Bus fuhr in bekannter Richtung nach Ostrov. In Žďár bog er plötzlich links ab. Schließlich blieb er vor einem riesigen, mit Stacheldraht und Holzplanken umzäunten Grundstück stehen. Im Hintergrund sah man ein turmartiges Gebäude aus roten Ziegeln. Der Kommandant der Eskorte stieg aus und suchte etwas in seinen Papieren, wahrscheinlich den Befehl zur Verteilung der Häftlinge. Dabei fiel ihm die Mappe aus den Händen, die Papiere flogen in alle Richtungen. Zwei Kriminelle auf den ersten Sitzen lachten. Der Wärter mit der auf die Häftlinge gerichteten Maschinenpistole schrie: »Das Lachen wird euch bald vergehen, ihr seid im OTK!«

OTK war die Abkürzung für die berüchtigste Sammelstelle der Urangewinnung in der ganzen Republik. Dort wurde das Uranerz verarbeitet, in Barrels verladen und direkt in die Sowjetunion transportiert. Im OTK wurde ausschließlich mit radioaktivem Material gearbeitet. Die hierher geschickten Sträflinge waren zu gesundheitlichen Dauerschäden verurteilt, über die man damals noch nicht viel wusste. Das anliegende *Lager Výkmanov L* war der Albtraum aller Verurteilten. Niemand im Bus sprach ein Wort. Manche würde dieses Schicksal vermutlich erwarten, doch nicht an diesem Tag. Die Wachen fingen an, untereinander zu diskutieren. Sie schienen nicht im Stande zu sein, sich in den ihnen anvertrauten Papieren zurechtzufinden. Schließlich stiegen sie wieder in den Bus, man fuhr weiter, aber nicht weit.

Nach dreihundert Metern hielt der Bus vor dem Tor eines anderen Lagers an. Hier gab es keine Diskussion mehr, die Uniformierten bildeten einen Korridor und befahlen auszusteigen. Das Lager nannte sich *Výkmanov C, »Geheimcode C«*. Vom Tor aus sah man den Appellplatz, auf beiden Seiten die Baracken, die etwas anders aussahen als die im *Zentrallager Bruderschaft*. Das Lager wurde von sechs Türmen bewacht. Um das Lager herum ein doppelter Schutzstreifen, ein Korridor mit planiertem Sand. Die Männer durchschritten das Haupttor. Links die Kommandantur, die vom eigentlichen Lager durch einen weiteren Stacheldrahtzaun getrennt war. Die Häftlinge stellten sich in Fünferreihen mit Sicht auf die Kommandantur auf. Man hatte die Ankunft des Transports sofort bemerkt. Der Kommandant der Eskorte verlas laut die Namen, ein Wärter aus dem Lager verglich sie mit seiner Liste und betrachtete dabei die einzelnen Häftlinge. Bei denen mit hohen Strafen blieb er stehen. Als Arbeitskräfte waren diese für ihn beschränkt einsetzbar. Die Häftlinge dieses Lagers wurden meist auf Baustellen eingesetzt, insbesondere beim Bau der neuen Siedlungen in Ostrov.

Erst nach Ende der Übergabeprozedur wagten die Neuen sich umzuschauen. Entsetzen verbreitete sich beim Anblick einer Menschengruppe hinter dem Stacheldraht. Abgemagerte Gestalten, die Gesichter vor Kälte bläulich angelaufen, streckten die Hände durch Lücken in der Einzäunung, bettelten um ein Stück Brot oder ein wenig Tabak. Um die Körper hingen Fetzen der ehemaligen Gefängnisbekleidung, Hosen mit zwei unterschiedlichen Beinen, schmutzige Fußlappen um nackte Füße gewickelt lugten aus den Schuhen. Sie waren ans Lagertor herangelaufen, um von den Neuen etwas zu erbetteln, noch bevor diese ins Lager hineinkamen und selber erfuhren, was hier vorging, wo sie gelandet waren. In wenigen Tagen würde es ihnen ebenso ergehen. Etwas abseits stand eine kleine Gruppe Häftlinge, gleich denen am Zaun abgemagert mit bläulichen Schatten im Gesicht und mit bärtigen, eingefallenen Wangen. Doch sie bettelten nicht. Diesen Menschen war es gelungen, auch in solchem Elend ihre Würde zu bewahren.

Nach etwa einer halben Stunde begann die Verteilung in die Baracken. Der Lagerälteste brachte die Neuen entsprechend den Listen in die jeweiligen Baracken. Erst vertrieb er die Bettler am Tor, dann stellte er den Neuen mit roher Stimme die Lagerordnung vor.

Pavel wurde einer Baracke direkt neben dem Tor zugewiesen, der Eingang befand sich in der Mitte. Ein kleiner Vorraum bot links und rechts Zutritt zu zwei großen Zimmern. Seines hatte die Nummer 115, und wie er später feststellte, waren die Bewohner überwiegend deutscher Nationalität. Man hatte sie nach dem Krieg auf Grundlage der Retributionsdekrete verurteilt. Im Raum war nur ein etwa sechzig Jahre alter Mann, sichtlich krank, bestimmt für den Transport in ein Krankengefängnis. Er sah etwas besser aus als die anderen draußen. Von ihm erfuhr Pavel, dass der Hunger in diesem Lager sehr groß war, weil im Winter nur wenige Arbeitskommandos arbeiteten, der Rest wurde nicht eingesetzt. Das bedeutete, dass sie Essensmarken der Kategorie 1 bekamen, die nicht einmal ohne Arbeit zum Überleben reichten. Den Arbeitslohn, ohnehin nur ein symbolisches Taschengeld, gab es auch nicht. Die dauerhaft ausgehungerten Sträflinge wieder zur Arbeit einzusetzen wurde immer problematischer, denn ihre Arbeitsleistung nahm mit der seit einem halben Jahr andauernden Unterernährung rapide ab. Sie würden kaum die für das Bauwesen festgelegten Normen zu 100 % erfüllen können, was Bedingung dafür war, die Essensmarke der Kategorie 2 zu erhalten. Die Essensmarke der Kategorie 3 erhielten nur diejenigen, die die Norm zu 126 % erfüllten. Auch diese Essensration reichte nicht, um den Kalorienbedarf bei solch anstrengender Arbeit abzudecken. Das Taschengeld kam mit dreimonatiger Verspätung – sechs Wochen benötigte die Bauleitung, um die Löhne auszurechnen und zu bewilligen, danach kamen noch die Abzüge des Innenministeriums. Die Situation war hoffnungslos. Ab und an gab es in der Kantine Brot, das man jedoch nur mit der Essensmarke Nr. 3 kaufen konnte, alle anderen hatten sowieso kein Geld. Die Baugenossenschaft verkaufte auf dem Bau zwar Suppe und dazu zweihundert Gramm normales Brot, auch das war aber ein Privileg derjenigen, die im Winter arbeiteten und Taschengeld bezogen. Solche Sträflinge litten nicht allzu sehr an Hunger und bezahlten oft auch Suppe für ihre Freunde. In diesem Winter waren fast 60 % der Sträflinge ohne dauerhafte Arbeit. So wurden beispielsweise die Arbeiten am Fundament der Siedlung in Ostrov unterbrochen, als der Boden zufror. An den anderen Gebäuden wurde auch nicht weitergearbeitet. Abschlussarbeiten konnten nur an drei oder vier Häusern durchgeführt werden, wo lediglich Sträflinge mit Handwerkserfahrung Einsatz fanden.

Der alte Häftling erzählte viel, er war bemüht, Pavel in den Lauf der Dinge im Lager einzuweihen. Schwarzen, bitteren Kaffee gab es in der Küche ohne Beschränkung. Ein Laib Brot für dreißig Mann, also die bereits bekannte Ration. Dazu zehn Würfel Zucker pro Woche. Dreimal wöchentlich gab es abends Suppe, einen Absud aus getrocknetem Gemüse, das wahrscheinlich noch aus der Zeit des Protektorats stammte. In der Suppe schwammen einige Stückchen nicht zerkochter Karotte oder Petersilienwurzel, selten zwei Kartoffelbrocken. Einmal wöchentlich gab es die Gefängnisbuchtel mit Marmelade – der einzige Tag, an dem man ein bis zwei Stunden keinen Hunger verspürte. Essenspäckchen waren nur den Deutschen gestattet, durch Vermittlung des Internationalen Roten Kreuzes, ebenso wie Briefe. Deutsche hatten überhaupt in mancher Hinsicht eine Sonderstellung. Politischen Häftlingen wurde es vom Kulturreferenten höchstens halbjährlich gestattet, Briefe zu schreiben und zu erhalten.

Einigen wurde dies schon seit über einem Jahr verwehrt. Das gleiche System galt für Besuche. Um diese konnte man ersuchen, musste dafür aber mindestens eine Hocharbeitsleistung nachweisen. Die Lagerleitung übte großen Druck aus, um Häftlinge zu bewegen, so genannte sozialistische Pflichten zu unterzeichnen, das lehnten die meisten Politischen jedoch prinzipiell ab. In den Lagerwaschräumen gab es nach dem Mittag- und Abendessen warmes Wasser zum Spülen der Tassen und zum Händewaschen. Einmal in der Woche durfte geduscht werden, dies kündigte der Heizer mit lauten Schlägen gegen ein Eisenrohr an. In den Baracken gab es keine Toiletten. Nachts standen Blecheimer zur Verfügung. Diese mussten täglich vor dem Abgang zur Arbeit vom Dienst weggetragen werden. Tagsüber war man gezwungen, die hölzerne Latrine im unteren Teil des Lagers zu benutzen. Überkam es einen nachts, musste man in Hemd und Unterhose bekleidet gehen, weil es sonst als Fluchtversuch gewertet wurde und der Betroffene in die Korrektion kam. Die Korrektion war ebenfalls aus Holz, platziert inmitten des Lagers. Es war eine Hütte von drei mal vier Metern und etwa zweieinhalb Meter hoch. Darin befand sich eine hölzerne Pritsche für zwei. Allerdings pressten sich dort in für das Regime gefährlichen Zeiten auch sechs Männer zusammen, als Geiseln, die im Falle von Unruhen stellvertretend bestraft werden sollten. Es schien wie ein echtes, unverfälschtes Konzentrationslager, das seine Vorgänger in deutschen Konzentrationslagern hatte und Brüder in den sibirischen Gulags. Fehlten nur noch die Gaskammern, dachte Pavel.

Die Selbstverwaltung funktionierte genau wie in deutschen Vernichtungslagern, einschließlich der Terminologie: Es gab den Lagerältesten, die Blockältesten und schließlich die Zimmerleiter. Dem Lagerältesten stand ein Schlägertrupp zur Verfügung, ein paar gut genährte Gauner, ehemals Mitarbeiter der Gestapo, verurteilt wegen Kollaboration, die auch hier ihren Beruf nicht leugneten. Die Wärter mussten nicht oft selbst eingreifen.

Appelle gab es dreimal täglich, manche Arbeitskommandos traten bereits um halb sechs an. Geweckt wurde eine Stunde eher mit Schlägen einer Eisenstange gegen ein hängendes Rohr. Die Sträflinge warteten, angetreten in Fünferreihen, auf die Busse mit den Eskorten, die kamen nie vor sechs Uhr. Dann ordnete der Leiter der Eskorte an, die Mäntel zu öffnen, das Taschentuch in die Mütze zu legen und abzuwarten. Die Männer wurden am ganzen Körper abgetastet und durchsucht. Hatte der Eskortenleiter schlechte Laune oder wollte er beim Lagerkommandanten Eindruck schinden, mussten sich die Männer bis aufs Hemd ausziehen. Manchmal standen sie sogar mit freiem Oberkörper da, ohne Rücksicht auf Regen, Schnee oder Frost. Der Winterarbeitseinsatz war kein Zuckerschlecken. Nach der Durchsuchung ging es mit dem Bus zur großen Baustelle, wie immer auf den Vordersitzen zwei Wärter mit ihren auf die Sträflinge gerichteten Maschinenpistolen. Zu kleineren Baustellen transportierte man die Sträflinge auf Lastwagen, die Männer mussten auf dem Blechboden sitzen, vor sich die bewaffnete Wache. Das alles erzählte ihm der Alte, der allein in der Baracke zurückgeblieben war.

Pavel hatte gerade die ersten Eindrücke im Lager verarbeitet, als er Schläge gegen das Rohr und das Gebrüll des Kapos, des Lagerältesten, vernahm. Die Neuen, die sich in den Stuben nicht einmal hatten aufwärmen können, wurden zum Appell gerufen. Der Appell verzögerte sich, bis der Lagerälteste anfing zu schimpfen und seine Wut an den Anwesenden auszulassen. Nach dem Abzählen wurde den ersten zehn, unter ihnen auch Pavel, mitgeteilt, dass sie ab morgen zum Baukommando der neuen Siedlung in Ostrov gehörten. Für die Bauarbeiten wurden Sträflinge mit der Gesundheitsqualifizierung B bestimmt. Sie bauten neue Städte in den Bergbauzentren mit relativ moderner

Ausstattung. Ihre Arbeitsnormen waren hart und oft kaum zu erreichen. Auf dem Bau machten sie praktisch alles, von Fundamentarbeit bis Maurer- und Zimmerarbeiten. Unter ihren Händen entstanden riesige Städte in der ganzen Republik, insbesondere um Jáchymov, Slavkov und Příbram, dabei ging es darum, möglichst schnell Unterkunftsmöglichkeiten für die Uranbergbauer zu schaffen, die im Auftrag der Sowjetunion arbeiteten. Als leichte Arbeit, also die für die Qualifizierung B, betrachtete man, innerhalb einer Schicht vier Kubikmeter Erde auszuheben oder 1000 Ziegelsteine zu verlegen. Erst eine solche Leistung bedeutete 100-prozentige Normerfüllung. Die Sträflinge waren Sklaven, die die Arbeit von kostenaufwendigen Erdarbeits-, Straßenbau- und Betoniermaschinen übernahmen, Maschinen, die in der zivilisierten Welt schon längst die Menschen von dieser erschöpfenden Schinderei erlöst hatten.

Pavel war also unter den ersten zehn, die die Arbeiterreihen erweitern sollten. Die zehn trennte man von den anderen, führte sie vor die Kommandantur, wo man sie einzeln ins Büro des Arbeitseinsatzreferenten rief und ihre Namen in eine Liste eintrug. Der Rest der Neuen wurde eingeteilt, das Lager aufzuräumen. In Schubkarren fuhren sie Sand vom Lagertor in eine weiter entfernte Ecke, wo er angeblich gelagert werden sollte.

Als Pavel zurück in die Baracke kam, zeigte ihm der alte Mann zwei freie Plätze auf den Holzpritschen. Pavel wählte die obere, aus Erfahrung wusste er, dass es oben wärmer war. Zum Bett gehörte ein kleines offenes Regal für Seife, Schalen und Löffel. Der Alte gab ihm noch den Rat, vor Ende der Arbeitszeit zu versuchen, eine Decke und bessere Schuhe im Magazin zu ergattern.

Der Sträfling im Magazin war ein älterer, ziemlich freundlicher Politischer, verurteilt zu sechs Jahren, weil er sich gegen die Verstaatlichung seiner kleinen Schneiderei gewehrt hatte. Er suchte für Pavel zwei gute Decken zum Zudecken und eine schlechtere als Unterlage für den Strohsack heraus. Schuhe tauschte er ihm nicht um, er hatte keine besseren im Lager. Er gab ihm den Ratschlag, die Füße mit Zeitungspapier oder einem Stück alten Zementsack einzuwickeln, das helfe gegen Frost. Der Alte meinte, dass es passieren könne, dass es neblig würde und sie den ganzen Vormittag auf die Busse zum Bau warten müssten. Pavel bekam für diesen Fall noch eine größere Mütze, die er über die Ohren ziehen konnte. Der Alte hatte Mitleid mit dem jungen Mann und tat, was er konnte. Später erfuhr Pavel, dass der Mann zwei Söhne hatte und beide ihr Studium aufgeben mussten und in einem Eisenwerk eingesetzt wurden.

Um ein Uhr wurde zum Mittagessen gerufen. Schon eine Stunde vorher warteten abgemagerte Gestalten an den Ecken der Baracken auf diesen Moment. Pavel nahm seine Essensmarke für arbeitende Insassen und ging zur Küche. Sie trug seinen Namen und die Nummer A 011 333, eine Nummer, die nicht vergessen werden konnte. In die eine Schale bekam er Kartoffelsuppe, in die andere Linsen und ein halbes Ei. Eine Weile beobachtete er die Verteilung der Kost. Fast jeder bettelte um Nachschlag, der Koch verteilte das Essen nach eigenem Ermessen, es musste für alle reichen, nicht zu vergessen der Nachschlag für die Lagerprominenz. »Du bist neu hier, was?«, sprach er Pavel an und gab ihm noch einen Löffel Linsen. Das war ein gutes Zeichen. Die Linsen verschlang Pavel noch auf dem Weg in die Baracke, die Suppe aß er dann ordentlich am Tisch.

Nach vier Uhr öffnete sich das Tor für das erste zurückkehrende Kommando. Die dreißig Männer stürzten in ihre Stuben, schnappten sich ihre Essschalen und rannten zur Küche. Sie arbeiteten irgendwo bei Žd'ár in einem Holzlager, das zu den Uranbergwerken gehörte. Das waren diejenigen, die sich am Arbeitsplatz 200 Gramm Brot und Suppe dazukaufen konnten. Die Arbeit war jedoch sehr schwer und die Tagesleistung verdammt hoch.

Endlich traf das Baukommando »*Siedlung*« ein, drei Busse mit Häftlingen, unter ihnen auch Pavels Mitbewohner. Fast alles Deutsche, aber nur wenige konnten kein Tschechisch. Der Stubenleiter, von Beruf ein Landwirtschaftstechniker, war ein großer Mann irgendwo von den Friesischen Inseln. Zur Zeit des Protektorates war er in einem großen Landbetrieb in Südböhmen Zwangsverwalter gewesen. Nach dem Krieg kassierte er dafür zehn Jahre. Die anderen Männer waren alles Mögliche, vom sozialdemokratischen Funktionär, der vor Hitler ins tschechische Grenzgebiet, nach der Annexion dann weiter ins Landeinnere geflüchtet war, wo er nach 1948 verhaftet und zu zehn Jahren verurteilt wurde, bis zum Richter eines Protektoratssondergerichts, der lebenslang erhielt. Interessanterweise war Letzterer ein ungemein gebildeter Mann, der aus Prinzip nie die tschechische Sprache gelernt hatte. Gegen Abend wurde noch ein Häftling aus dem von Mírov eingetroffenem Transport in Pavels Zimmer eingewiesen. Eine kleine tschechische Verstärkung. Die war eigentlich nicht nötig, denn die Deutschen waren tolerant und suchten keinen Streit. Ganz im Gegenteil, sie waren bemüht, den Tschechen, wo auch immer sie konnten, zu helfen.

Am Morgen begann für Pavel der erste Arbeitstag. An diesem Tag war kein Nebel, sie begannen sofort zu arbeiten. Die Gruppe der Deutschen nahm sich seiner an, sie betonierten die Fundamente der Siedlungshäuser. Es war schwere Arbeit, aber die Männer arbeiteten auf 126 %, um dafür Essensmarken der Kategorie 3 und warme Suppe am Arbeitsplatz zu erhalten. Als die Suppe kam, war Pavel der Einzige, der nichts erhielt. Ein alter Deutscher aus dem Böhmerwald, der fast dauernd seine Holzpfeife zwischen den Lippen gepresst hatte, teilte seine Portion mit ihm. Sein Angebot kam so unerwartet, dass es Pavel in Verlegenheit brachte. Gerührt nahm er aber dann das Stück Brot und die Suppe an. Ohne Suppe hätte er das Tempo, in dem die anderen arbeiteten, vor Hunger wohl kaum ausgehalten. So überstand er zumindest die erste Arbeitsschicht.

Schlimmer war es am zweiten Tag. Am Morgen waren mindestens fünf Grad unter Null. Als sie in Ostrov ankamen, zog ein dichter Nebel auf. In so einem Falle mussten die Männer in Fünferreihen zwischen zwei fast fertigen Bauten antreten und wurden von Wachen umstellt. Die Baustelle war nur mit einem einfachen Stacheldrahtzaun umgeben, die Angst der Wärter vor einem Fluchtversuch war zu groß. Ein Stück weiter machten sie Feuer, um sich die Hände zu wärmen. Gegen elf schien es möglich, die Arbeit fortzusetzen, ein leichter Wind kam auf und zerriss den Nebel. Der Wind wehte den Sträflingen unter die dünnen Kittel und die abgetragenen Hosen, unter denen sie nur eine Unterhose aus Kunststoff trugen. Bald schon schätzte Pavel den guten Rat des Alten von der Magazinausgabe. Das Papier in den Schuhen tat gut. Für die Füße war gesorgt, dafür froren Gesicht und Nase. Wie die anderen versuchte er sich durch intensives Stampfen zu wärmen. Das half zwar, aber nur für eine gewisse Zeit, nicht für die Stunden, in denen sie stehen mussten. Die Hoffnung, dass die Busse um zwei Uhr kommen würden, noch bevor die Schachtarbeiter zum Schacht gebracht wurden, erfüllte sich nicht. Sie standen bis halb fünf. Durch den Nebel kamen die Busse noch später als sonst. Die Folgen waren katastrophal. Am nächsten Tag konnten fünfzehn Sträflinge wegen Frostwunden nicht zur Arbeit antreten. Pavel hatte Probleme mit dem linken Ohr, meldete sich jedoch nicht zum Arzt. Die Frostwunde schmerzte, auch später, besonders in den Sommermonaten, noch einige Jahre lang. An diesem Tag kam der Lagerkommandant Malina persönlich zum Arbeitsappell und stellte die Frage: »Was ist denn da los? Wir haben doch genügend Salbe gegen Frostwunden!«

In den nächsten Tagen war das Wetter wieder normal. Pavel war sehr froh über die Zuteilung zu der Gruppe der deutschen Racker, die Männer würden ihn bestimmt nicht fallen lassen. Leider dauerte dies nicht lange an.

Bei einem Abendappell schritt neben dem zählenden Kommandanten noch ein anderer her, der beiläufig zehn Häftlinge auswählte. Pavel war unter ihnen. Ohne ein Wort der Erklärung sperrte man die zehn als Geisel in die Korrektion. Der Präsident der Tschechoslowakei, Klement Gottwald, war gestorben. Nach der Rückkehr von Stalins Begräbnis war er krank geworden. Gottwald hatte so viele Todesurteile unterzeichnet, jetzt stand er selbst vor Gericht, vor dem Gericht Gottes. Der Lagerälteste führte die zehn Männer vor den Augen aller am Appellplatz vorbei in die Strafzelle ab. Auf dem Weg zum Bunker erkundigte er sich, welches Gericht sie verurteilt habe. Die Antwort »Staatsgericht« befriedigte ihn. Später warf er ihnen etwa zwanzig Decken hinterher, sein Helfer stellte einen Blecheimer hinter die Tür.

Auf der Pritsche für zwei drängten sich im Bunker nun sechs seitlich aneinander. Vier Männer saßen auf dem Boden. Eingehüllt in die Decken versuchten sie einzuschlafen. Pavel saß an die Pritsche gelehnt, die Schwerstarbeit tagsüber hatte ihn total erschöpft und half ihm, schnell einzuschlafen. Nach Mitternacht wechselten alle die Plätze. Auf der Pritsche war es nicht ganz so kalt. Auf der Seite zu liegen, brachte jedoch auch keine wirkliche Erholung. Im Bunker verbrachten sie zwei Nächte, erst am dritten Tag nach dem Mittag entließ man sie.

Beim Appell verlas der Lagerälteste Änderungen in der Arbeitsverteilung. Pavels Name war zwischen etwa zwanzig anderen. Sie waren zu Hilfsarbeiten beim Bau einer Kaserne auf der anderen Seite des Lagers bestimmt. Die Baustelle war ringsum mit einfachem Stacheldraht abgesichert, so wie die Siedlung. Nach der Ankunft bekam jeder der Männer eine Spitzhacke und eine Schaufel. Sofort begann die Arbeit am Fundament für das Haus, für Abwassergräben und ähnliches. Die Norm waren vier Kubikmeter täglich, das war problematisch. Die 126 % zu erreichen, war undenkbar. Es gab keine Suppe, kein Stück Brot. Jetzt begann die Zeit des verheerenden Hungers. Der Vorarbeiter der deutschen Gruppe hatte Pavel für die wenigen Tage eine Leistung von 130 % zugeschrieben. Dadurch sank er nun im Monatsdurchschnitt nicht unter 100 % der Norm und erhielt Essensmarke der Kategorie 2. Der Unterschied war kaum zu merken, denn die Brotzuteilung – wenn die graue Masse diese Bezeichnung überhaupt verdiente – war die gleiche. Die Buchtel und der Knödel waren etwas größer.

Je tiefer der Graben wurde, desto härter wurde die Erde und die Arbeit noch mühsamer. Zum Schluss warfen sie die Brocken in eine Höhe von drei Metern, um sich eine Zwischenablage zu ersparen. Aufgrund der Sparmaßnahmen wurde ohne Verschalung gearbeitet, obwohl der Rand der Grube auf beiden Seiten mit Erdmassen überladen war. Am Ende der zweiten Woche begann es zu regnen und sie bekamen eine »Regenausrüstung« – alte, mehrmals geflickte, aber immerhin wasserdichte Gummistiefel. Am Sonntag wurde der Regen noch stärker.

Mit Sorge sah Pavel in die Zukunft, jetzt begann der Kampf ums nackte Überleben. Wichtig war es, die ersten drei Monate zu überstehen. Im Graben fiel ihm schon um elf Uhr vor Schwäche die Hacke aus den Händen. Er war auf große Steine gestoßen, die mit einem Schlegel zerschlagen werden mussten. Als er aber wenig später auf einen Stein stieß, der sich über die gesamte Breite des Grabens zog, geriet er in Verzweiflung. Er hämmerte mit dem Schlegel zwei Stunden lang dagegen, ohne Erfolg. Er setzte sich und wusste einfach nicht mehr weiter. Hinter ihm arbeitete ein Kleinbauer, irgendwo aus dem Böhmisch-Mährischen Bergland, von Beruf Steinmetz. Er hörte, dass Pavel aufgehört hatte zu arbeiten, kam nach vorne und sah, wie Pavel völlig zusammengebrochen und resigniert dasaß. Er nahm den Schlegel, betrachtete den Stein von allen Seiten, schlug einmal zu und der Stein zerbrach in zwei große Stücke. Danach war es ein Kinderspiel. Der Steinmetz erklärte Pavel, dass ein Stein, ähnlich wie ein

Baum, Jahresringe habe, man müsse sie finden und auf die richtige Stelle hauen. Auch diese Schwerstarbeit war eine Kunst. Wer sie nicht beherrschte, schuftete vergebens.

Die nächste Woche war noch verregneter. Als sie am Mittwoch früh den Arbeitsplatz erreichten, waren die meisten Gruben eingefallen. Der Bauleiter raste, die Männer waren froh, dass das nicht während der Arbeitszeit passiert war, jemand hätte verschüttet werden können. Zu den Aufräumarbeiten wurde ein Bagger eingesetzt. Hätte man damit nicht gleich den Aushub erledigen können? Dann begannen die Betonierarbeiten. Pavel wurde zum Betonmischen eingeteilt, eine leichtere Arbeit mit garantierter Normerfüllung. Hier blieb er weitere drei Monate, bis sämtliche Betonierarbeiten abgeschlossen waren.

Als die Sträflinge eines Tages Mitte April von der Arbeit kamen, stellten sie mit Entsetzen fest, dass der Ofen fehlte. An dem Tag hatte es geregnet, ihre Sachen waren komplett durchnässt. Nun gab es keine Möglichkeit mehr, sie zu trocknen. Pavel erfuhr, dass in allen Lagern die Öfen grundsätzlich immer am 15. April entfernt wurden, ohne Rücksicht auf das Wetter und den Schnee in den Bergen von Jáchymov. Die Öfen wurden erst wieder am 15. Oktober verteilt. Ein weiteres Mittel zur allmählichen Zermürbung.

In kurzer Folge gab es zwei bedeutungsvolle Ereignisse. Eins war die Amnestie zum Amtsantritt des neuen Staatspräsidenten Antonín Zápotocký. Die Amnestie betraf alle mit einem Strafmaß bis zu fünf Jahren. Entlassen wurden die Mitglieder des Turnvereins *Sokol*, verhaftet bei einem feierlichen Umzug im Jahre 1948. Außerdem Legionäre, die anlässlich des Begräbnisses von Präsident Beneš von der kommunistischen Miliz provoziert worden waren. Ihre historischen Uniformen, jetzt zerknautscht und verschimmelt aus den Papiersäcken gezogen, erinnerten an die ruhmreiche Vergangenheit. Einige tausend Häftlinge mit niedrigen Strafen verließen die Zwangslager in Jáchymov. Der schlechte gesundheitliche

Zustand der entlassenen Sträflinge lenkte die Aufmerksamkeit der Öffentlichkeit auf die in den Lagern herrschenden Bedingungen. Eine Hoffnung.

Nun waren Verschiebungen der Sträflinge zwischen den einzelnen Lagern an der Tagesordnung. Nicht nur aus arbeitstechnischen, auch aus gesundheitlichen Gründen. Als Pavel eines Tages von der Arbeit zurückkehrte, war seine Baracke überbelegt, man musste zu dritt auf den Pritschen schlafen. Nach drei Tagen brachte man die Neuen irgendwo ins Inland. In der nächsten Woche wiederholte sich die Situation. Die Neuankömmlinge waren Männer um die dreißig, sehr abgemagert und an Husten leidend. Als sie sich am Abend hinlegten, flüsterte Pavels Nachbar ihm zu: »Leg dich auf die rechte Seite und dreh dich nicht zu mir um, wir alle haben alle offene Tuberkulose und kommen irgendwohin in ein Gefängnis«.

Das zweite Ereignis war die Währungsreform, die alle Bürger und gewissermaßen auch das Regime erschütterte. Die Mutter zu Hause suchte alles Geld zusammen, um die Grundeinlage, 500 Kronen, im Verhältnis 1:5 eintauschen zu können. Alles darüber wurde im Verhältnis 1:50 getauscht, aber soviel hatte sie ja gar nicht. Die, die mehr angespart hatten, konnten ihre Ersparnisse vergessen. Von den ersparten 50.000 Kronen blieben nur noch 1000 Kronen. Nach dieser Maßnahme kam es an vielen Stellen zu Streiks, besonders in Pilsen und Ostrava. Die Streikenden füllten später die durch die Amnestie gelichteten Reihen der Sträflinge wieder auf.

Die Bauleitung stellte fest, dass sich die Arbeitsleistung auf den Baustellen immer mehr verringerte. Täglich kam es zu körperlichen Zusammenbrüchen der schwachen Sträflinge. Die Lösung: eine Suppe und 150 Gramm Brot als Zugabe für alle Arbeitenden. Diese Vorkehrung verbesserte die Lage unglaublich. Der Organismus der Männer, gewohnt an Mindestrationen, verstand diese Zugabe optimal zu nutzen. Der Hunger blieb, war aber nicht mehr so quälend. Der katastrophale Gewichtsverlust der Sträflinge war gestoppt, sie waren im Stande, die ganze Arbeitszeit durchzuhalten. Das Ziel der Maßnahme war damit erreicht. Schließlich war es kein Geheimnis, dass der eigentliche Sinn all der Verurteilungen darin bestand, billige Arbeitskräfte zu gewinnen, sie auszubeuten, bis ans bittere Ende. Sklaverei auf kommunistisch.

Ungefähr Mitte Juli bekam Pavel den ersten Besuch. Er wusste nicht, ob er sich überhaupt freuen sollte. Einerseits sehnte er sich danach, Hanka zu sehen, andererseits dachte er daran, wie er aussah. Abgemagert bis auf die Knochen, mit kahlgeschorenem Kopf, in Gefängnismontur. In so einen hatte sie sich nicht verliebt. Damals war er ein völlig anderer Mensch gewesen.

Die Besuche fanden an einem mit Stacheldraht überzogenen Fenster statt. Der anwesende Wärter achtete peinlich auf jedes ausgesprochene Wort, unterbrach dauernd mit seinen Bemerkungen und Mahnungen. Die Mutter, erschrocken über Pavels Aussehen, beklagte sich laut, wie abgemagert er sei, worauf der Wärter sich sofort einmischte und erklärte, das sei, weil die Sträflinge nach der Arbeit immer noch Fußball und Volleyball spielen würden. Die Mutter beugte sich zum Fenster nebenan, wo ein etwa Sechzigjähriger Besuch hatte, und fragte, ob dieser Häftling auch Fußball spiele. Das verschlug dem Uniformierten die Sprache, er stotterte irgendetwas, niemand nahm es zur Kenntnis.

Nach zehn Minuten war der Besuch vorüber. Beide Frauen kehrten entsetzt und traurig nach Hause zurück, beide auf unterschiedliche Weise. Die Mutter war entschlossen, dem Sohn auf jeden Fall irgendwie zu helfen. Wie, das wusste sie noch nicht. Auf dem Heimweg grübelte sie intensiv nach, was sie tun sollte. Die Psychologen der Staatspolizei rechneten mit diesem Gemütszustand der Mütter und Ehefrauen und schickten diesen Frauen geschulte Handlanger. Diese verlangten unverfroren Geld zur Bestechung hoher Funktionäre, die eine Entlassung ermöglichen könnten. So ein Scherge besuchte auch Pavels Mutter, die ihm ihr letztes Geld gab. Hanka glaubte dem Mann kein Wort. Ihr Misstrauen war berechtigt.

Mitte des Sommers wurde Pavel zu einem anderen Kommando versetzt, Straßenbau in einem neu entstehenden Kasernenareal. In der Arbeitsgruppe waren meist Deutsche, nur vier Tschechen. Mit einem befreundete er sich rasch. Der etwa dreißigjährige Jindra war sehr belesen und gescheit, insbesondere in religiösen Fragen. 1948 lehnte er den Beitritt in die Partei ab und ging lieber als Holzfäller in den Böhmerwald. In der Natur fühlte er sich frei, achtete allerdings bei seinen Wanderungen ungenügend auf die Staatsgrenze. Das brachte ihm fünf Jahre ein. Die Schwerstarbeit machte ihm nichts aus, gefährdete auch nicht seinen Intellekt. Pavel und er bildeten bald ein eingespieltes, sich ergänzendes Paar. Im Sommer übersiedelte die ganze Gruppe in eine andere Baracke, mit Ausblick auf die Küche.

Gegen Ende August begann sich die Lagerkost langsam, unauffällig zu verbessern. Anstelle der wässrigen Abendsuppen gab es Haferflocken, Buchweizen und Hirsebrei. Alles ohne Geschmack und Geruch, aber es verjagte den Hunger und das Elend. Eines Abends fragte der Koch: »Wer will Nachschlag?« Alle waren vor Staunen sprachlos, niemand glaubte, dass das ernst gemeint sei. Pavel und Jindra gingen mit ihren Essschalen zur Küche. Anstatt einer Portion brachten sie einen halben Topf Hirsebrei mit auf die Baracke, den sie feierlich mit allen verschmausten. Nicht jeder Tag war wie dieser, aber der Hunger war nicht mehr so unerträglich und allgegenwärtig. Nach drei Monaten bekam Pavel sein erstes Taschengeld. Anfang Dezember gab es in der Kantine Milch zu kaufen. Jeder der arbeitete, hatte alle zwei Tage Anspruch auf einen halben Liter. Pavel bestellte sich sofort seine Portion. Vor Weihnachten tauchten sogar Kekse auf. Die Hungersnot war zu Ende. Er hatte überlebt.

Am Heiligen Abend kamen die deutschen Häftlinge aus den nahen Baracken zu ihnen und erinnerten sich an zu Hause. Einer brachte eine Zither. »Stille Nacht, heilige Nacht«, ergreifende Schönheit war in dieser Melodie, aber auch Schmerz. Die Klänge der Zither und des Liedes öffneten die Herzen der Menschen.

Es begann der strenge Winter des Jahres 1954. Mitte Januar wurde die ganze Gruppe zum Fundamentbau eines riesigen Brechers in das nebenan liegende Lager versetzt. Dort traf Pavel auf alte Freunde, hauptsächlich Geistliche, mit denen er vor mehr als einem Jahr nach Mírov deportiert worden war. Sie alle waren schon vor einem halben Jahr angekommen, ersetzten die Retributionsgefangenen, die hier jahrelang gearbeitet hatten. Nach einem Monat waren die Betonierarbeiten abgeschlossen. Pavel ging wieder weg, aber nicht für lange Zeit. Anfang März wurde ihm nach dem Abendappell mitgeteilt, er solle am Morgen mit seinen Sachen vorbereitet sein. Er verstand sofort, es ging auf Transport. Er nahm Abschied von seinen Freunden, mit deren Hilfe er das Hungerjahr überstanden hatte, insbesondere von Jindra, und wartete sein weiteres Schicksal ab. Kurz nach acht wurde er mit zwei weiteren Männern zum Tor gerufen. Dort übernahmen sie zwei Wärter mit Maschinenpistolen und führten sie die Straße entlang nach Žďár.

*

Sie blieben am Tor der *Abteilung Technische Kontrolle – OTK –* des *Lagers Výkmanov II*, genannt ELKO, stehen. Der Zuständige für die Arbeitseinsatzplanung, ein Halbanalphabet, übernahm die drei, und nach Absolvierung der immer gleichen Formalitäten führte er sie zum Lagerältesten zwecks Einquartierung. Im Magazin tauschte man ihnen die Schuhe aus und sie erhielten kurze, schwarze Wintermäntel. Bevor dies alles erledigt war, ertönte zweimal die gegen die Röhre schlagende Eisenstange, das Zeichen, zum Arbeitseinsatz anzutreten. Die Nachtschicht konnte bei dem Lärm unmöglich schlafen. Auf die gleiche Weise wurde der Antritt zum

Die Urangrube Svornost, in Jáchymov in den 1950er Jahren

Abzählen und danach das Mittagessen für die Nachmittags-schicht angekündigt.

Die drei wurden sofort zur Arbeit geschickt, eingeteilt in das so genannte »Springerkommando«. Die Männer arbei-teten dort, wo es gerade nötig war. Diesmal galt es, schwach uranhaltiges Erz in Waggons zu verladen. Die Arbeit war nicht besonders schwer, es ging in erster Linie darum, Fließ-bänder zu bedienen, auf die das Material geschüttet wurde. Sie schoben den vollen Waggon weg und begannen den nächsten zu füllen. So verging eine Woche.

Inzwischen hatte sich Pavel mit dem ganzen Betrieb bekannt gemacht. Im OTK wurde sämtliches Uranerz, das in unterschiedlichsten Qualitäten vorlag, und reine Pechblende aus der ganzen Tschechoslowakischen Republik aufbereitet. Das Erz wurde je nach Fundort und Qualität sortiert und ent-sprechend gesondert gelagert. Das schwach uranhaltige Erz, das man auf Lastwagen lose unter einer Plane hierher trans-portiert hatte, wurde auf einem betonierten Hof gekippt oder direkt in Loren mit einem Fassungsvermögen von 0,75 m^3

entladen. Die Loren wurden dann auf eine etwa zehn Meter hohe Brücke gezogen, von wo aus man sie in riesige Auffang-behälter kippte. An der Unterseite hatten diese Behälter eine Luke, durch die das Erz auf ein Förderband gelangte. An das Band schloss sich ein kürzeres Transportband an, das direkt die gedeckten Güterwaggons ansteuerte.

Dieses schwach uranhaltige Erz wurde nicht so streng sortiert wie das reine Uranerz. Das weitgehend reine Uranerz brachte man in hölzernen Kisten von etwa 45 cm Kantenlänge nach Výkmanov. Die Kisten wurden am Tor aufgestapelt. Das Material wurde sorgfältig sortiert und durch einen Messkanal in den unteren Teil geschickt, wo die Kisten in Loren umgefüllt wurden. Von hier wurde das vorsortierte Erz auf ein Band geladen und zur Zerkleinerung in die Brechmühle des Turmes transportiert. Das Erz wurde dazu mit einem Transportband in die oberste Etage des Turmes befördert. Im freien Fall durchlief es die Mühle und verschiedene Trennmechanismen. Von einer Auffanganlage wurde es dann aufgenommen und in Barrels, d. h. spezielle Erzkübel, gefüllt. Die Kübel wurden mit beschrifteten Deckeln abgedeckt und in Waggons verladen. Reine Pechblende ging in eine besondere Anlage. Hier wurde sie zerkleinert, gemessen und in Barrels gefüllt. Jeden zweiten Tag verließ ein ganzer Eisenbahnzug mit allen Sorten radioaktiven Materials das Lager in Richtung Sowjetunion. Die Leitung des Betriebs und weitere führende Positionen waren mit Russen besetzt. Einige wenige Zivilmitarbeiter erledigten die Hilfsarbeiten.

Die ärgste Arbeit war, das Material auf das Förderband zu schaufeln. Das Band lief auf einer Höhe von etwa einem Meter dreißig. Jeder Schaufelwurf verursachte eine Staubwolke und diese atmeten die Männer ein. Schwerstarbeit in hoch radioaktiver Umgebung. Schwerstarbeit war auch das Ab- und Verladen der vollen und leeren Kisten von den Lastwagen. Allerdings geschah das draußen, bei minimaler Staubbelastung. Das Verladen besorgte der Verladetrupp, der sechs Gefangene zählte und in drei Schichten arbeitete. Er wurde häufig durch die so genannten »Springer« ergänzt, die an Orten halfen, an denen es nötig war, oft auch sechzehn Stunden täglich.

Während einer Arbeitsschicht gingen bis zu 200 Tonnen Uranerz durch die Hände der Kommandos, in Zeiten der Spitzenförderung waren es 300 Tonnen. Auf all diesen Arbeitsplätzen bestand eine hohe Gesundheitsbelastung, gegen die die Sträflinge überhaupt nicht geschützt waren. Die Lage der Sträflinge im OTK entsprach hundertprozentig der Bezeichnung MUKL. Es war die Abkürzung für den Begriff »ein zur Liquidierung bestimmter Mann«. Die Sträflinge benutzten untereinander den Begriff und bezeichneten sich selbst so. Mit dem hohen Schadenspotenzial rechnete auch das Regime und schickte in dieses Lager vor allem jene, denen weder ein baldiges Ende der Strafe in Aussicht stand noch ein hohes Alter vergönnt sein sollte. Unter den insgesamt 300 hier eingesetzten Sträflingen waren circa 100 Geistliche, hohe Offiziere, ehemalige Regierungsbeamte, Angehörige der Intelligenz, Studenten und junge Menschen vom Lande, die sich mit der angetretenen Lügenordnung nicht identifizieren konnten.

Das Lager war an und für sich nicht groß, hatte nur vier Baracken. Zwei Wohnbaracken für etwa 300 Häftlinge, in der dritten befanden sich die Küche, das Magazin und ein Krankenzimmer. In der vierten Baracke waren Büros der Kommandantur. Auf der Straße zwischen Žďár und dem *Lager Výkmanov* stand die neu erbaute gemauerte Korrektion. Gegenüber war die alte, hölzerne Korrektion, ein paar Meter weiter die Lagerlatrine, Treffpunkt unzähliger Ratten. Das Lager lag östlich vom Betrieb, so dass der leiseste Westwind, der hier ständig wehte, den radioaktiven Staub ins Lager brachte. Vor der Strahlung gab es selbst hier kein Entkommen.

Pavel gewöhnte sich langsam ein. Zuerst arbeitete er jeden Tag an einer anderen Stelle, schließlich versetzte man ihn in die Zerkleinerungsanlage. Hier wurde in drei Schichten das schwach uranhaltige Erz zur Laborbearbeitung aufbereitet. Auch hier blieb er nicht lange und wurde einer der Ladegruppen zugeteilt. Das bedeutete zwar schwere Arbeit, aber nur am Tage und an der frischen Luft. Er war zufrieden und hoffte, dort bleiben zu können.

Das alte Problem waren die ungenügende Lagerkost und ein dauerndes Hungergefühl. Später erhielt man auch hier die Möglichkeit, ein wenig Milch zu kaufen, dann kamen Kekse und Kunstfett dazu. Verhältnisse, die ein bescheidenes Überleben versprachen.

In der Funktion des Lagerkapos war ein Retributionshäftling, der ehemalige Gestapohandlanger Rozehnal. Der zweite, ein gewisser Šafařík, war Berufsganove. Beide hatten ein Regime ganz nach den Wünschen der Kommandantur aufgebaut. Das Unerträglichste waren die dauernden Appelle im *Lager ELKO*. Die Schläge mit der eisernen Stange gegen die hängende Schiene nahmen an manchen Tagen kein Ende, man hörte sie in der ganzen Umgebung bis ins nebenan liegende *Lager Výkmanov I*. Abgesehen von den regelmäßigen Zählappellen hatten sich Rozehnal und Šafařík, vor ihnen schon der ehemalige Gestapo-Assistent Jeníček, etwas anderes ausgedacht: das Antreten zu den verschiedensten Arbeitseinsätzen, von denen es reichlich gab. Zudem musste das ganze Lager zum Zählen antreten, wenn der Eisenbahnzug kam oder abfuhr. Das geschah natürlich auch nachts. Die permanenten Appelle waren zermürbend.

Zu Beginn jedes Monats strengten sich die Bergarbeiter in den Schächten nicht besonders an, die Züge fuhren zwei Mal in der Woche, maximal alle zwei Tage. Mit dem sich nähernden Zahltag beschleunigte sich das Tempo der Arbeit, die Züge fuhren dann auch täglich. Gegen Ende des Jahres wurde noch schneller gearbeitet. Eine wichtige Rolle spielte dabei die zunehmende Förderung um Příbram. Die Ladekommandos, durch deren Hände das ganze reine Uranerz ging, luden oft mehr als 15 Wagen pro Schicht vom Zug ab,

d. h. jede Gruppe etwa 200 Tonnen. Neben dem Uranerz waren auf jedem Wagen einige Kisten mit reiner Pechblende, verplombt und mit genauer Gewichtsangabe. Kisten aus Příbram wogen oft 100, manchmal auch 120, ausnahmsweise sogar 180 Kilogramm. Ausgehend von der Leistung der Ladekommandos konnte man ungefähr das Fördervolumen der Tschechoslowakischen Republik herleiten.

Pavel bemühte sich, jedem Konflikt mit den Lagerleitern von vornherein aus dem Weg zu gehen. Er mied auch jeglichen Kontakt zu den Wärtern. Dennoch kam es zu einem Zwischenfall. Anfang Oktober wurde er zu einer Brigadearbeit gerufen, obwohl er seine Arbeitszeit schon hinter sich hatte. Ein Einfall des Kapos Rozehnal. Die Männer sollten Holzteile einer Baracke nahe der Umzäunung umstapeln. Aufsicht hatten zwei Wärter, der eine mit dem Spitznamen Onkel Sam, den anderen nannte man Kleiner Persianer. Von Onkel Sam war bekannt, dass er zwei Sträflinge in die Umzäunung gehetzt und erschossen hatte. Pavel beobachtete den Uniformierten ununterbrochen, und je näher sie der Umzäunung kamen, desto eigenartiger gebärdete sich der Mann. Als er Pavel befahl, weiter an die Umzäunung zu gehen, weigerte der sich mit der Begründung, man könnte vom Wachturm auf ihn schießen. Onkel Sam zitterte vor Erregung. Es war klar, was er im Schilde führte. Der andere, Kleiner Persianer, bemerkte zum Glück, was vor sich ging, und gab den Befehl, die Arbeit sofort abzubrechen. Onkel Sam war enttäuscht. Beim lauten Meinungsaustausch gab er zu, dass er habe schießen wollen. Die anderen Sträflinge interessierten ihn nicht.

Kurz darauf wurde Onkel Sam zum Kulturreferenten ernannt, ihm unterstand nun die Zensur der Post. Die meisten Briefe zog er ein oder hielt sie zumindest zurück. Den richtigen Namen des Mannes erfuhr Pavel niemals. Die Identität gaben die Wärter sogar untereinander nicht preis, deswegen bekamen sie Spitznamen, meistens nach ihren gängigsten Sprüchen oder Charaktereigenschaften.

Ende des Sommers gelang eine Nachricht über einen Fluchtversuch aus dem *Lager Nikolaj* zu ihnen. Es war Pavels Freund Zdeněk. Der junge Jurastudent konnte den andauernden Verlust der Freiheit nicht mehr ertragen. Beim Abgang vom Arbeitsplatz ins Lager riss er sich aus den Seilfesseln los, sprang vor den Augen der Eskorte durch einen offenen Gang im Stacheldraht des Korridors, erreichte mit einigen Sprüngen den Waldrand und war verschwunden. Man schoss auf ihn. Seine Freunde hofften, dass sein Fluchtversuch gelingen würde. Pavel erfuhr davon einen Tag nach der Flucht. In der Nacht konnte er nicht einschlafen. Einerseits verließ er sich auf die Intelligenz des Freundes, fürchtete andererseits aber die Übermacht der Gegenseite. Er konnte nicht wissen, ob die Flucht des Freundes vorbereitet worden war, oder ob es ein spontaner Ausbruch aufgestauter Freiheitssehnsucht gewesen war. Im ersten Augenblick war er zwar vom Glück begleitet, aber was war weiter passiert? Wenn ein politischer Gefangener floh, wurden sofort die Behörden in der ganzen Umgebung informiert. Der Bereitschaftsdienst der Sondereinheit *Kranich* der Staatssicherheit war für die Suchaktion verantwortlich und wurde mobilisiert. Mit Hilfe der Miliz wurde die Umgebung hermetisch abgeriegelt und von Wachen mit dafür trainierten Hunden durchstreift. Von einem Chauffeur, der regelmäßig Kisten ins OTK brachte, erfuhr Pavel, dass der Sender »Freies Europa« berichtet hatte, der Flüchtling habe sich im Ausland gemeldet. Aber man konnte dem nicht wirklich trauen, denn der Sender brachte solch eine Nachricht fast immer, wenn es um eine Flucht ging, damit die Suchaktion abgebrochen und dem Flüchtling so der Weg freigemacht würde. Das funktionierte nicht immer, häufig wurden die Suchaktionen fortgesetzt. Auf die Hunde konnten sich die Wärter manchmal nicht verlassen, zuweilen beschnupperten sie den Flüchtling bloß und liefen weiter. So gelang es Zdeněk innerhalb einer Woche bis nach Chomutov vorzudringen. Von hier aus wollte er die Bahn nutzen. Er war ausgehungert und völlig erschöpft, bestellte sich in einer Kneipe etwas zu Essen. Kaum hatte er sein Essen bekommen, ging die Tür auf. Zwei Polizisten betraten den Raum und begannen die Gäste zu kontrollieren. Als er keinen Ausweis vorzeigen konnte, sagten sie ihm, er müsse mit auf die Wache kommen. Während sie in Ruhe die anderen Gäste kontrollierten, bot sich die Gelegenheit zur Flucht, aber Zdeněk konnte einfach nicht mehr. Er war völlig erschöpft und durchgefroren. Schweigend ging er mit den beiden auf die Polizeistation. Als er ihnen klar machte, wen sie vor sich hatten, glaubten sie ihm zuerst nicht. Am Ende waren beide stolz, einen solchen Fang gemacht zu haben. Nach der Gerichtsverhandlung eskortierte man Zdeněk nach Leopoldov, ein Gefängnis in der westlichen Slowakei. Von dort war ein Entkommen ausgeschlossen, erst die Amnestie im Jahr 1960 befreite ihn.

Im Herbst ersuchte Pavels Mutter um eine Besuchserlaubnis. Dann aber kamen weder sie noch Hanka. Dafür saß Pavel einer Bekannten der Familie gegenüber. Von Hanka sprach die ältere Frau nicht viel, sie sagte nur, dass sie nicht kommen konnte. Pavel ahnte, dass etwas nicht stimmte und machte sich keine Illusionen. Die traurige Nachricht kam im ersten Brief, den Pavels Mutter zu schreiben vermochte. »Hanka kommt nicht mehr!« Von da an fehlten in Mutters Briefen die Zeilen von Hanka. Vielleicht war es besser so, wenn sie ihr eigenes, sicheres Leben lebte, ohne sich quälen zu müssen. Er konnte ihr in absehbarer Zeit keine Sicherheit bieten. Trotzdem dachte er unentwegt weiter an sie, träumte von ihr – wie er zu ihrem Häuschen ging, aber die Straße schaute im Traum ganz anders aus, auch das Häuschen konnte er nicht finden. Dieser Traum wiederholte sich immer wieder. Er ahnte nicht, dass dieser Traum eines Tages wahr werden sollte.

Das Ladekommando hatte seit Weihnachten einen festen Stamm. Neben Pavel arbeiteten hier drei Geistliche, ein junger Bauer aus Haná und Hans, ein gleichaltriger Österreicher. Er kam vom *Lager Nikolaj* in den Höhen des Erzgebirges, hatte dort in der *Grube Eduard* gearbeitet. Diese Grube erreichten die Sträflinge durch einen etwa 800 Meter langen Gang, aneinandergebunden mit einem Seil. Die Männer standen in Fünferreihen dicht aneinander gepresst. Dieses Paket aus menschlichen Körpern wurde mit einem Seil umwickelt, alle hoben den rechten Fuß und schritten aus. Wehe demjenigen, der stolperte, bevor die Kolonne anhalten konnte, die anderen würden ihn niedertreten, denn zum Ausweichen war kein Platz.

Als einmal einer stolperte, rutschte Hans unter dem Seil durch, um nicht auf den Mann zu treten. Diese Tat wurde unerbittlich als Fluchtversuch gewertet. Hans wurde umgehend ins Zentrallager *Marianská* eskortiert, wo er einen Tag und eine ganze Nacht an ein Eisengitter gefesselt verbrachte. Diese Folterkammern wurden von einer Einheit der Gefängnisaufseher in den Kellern des ehemaligen Kapuzinerklosters Mariasorg errichtet. Der Gefangene wurde bis auf Hemd und Unterhose ausgezogen, dann an den Händen so angebunden, dass seine Fußspitzen nicht mehr den Boden erreichten. In dieser Position musste das Opfer Stunden, manchmal auch Tage, bis zur Bewusstlosigkeit verbringen. Oft wurde er dabei noch mit einem Gummischlauch geschlagen. Es war nicht gelungen, ein Geständnis aus ihm herauszuprügeln. Hans wurde nach einer solchen Nacht losgebunden und ins OTK-Lager gebracht, hier würde man ihm den Rest geben, vielleicht bis zur physischen Auslöschung.

So heterogen die Gruppe auf den ersten Blick auch wirkte, die Männer verstanden sich, halfen einander. Für Pavel endete so langsam das dritte Jahr in Haft. Im März begannen wieder Transporte zu anderen Lagern. In der Nähe von Příbram wurde eine neue Abteilung zur technischen Kontrolle errichtet, dort sollten jedoch keine Sträflinge mehr arbeiten. Die Uranförderung um Jáchymov herum nahm immer mehr ab, die Anzahl der ankommenden Lastwagen blieb jedoch gleich.

Anfang April erkrankte Pavel aufgrund einer Unterkühlung an einer schwachen Grippe. Der Lagerarzt, ein Sträfling, fragte den jungen Mann sorgfältig aus. Nachdem er von dem zweimaligen rheumatischen Fieber in der Kindheit erfuhr, schrieb er Pavel arbeitsunfähig. Im Krankenzimmer waren vier Mann. Als der Kommandant bei einer Kontrolle feststellte, dass Pavel nicht einmal achtunddreißig Grad Fieber hatte, schickte er ihn sofort zurück zur Arbeit und drohte dem Arzt mit der Strafzelle. Pavel ging, die Folgen sollten erst später zum Vorschein kommen.

Das geistige Leben in diesem Lager hatte seine Besonderheiten. Der ununterbrochene Kampf ums Überleben bestimmte alles. Die wenigen zivilen Angestellten, die hier arbeiteten, waren gebührend überprüft, es war ein viel zu großes Risiko, sie um etwas zu ersuchen. Es war fast unmöglich, an irgendwelche Literatur heranzukommen. Die einzige Möglichkeit, an Wissen zu gelangen, war aus dem Wissensschatz der Älteren, die in besseren Zeiten gelebt hatten, zu schöpfen. Viele hatten nicht nur eine solide Universitätsbildung genossen, sondern zudem noch die Chance gehabt, ein Stück der Welt zu sehen.

Gegen Abend bewegten sich auf dem Appellplatz kleine Gruppen junger Menschen, die aufmerksam den sachkundigen Vorträgen eines älteren Kameraden folgten, egal zu welchem Thema. So verbrachten sie auch die Sonntage, sofern sie nicht arbeiten mussten. Einen großen Einfluss hatten die Geistlichen, die von der überwiegend katholischen Jugend dauernd aufgesucht wurden. Der Fremdsprachenunterricht fand ohne Lehrbücher statt, war nichtsdestoweniger ungemein intensiv. Die Studenten, Mittelschulabsolventen aus der Zeit der deutschen Besatzung, waren bemüht, ihre Kenntnisse der deutschen Sprache nicht zu verlernen und erweiterten ihren Wortschatz durch Konversation mit den wenigen deutschen Häftlingen, die noch im Lager arbeiteten. Auch Englisch wurde gelernt, obwohl dies mit noch größeren Pro-

Quelle: Pustejovsky, S. 664.

Schodiště na Svornost

Fotos aus den Lagern gibt es keine. Einzig erhaltene bildliche
Zeugnisse sind Häftlingszeichnungen. Diese Zeichnung stammt aus
dem *Lager Svornost* und zeigt den steil ansteigenden Gang zwischen
Grube und Lager, den die Häftlinge in Reihen zu absolvieren hatten.
Oben bzw. unten angekommen wurden sie einzeln durch eine Pforte
gelassen. Erst wenn die gesamte Schicht abgezählt war, durften die
Häftlinge weitergehen. Der Name *Mauthausener Stiege* kam von
Häftlingen, die im KZ Mauthausen, wo es eine ähnlich steile Treppe
gab, eingesperrt waren.

174

blemen verbunden war. Auf dem Appellplatz diskutierte man historische, religiöse und juristische Themen, oft auf hohem Niveau. Niemand wollte sich eingestehen, dass keiner von ihnen gefragt sein würde, niemand noch mit ihnen rechnen mochte, auch wenn man den »Tag X« noch erleben sollte. Die dunklen Kräfte der Partei würden unauffällig in das neue Leben nach der Haft hineinwuchern, mit dem Ziel, es erneut zu ersticken.

Für Pavel begann schon das zweite Jahr in dieser tödlichen Umwelt. Mit dem Verlust seiner großen Liebe Hanka hatte er sich langsam abgefunden. Sorge machte ihm seine Mutter, ein rechtzeitiger chirurgischer Eingriff rettete sie vor einer Krebserkrankung. Vergeblich ersuchte sie um einen Besuch, aber Onkel Sam blockierte wachsam, was nur ging.

Nach zwei Transporten nach Příbram erwartete man weitere. Es ging das Gerücht um, dass alle in die *Lager Nikolaj* oder *Rovnost* (Gleichheit) versetzt werden sollten, also in die Höhen des Erzgebirges. Zu dieser Zeit wussten die Sträflinge noch nicht, dass die Förderung um Jáchymov langsam gedrosselt wurde. Pavel hatte gehört, dass das *Lager Rovnost* das größte Lager in dieser Gegend war. Es lag in etwa gleicher Höhe wie das *Lager Nikolaj*, auf 900 Metern. Die Winter waren hier hart und kalt, wie überall im Erzgebirge. Schneewehen bis zum Dach der Baracken waren keine Seltenheit. Klimaverhältnisse ähnlich wie in den russischen Gulags. Manchmal lohnte es sich nicht einmal mehr, den Schnee zu beseitigen. So wurden die Baracken durch Tunnels miteinander verbunden. Nur der Appellplatz musste dauernd aufgeräumt sein. Am Kontrollstreifen um das Lager wurde der Schnee nicht weggeschippt, sondern festgestampft. Man rief eine ganze Arbeitsschicht Sträflinge und jagte sie mehrmals durch den Korridor, um das ganze Lager herum, bis der Schnee festgestampft war. Im Mittelalter benutzte man auf den Handelswegen Maultiere zu diesem Zweck, nun erledigten es versklavte Menschen.

Luftbildaufnahme des *Lagers Slavkov* (Schlaggenwald) aus dem Jahr 1952

Das *Lager Rovnost*, konzipiert für ungefähr 1400 Insassen, war ununterbrochen überbelegt. Der Oberbefehlshaber Paleček war dafür bekannt, dass er die Neuankömmlinge mit Schlägen auf den Kopf mit seinem Schlüsselbund begrüßte. Zwei Häftlinge hatte er direkt im Schacht erschossen, angeblicher Fluchtversuch. Die Sträflinge arbeiteten in der *Grube Rovnost*, direkt neben dem Lager. Pavel war es egal, wohin man ihn bringen würde, schlechter als in Jáchymov konnten die Bedingungen nirgendwo sein.

Am Mittwoch vor Ostern, nach Ankunft der Nachmittagsschicht, teilte ihm der Lagerälteste mit, dass er für den nächsten Tag nicht mehr auf der Arbeitsliste stehe. Im Lager stellte Pavel fest, dass mehrere diese Nachricht erhalten hatten. Er bereitete seine Sachen vor, um sich am Morgen nicht beeilen zu müssen. Die letzte Nacht an einem Ort, mit dem so viele traurige Ereignisse verbunden waren, an einem Ort, der seine bereits angeschlagene Gesundheit auf Dauer gezeichnet hatte.

*

Gegen acht stand vor dem Betrieb der Bus bereit. 40 Sträflinge bestiegen ihn. Pavel fiel auf, dass es alles politische Gefangene waren, aber kein Geistlicher war unter ihnen. Endlich fuhren sie los, in Kolonne, wie immer. Die erste Spannung löste sich, als man in Žd'ár nach links einbog, also nicht hinauf in die Berge. Dann war es schon egal. Nach Leopoldov fuhr man bestimmt nicht, dem entsprach nicht die Auswahl der Häftlinge. Also Slavkov oder Příbram. In Slavkov bestanden zu der Zeit noch alle vier Lager: Prokop, Svatopluk, Ležnice und das »Zwölfer«. Das Klima und die Verhältnisse waren in diesen Lagern nicht so hart wie in den Bergen. Das »Zwölfer«-Lager hatte durch den Fluchtversuch von zehn Sträflingen im Jahre 1951 von sich reden gemacht. Sie hatten sich einiger Waffen bemächtigt und waren entschlossen, sich den Weg zur nahen Grenze freizuschießen. Die Flucht gelang ihnen nicht, im ungleichen Kampf wurden bis auf zwei alle erschossen. Svatopluk war das größte Lager der Urangruben in Jáchymov. Einige seiner Baracken hatten sogar zwei Stockwerke, das war in der Tschechoslowakei eine ausgesprochene Ausnahme. Das Lager hatte eine Kapazität von 3000 und mehr Gefangenen, im Durchschnitt waren hier 2600 untergebracht. Zu der Zeit sank die Insassenzahl, weil die Uran-Förderung und die Bauarbeiten reduziert wurden.

In Karlsbad wurde allen im Bus klar, dass die Fahrt noch weiter ging. Also doch Příbram. Dort gab es zwei Lager: Vojna und Bytíz. In das *Lager Vojna* kamen die ersten politischen Gefangenen im Jahre 1951. Das Lager, zunächst als Kriegsgefangenenlager aufgebaut, diente später als Zwangsarbeitslager und schließlich als Lager für politische Häftlinge mit langen Freiheitsstrafen. Gearbeitet wurde in den Gruben Bytíz und Vojna. Später auch in den Gruben Kamenná und Lešenice. Das *Lager Bytíz* wurde 1953 erbaut. Die ersten Häftlinge wurden von Jáchymov und Leopoldov hierher transportiert. Sie arbeiteten in den Gruben Nr. 10 und 11. Das Lager lag auf einem der Nordhänge des Brdy-Kammes, auf einer Fläche von knapp sechs Hektar. Zu Beginn hatte es eine Kapazität von ungefähr 1600 Sträflingen. Mit dem Bau neuer Baracken wurde sie ständig erweitert.

Außenabsperrung: Stacheldraht-Umwehrung mit Sicherheitsstreifen im *Lager Bytíz*

Nach kurzer Fahrt verließ der Bus die Schnellstraße und fuhr weiter auf Nebenstraßen. Nach Mittag näherten sie sich der Stadt Příbram. Das war die letzte Möglichkeit, jetzt war die Entscheidung gefallen, man bog in Richtung Prag ab, also *Lager Bytíz*.

Das Tor stand im unteren Teil, dahinter ein bergauf steigender Appellplatz. Auf beiden Seiten Baracken, die Küche, ein weiterer Appellplatz, ein Kulturhaus und wieder Baracken. Links gab es drei Barackenreihen, weiter konnte man nicht sehen. Die Ankunft des Transportes aus ELKO hatte sich im Lager schnell herumgesprochen. Die Einquartierung verlief sehr rasch. Pavel wurde in eine Baracke eingeteilt, deren Insassen auf Baustellen arbeiteten. In Příbram auf dem »Birkenberg« wurde eine riesige Siedlung gebaut, vergleichbar mit Ostrov oder Slavkov. Überall wohin die Neuen kamen, empfing man sie freundlich. Sie begegneten Kameraden aus *Mírov, ELKO* und anderen Lagern. Ihnen wurde Arbeit in guten Gruppen, in Gruben und an der Siedlung angeboten. Umgehend bekamen sie Mittagessen, qualitativ und quantitativ nicht vergleichbar mit den Hungerportionen im Todeslager. Wer wollte, bekam Nachschlag. Dann war Schichtwechsel, es kamen neue Häftlinge, man begrüßte sich, eine völlig andere Atmosphäre als in der Hölle von Jáchymov, in den Lagern Výkmanov I und II. Die Wärter interessierten sich wenig für das Geschehen im Lager, man bemerkte sie kaum. Niemand grüßte sie, wie es in Jáchymov strengstens verlangt wurde.

Eine weitere Überraschung war der Zählappell am Nachmittag. Der Lagerälteste zählte die Fünferreihen, hinter ihm schritt schweigend der Diensthabende. Er nahm die Meldung, die Anzahl der angetretenen Häftlinge, entgegen und bestätigte sie. Dann ging es in die Baracken. Alles kurz und bündig. Pavel fiel auf, dass der Lagerälteste nicht einmal einen schwarzen Mantel trug, mit dem sich in Jáchymov die Prominenz vom Plebs unterschied. Später erfuhr er, dass der Lagerälteste normal in der Grube arbeitete, er war ein einfacher Sträfling wie alle anderen. Er war einen Kopf größer als alle anderen. Sein einziger Vorteil war, dass er mit einigen Kameraden in einer kleinen Holzhütte unweit der Küche hauste. Das Häuschen bewohnten auch einige Katzen, entsprechend verhätschelt und gemästet. Also vollkommen andere Verhältnisse als in *ELKO*.

Eine verhältnismäßig große Gruppe bildeten die Retributionshäftlinge, meistens Deutsche, von denen Pavel einige aus Jáchymov bereits kannte. Sie bewohnten zwei Baracken und arbeiteten ausschließlich auf Baustellen.

Gegen Abend kam der Brigadier vom Bau der Siedlung und teilte Pavel und einigen anderen Neuen mit, sie seien seinem Kommando zugeteilt worden. Einige hilfsbereite Kameraden boten Arbeitsplätze in ihren Trupps an und umgehend war über ihn entschieden. Die von den Vorarbeitern und Brigadieren vorgeschlagene Verteilung der Neuen wurde meist ohne Einwände von dem Arbeitseinsatzreferenten bewilligt. Die Kameraden besorgten ihm einen älteren Arbeitsmantel, sogar mit Kapuze.

Das Abendessen holte sich Pavel schon mit der eigenen Essensmarke. Er hatte Kategorie 2, stellte aber keinen Unterschied fest. Die Ankunft der verschiedenen Arbeitskommandos begleitete Lärm, aber sonst herrschte ungewohnte Ruhe im Lager. Pavel fehlte irgendetwas. Es gab keine wütenden Schläge mit der Eisenstange gegen die hängende Schiene und keine Kapos. Alle Aufforderungen zu Zählappellen, Schichtanfängen, Nachtruhe und Wecken wurden über Lautsprecher verkündet.

Nach acht Uhr legte sich Pavel hin und versuchte einzuschlafen. Er war jetzt seinem Zuhause bedeutend näher. Wenn er sich früh um sechs zu Fuß auf den Weg machen würde, wäre er bereits gegen Abend zu Hause. Vom oberen Teil des Lagers konnte man die Gebirgskämme des Brdy-Berglandes erkennen. Dort floss der Fluss Berounka, dort war seine Heimat. So nah und doch so fern.

Am Morgen trat er zur Arbeit am Bau der neuen Siedlung Birkenberg an. Um halb sieben verließen fünf Busse das Lager. Alles organisiert wie bei einem Transport. Noch bevor sie abfuhren, machte man Pavel darauf aufmerksam, dass am Wegesrand Menschen winken würden, Erwachsene und Kinder. So etwas war man auf den Fahrten zwischen Výkmanov I und Ostrov nicht gewohnt. Die Sträflinge kannten die Stellen und winkten zurück, trotz Protesten der Wachen. Manchmal endete der eine oder andere deshalb in einer Strafzelle, aber die Häftlinge winkten weiter denen zu, die zu ihnen standen.

Nach der Ankunft an der Baustelle kochte man zuerst den unerlässlichen Tee und dann begann die Arbeit am Bau eines Ledigenwohnheims. An einigen Stellen wurde noch gemauert, an anderen bemühten sich die Männer um den Verputz. Jeder machte das, was er konnte, irgendwo gelernt oder abgeschaut hatte. Die Wände waren zwar nicht perfekt gerade, aber man konnte in ihnen wohnen und die Bauleitung war mit der Qualität zufrieden.

Pavel schloss sich einer Zimmermanngruppe an, die die Böden zum Verlegen des Parketts vorbereitete. Keine leichte Arbeit, aber zum Aushalten. Die Männer arbeiteten nicht besonders schnell, zogen es vor, alles genau zu vermessen und waren daher bekannt für die Qualität ihrer Arbeit. Wenn aus einem Sträfling ein Handwerker wurde, übernahm er alle Eigenschaften des Handwerkerstandes. Manche beschäftigten sich so intensiv mit dem Handwerk, dass sie, besonders was die theoretischen Kenntnisse betraf, besser als manch Ausgelernter wurden.

Gegen Mittag stieg Pavel ins zweite Stockwerk, um die Gegend zu erkunden. Er staunte über den »Heiligen Berg«, an dessen nordwestlichen Hängen die Kirschbäume gerade zu blühen begannen. Er wusste noch nicht, dass er noch fünfmal Zeuge der Blühte und des Laubfalls sein würde. Die Kuppel des Klosters glänzte in der Frühlingssonne, genauso wie vor sieben Jahren, als er sie von der anderen Seite aus betrachtet hatte. Dahinter lagen die *Gruben der Heiligen Anna* und Vojtěch, in denen man immer noch aktiv Silber förderte.

Im Gegensatz zur Baustelle war in der Grube immer etwas los. Am Karfreitag fiel einer der Männer am oberen Teil des Schachtes in den Schüttschacht. Er versuchte vergeblich, sich festzuhalten, aber das nachrutschende Material zog ihn mit. Da zeigte sich die Solidarität der Kameraden, immer bereit, auch das größte Opfer zu bringen. Der Mann, der mit ihm gearbeitet hatte, sprang in den Schacht nach und versuchte zu helfen. Jedoch rissen auch ihn die fallenden Steine mit hinunter. Es blieb nichts anderes übrig als die Arbeit einzustellen, das Gestein zu entfernen und die zwei zu befreien. Doch bevor man Nachricht geben konnte, das Triebwerk abzustellen, waren die beiden unter der Masse begraben. So schnell wie möglich räumte man die Steine weg, doch sie konnten nur noch tot geborgen werden. Deshalb stand Ostern in Bytíz diesmal im Zeichen der Trauer.

Einige Tage später verspürte Pavel Herzbeschwerden. Anfangs schenkte er dem keine Beachtung, seine Arbeit auf der Baustelle war schließlich mit dem Kistenschleppen im OTK nicht zu vergleichen. Daran konnte es also nicht liegen. Doch die Probleme kehrten immer wieder zurück. Endlich ging er ins Krankenzimmer. Der Lagerarzt, ein Sträfling, war ein guter Chirurg, verstand jedoch nicht viel von Herzkrankheiten. Er diagnostizierte eine Herzneurose und empfahl Pavel, ruhig weiterzuarbeiten, nicht darauf zu achten, es würde von selbst vergehen. Der junge Mann verließ den Arzt erfreut und guten Mutes, denn die immer wiederkehrende Unregelmäßigkeit seines Herzschlags hatte ihn schon ernstlich beunruhigt.

Am nächsten Tag übernahm er die Schubkarre und transportierte Ziegel, in der Hoffnung, die schwerere Arbeit würde ihm helfen. Das Gegenteil trat ein. Am Nachmittag war er nicht mehr im Stande, von der Küche den Hügel hinauf zur Baracke zu gehen. Mit jedem schnelleren Schritt verstärkte sich die Arrhythmie, er bekam keine Luft mehr. Einen Tag ließ er noch verstreichen, als er sich jedoch noch schlechter fühlte, ging er erneut zum Arzt. Das Resultat war jedoch das gleiche. Pavel begann, an der Richtigkeit der Diagnose zu zweifeln.

Dies war nicht das einzige Vorzeichen einer Veränderung in Pavels Leben. Die seit Monaten in diesem Lager herrschende Idylle sollte von einem harten, kompromisslosen Regime abgelöst werden. Bisher war das Leben hier um einiges besser als in den Lagern, die Pavel bereits kennengelernt hatte. Bytíz hatte, vielleicht aufgrund seiner Nähe zu Prag, seine Eigenheiten. Von Anfang an wurde hier fleißig studiert. Viele der täglich zur Arbeit in Bussen anfahrenden Zivilisten schmuggelten eifrig Literatur, Medikamente, warme Wäsche und auch Briefe ins Lager. Auf der linken Seite des Lagers, an den drei neuen Baracken, standen im Gebüsch drei improvisierte Bänke. Hier trafen sich abends und oft auch nach der Bettruhe kleine Studier- und Debattierkreise. In den Ecken der Baracken, zwischen der Eckpritsche und einem anderen Bett, waren beliebte Orte zum Diskutieren. Man saß auf den Betten oder im Gang. Viele junge Männer befassten sich bis zur Perfektion mit Fremdsprachen und es blieb oft nicht nur bei einer. Darüber hinaus studierte man auch Staatswissenschaften, Volkswirtschaft, Philosophie und Geschichte. Wenn allerdings Lehrbücher bei den Häftlingen entdeckt wurden, hatte das automatisch einen Aufenthalt in Strafzellen zur Folge. Also versteckte man die Literatur unter den Brettern des Fußbodens und in den Holzwänden der Baracken.

Anfang Mai kam neues Blut in die Lager, speziell ausgebildeter Polizeinachwuchs, der sich schnell Abzeichen verdienen wollte. Sie führten die altbekannten Schikane-Methoden ein und provozierten, wo sie nur konnten. Die Strafzellen waren dauernd belegt. Die Situation verschärfte sich, als die Wärter sich etwas Neues ausdachten. Man musste nun geschlossen zum Essen antreten, immer eine ganze Baracke nach der anderen. Das bedeutete, dass diejenigen, die als erste aus der Grube kamen, bei jedem Mittag- und Abendessen bis auf die letzten warten mussten. Ebenso natürlich die verschiedenen Baukommandos. An einem Tag eskalierte die Situation. Die Sträflinge meuterten und weigerten sich, zum Mittagessen anzutreten. Die Nachmittagsschicht schloss sich an, ebenso die Baukommandos, der Hungerstreik hatte begonnen. Diesmal machten auch die deutschen Häftlinge mit, die sich sonst an gemeinsamen Aktionen nicht beteiligt hatten. Der Hungerstreik dauerte drei Tage. Schon am zweiten Tag brachte man vierzig Männer in andere Lager. Diese Transporte wiederholten sich mehrmals, einer ging sogar nach Leopoldov.

Am dritten Tag war der Widerstand gebrochen, die Nachmittagsschicht trat wieder zum Mittagessen an. In den nächsten Tagen begannen die Repressalien. Rapide erweiterte sich die Anzahl der Wärter um jene Schergen, die sich bis jetzt irgendwo im Hintergrund bewegt hatten. Fast täglich streifte durch das Lager eine Horde solcher Typen in Arbeitsanzügen und durchsuchte die Baracken. Die Nachtschicht konnte nicht schlafen, denn während die Baracken gefilzt wurden, was immer mindestens zwei Stunden dauerte, hatten alle Männer auf dem Appellplatz zu stehen. Nach der Rückkehr in die Baracken mussten sie erst einmal alles aufräumen. Zucker im Tabak, mit Schlamm beschmutzte Decken und Strohsäcke zeugten vom kulturellen Niveau der Vollstrecker. Täglich brannten vor der Kommandantur die beschlagnahmten Lehrbücher und wissenschaftlichen Arbeiten. Die Sträflinge begannen ihre Schätze in die Grube zu schmuggeln, hier sollten sie das Toben der Niedrigen überstehen. Das Studieren wurde immer schwieriger und gefährlicher. Dauernd durchstreiften Aufseher auf Beutezug zu zweit das Lager. Der Barackendienst gab zwar einen Warnhinweis vor der sich nähernden Gefahr, aber meist war es schon zu spät. Die Kost verschlechterte sich immer mehr, auch wenn es nicht zu dem fatalen Hunger von 1953 kam. Es gab noch die Kantine, wenn auch schlechter versorgt. Alle Insassen waren im Arbeitseinsatz und konnten dort etwas dazu kaufen. Die Treffen im Gebüsch hinter den Baracken hatten allerdings ein Ende. Das Lagerregime erinnerte an die frühen fünfziger Jahre.

Pavel litt seit Wochen unter seinen Herzbeschweren. Auf Arbeit schonten ihn die Kameraden, denn große Anstrengung verschlechterte eindeutig seinen Zustand. An einem Nachmittag wurde ihm plötzlich schlecht – beschleunigtes Atmen, eine starke Arrhythmie. Es fühlte sich an, als ob das Herz aus dem Körper herausspringen wollte. Er wurde sofort ins Krankenzimmer gebracht. Der erschrockene Arzt behielt ihn da, ordnete sofortige Bettruhe an. Am nächsten Tag bekam er eine Spritze: Strophanthin und Celaskon. Die Folgen waren katastrophal. Pavel verlor das Bewusstsein. Zu Hilfe eilte auch der Lagerzahnarzt, ursprünglich ein Internist. Er empfahl Ruhe und vermutete eine verschleppte Entzündung als Ursache. Als ihm Pavel von dem vor neun Jahren überstandenen rheumatischen Fieber erzählte, und erwähnte, dass ihn der Kommandant in *ELKO* mit Fieber arbeiten geschickt hatte, war dem Arzt klar, worum es sich handelte. Hörbar war die Veränderung an der Herzklappe, das entsprach den Folgen einer verschleppten Grippe oder Erkältung. Also ordnete er weiterhin Ruhe an, wenigstens für einige Wochen. Um ein Haar hätte es schiefgehen können. Jetzt lag er mit einem anderen Häftling, der an wiederholter Angina Pectoris litt, in dem kleinen Krankenzimmer mit Aussicht auf das Lager.

Zu der Zeit formierten sich die Transporte der deutschen Häftlinge ins Inland, sie sollten dort zu ihren Familien entlassen werden. Viele kamen zu Pavel, um sich zu verabschieden. Es waren Männer aus dem *Lager Výkmanov I*, durch deren uneigennützige Hilfe er den Hunger im Jahr 1953 überhaupt nur hatte überleben können. Sie schenkten ihm lebenswichtige Kleinigkeiten, da sie diese nicht mehr benötigen würden. Eine ganz eigene Gestalt war Heinz. Der relativ junge Mann hatte sich in den Jahren innerlich völlig verändert. Immer wieder beteuerte er seinen Landsleuten, dass der Nazismus tot sei und die Ära der Demokratie begonnen habe. Alle würden überrascht sein über die Veränderungen in Deutschland, insbesondere im Denken der Deutschen. Beim Abschiednehmen gab er Pavel seine Adresse mit der Aufforderung, ihn jederzeit in Deutschland zu besuchen. Nach ihrer Abreise verblieben im Lager nur mehr vier Deutsche, einfache Menschen, die kaum tschechisch sprachen.

Langsam verbesserte sich Pavels Zustand, allerdings dauerte die Arrhythmie an. Der Internist glaubte, es würde noch lange dauern, bis das Herzstolpern ganz verging, aber das Wichtigste sei geheilt. Beide Ärzte erwogen einen Antrag zur Versetzung in ein Gefängnis, befürchteten aber negative Auswirkungen auf den Gemütszustand des Häftlings. Die Gruppe, in der Pavel vorher gearbeitet hatte, einigte sich darauf, ihm leichte Arbeit zu verschaffen, bei der man am besten alles vergessen konnte. Nach Absprache mit der Bauleitung sollte er das Zementlager betreuen, die Zementsäcke zählen, die von den zivilen Arbeitern auf andere Baustellen, außerhalb der Umzäunung, geschafft wurden. Eigentlich eine leichte Arbeit, die aber auch ihre Nachteile hatte. Das Lager war eine offene Bude, geschützt nur von drei Seiten, nirgends konnte man sich hinsetzen. Mancher Sack platzte, man musste den Zement zusammenfegen, in einen anderen Sack schaufeln und ihn zur Seite ziehen, damit er nicht im Wege stand. Das Hantieren mit den Säcken machte Pavel Schwierigkeiten. Der Sommer war außerordentlich kalt, bei mangelnder Bewegung konnte er sich einfach nicht aufwärmen.

Ende August schickte man ihn nach *Výkmanov I* zu einer speziellen Untersuchung. Hier stand jetzt ein fertig gebautes Zentrallager mit Krankenhaus und Magazinen. Daneben die Kaserne der Wache, mit deren Bau Pavel im Jahre 1953 begonnen hatte. Die im Krankenhaus arbeitenden Ärzte waren Sträflinge, die unter der Leitung eines Majors der Staatssicherheit ihren Dienst taten. Alle waren Spezialisten auf ihrem Gebiet. Sie untersuchten Pavel sehr sorgsam, machten jeden Tag eine EKG-Untersuchung und kontrollierten mehrmals täglich das Herz. Nach zehn Tagen waren die Untersuchungen beendet, er begann auf den Transport zu warten. Mit Pavel lagen in der chirurgischen Abteilung Männer, die in der *Grube Rovnost* verschüttet worden waren. Sie hatten Verletzungen an der Wirbelsäule, mehrmals gebrochene Glieder, aber sie hatten überlebt. Pavel spazierte an Stellen vorbei, wo er vor Jahren in drei Meter Tiefe geschuftet hatte. Er erinnerte sich an den riesigen Stein. Aus der Tiefe hörte er nun das Plätschern des Krankenhausabwassers.

Mitte September fuhr der Bus mit den Kranken und ein paar Neuen wieder Richtung Příbram. Diesmal waren die Fensterscheiben gereinigt, man konnte die Gegend betrachten. Der Fahrer schien absichtlich die schönste Route gewählt zu haben. Sie fuhren durch das Tal, am Fluss Teplá entlang. An manchen Stellen hatten die Bäume bereits schöne herbstliche Farben angesetzt. Die durchschimmernde Sonne bildete eine zauberhafte Kulisse und spielte ihr Licht- und Schattenspiel. Sie fuhren durch Städte und kleine Dörfer, doch niemand beachtete den Bus. Die Menschen hatten sich nach 1950 schon daran gewöhnt. Sie hatten sich damit abgefunden, in diesem System zu leben, akzeptierten seine Institutionen, wenn auch mit Vorbehalten, unternahmen nichts mehr dagegen. Man protestierte nicht mehr, denn jeder Protest hätte noch größere Einschränkungen zur Folge gehabt. Die Repressalien glichen denen in den Lagern nach einem Hungerstreik, hatten nur eine andere Form. »Versucht ein Sklave, sich seiner Ketten zu entledigen und wird entlarvt, erwarten ihn nur neue, festere Ketten.« Diese Weisheit galt auch für das ganz große Lager, das Land, in dem sich alle bewegten, geboren wurden und starben. Trotzdem waren die Menschen immer gut angezogen, dieses Privileg der Tschechen hatte sich nicht geändert. Die Textilindustrie hielt ihr traditionell hohes Niveau. Nur die Felder wiesen bereits Spuren der Schluderarbeit auf, festgefahrene Wege mitten auf dem Feld, nicht bestellte Äcker und Gebüsch an Stellen, wo man es früher nicht hätte stehen lassen. Irgendwo bei Hořovice verließ der Bus die Pilsener Straße und fuhr in Richtung Bytíz. Wieder zurück.

Der Arzt studierte Pavels Krankheitsbericht und gab ihm dann Beruhigungstabletten. Am nächsten Tag trat er wieder seine Arbeit im Lager an. Nach zwei Stunden begann er herumzulaufen und zu hüpfen, um sich ein bisschen aufzuwärmen. Der Bau der neuen Häuser, der im Sommer begonnen hatte, wurde nur langsam fertig. Dies schuf neue Arbeitsmöglichkeiten. Man hatte Pavel zu Aufräumarbeiten eingeteilt, nachdem die Handwerker fertig waren. Er war nun unter einem Dach, doch die Zugluft aus den Kellerräumen war spürbar. Als Folge des neuen, verschärften Lagerregimes unternahmen die Wärter auch hier immer wieder Durchsuchungen insbesondere an Stellen, wo die Sträflinge ihre

Sachen und Werkzeuge aufbewahrten. Sie demolierten auch Arbeitsgeräte, die die Sträflinge von sich aus angefertigt hatten, um die hohe Norm besser erfüllen zu können. In ihrer Gehässigkeit zerstörten sie sogar das Kollektiveigentum, um die Sträflinge leiden zu sehen.

Der Herbst war ungemein kühl. Bereits Ende Oktober fiel nasser Schnee, was sämtliche Arbeiten behinderte. Nach einer Woche taute es zwar wieder, doch das schlechte Wetter nahm kein Ende. Vor Weihnachten beruhigte es sich, zeitweise war es sogar schön. Pavel hatte Anrecht auf Besuch, lehnte es aber ab, aus Sorge, dass seine Mutter in den erwarteten Schneeverwehungen umkäme. Ostwind stieg auf und wurde auf dem Hang des *Lagers Bytíz* sofort spürbar. Binnen kürzester Zeit lagen 20 Zentimeter Schnee. Pavel wusste, was das bedeutete, das war der Beginn eines strengen und eisigen Winters. Der Schnee fiel ununterbrochen, zwei Tage lang. Kohle gab es nicht, die Kommandantur verließ sich darauf, dass sich die Sträflinge was vom Bauholz klauten. Wohin die Kohlerationen für das Lager verschwanden, sollte niemand je erfahren.

Obwohl der Frost in den Nächten immer stärker wurde und auch tagsüber nicht nachließ, waren die Sträflinge mit Arbeiten an den Rohbauten beschäftigt. Der Mörtel war gefroren, das schien die Bauleitung allerdings nicht zu interessieren. Verluste waren einkalkuliert. Mitte Februar erreichte der Winter einen Kälterekord, das Thermometer zeigte minus dreißig Grad. Die Busse hatten Schwierigkeiten zu zünden, jeden Tag gingen einige nicht an, die Sträflinge mussten im Lager bleiben. Es gab nichts zum Heizen.

Die Situation kulminierte, als bei zweiunddreißig Grad unter null nur zwei Busse kamen. Die Garage meldete, die nächsten kämen in einer halben Stunde. Die Häftlinge standen über eine Stunde in der Kälte, gegen acht Uhr zeigten sich die ersten Frostwunden an den Nasen. Die Nasenspitzen wurden weiß. Niemandem war in dieser Kälte danach zumute, in den gefrorenen Schnee zu greifen und sich damit das Gesicht zu reiben, doch es blieb nichts anderes übrig. Sie warteten vor der Kommandantur. Die mit den größten Frostwunden schickte man in die Baracken zurück. Die anderen warteten bis um neun, dann kam die Meldung aus der Garage, dass kein Bus mehr kommen würde. An diesem Tag waren alle ohne Holz. Die zurückkehrenden Sträflinge stürzten sich auf das Geländer vor dem Kulturhaus, in wenigen Minuten war es spurlos verschwunden. Die Wärter merkten es nicht einmal. Bald wurde es warm in den Zimmern. Diejenigen, denen die Nase oder Ohren erfroren waren, kamen von der Krankenstation beschmiert mit irgendeiner dunklen Salbe zurück. Der starke Frost dauerte noch zwei Tage. Die Busse kamen zwar, aber es war nicht möglich, länger als eine Stunde draußen zu arbeiten. Die Mörtelherstellung wurde eingestellt. Das Leitungswasser, obwohl einen Meter unter der Erde verlegt, war gefroren.

Endlich schlug das Wetter in Tauwetter um. Der Schnee schmolz und die ganze Baustelle war ein einziger See, nur in Gummistiefeln zu betreten. Langsam fingen die Arbeiten wieder an, aber nicht für lang. Die Kälte kehrte zurück. Im März lag noch hie und da Schnee. Am Frühlingsanfang fing es plötzlich an zu schneien, gegen elf Uhr lagen schon 30 Zentimeter nasser Schnee. Die Baustelle war nur einfach umzäunt, der Leiter der Eskorte, der einen möglichen Fluchtversuch unter dem angewehten Schnee befürchtete, ordnete die sofortige Rückfahrt ins Lager an. Es schneite kräftig, die Sichtweite betrug nur etwa 20 Meter.

Pavels Arrhythmie hatte nachgelassen, nur wenn er bergauf eilte, machte das Herz nicht ordentlich mit. Er achtete darauf, langsam zu laufen und sein Tempo nicht schlagartig zu ändern. Die Männer mussten die fertigen Bauten verlassen, Pavel wurde eingeteilt, Beton zu mischen. Es wurden Fundamente für neue Häuser und Luftschutzkeller betoniert, Arbeit für etwa zwei Monate.

Zu dieser Zeit wurde in der Schlosserei eine Hilfskraft gesucht. Der Meister in der Werkstatt war ein eigenwilliger, siebenundfünfzigjähriger, noch in Vorkriegszeiten gelernter Schlosser. Er stammte irgendwo aus dem Grenzgebiet, sprach perfektes Deutsch und benutzte ausschließlich deutsche Fachbegriffe. 1949 war er wegen Beihilfe zum illegalen Grenzübertritt verurteilt worden. Als ihm die Kameraden die Situation erklärten, nahm er Pavel sofort auf und teilte ihn zur Bedienung der Wasseranlage ein. Da einen Hahn auswechseln, dort einen Schlauch anschließen oder einstellen, wirklich leichte Arbeit. Pavel nahm seine Rolle als Lehrling sehr ernst, besorgte sich die entsprechende Literatur. Bald wusste er theoretisch fast mehr als der Meister, schlechter sah es in der Praxis aus. Verrostete Schrauben abzuhacken bedeutete blutige Knöchel an der ganzen linken Hand. Lernen war Folter. Doch nach und nach lernte er sogar das Schweißen, noch dazu in verschiedenen Arten. Die Arbeit an der Wasserleitung war leicht bis zu dem Moment, als der Bau einer neuen Mörtelherstellungsanlage begann. Das Zuschneiden von großen Gewinden war richtig schwer, doch es fand sich immer einer zur Hilfe, so dass Pavel in der Schlosserei bis zum Ende bleiben durfte.

Mitten im Sommer übersiedelte das ganze Baukommando ins *Lager Vojna*. Ein neuer Einschnitt ins Leben der Sträflinge. Dort warteten schon vier neue Baracken auf sie, drum herum ein Zaun mit Tor. Ein kleines Lager im Lager. Zur völligen Abschottung kam es jedoch nie, denn Küche, Krankenstation und Kulturhaus nutzten sie mit den anderen gemeinsam. Im *Lager Vojna* herrschten allerdings seit einem Jahr unvergleichlich schlechtere Verhältnisse als in Bytíz. Auch hier war es wegen einer Schikane zu einem Hungerstreik gekommen, von der Kommandantur als Aufruhr betrachtet und so der Öffentlichkeit serviert. Das Lager wurde von Polizei und Militär umzingelt. Maschinengewehre zielten auf den Appellplatz, auf dem die Sträflinge angetreten waren. Bei einer beispiellosen Durchsuchung wurden die Stuben gefilzt und dabei verwüstet. Die in der Kantine gekauften

Blick auf die Gedenkstätte des ehemaligen *Lagers Vojna*

Lebensmittel wurden konfisziert oder vernichtet. Härteste Sanktionen folgten, die Lagerleitung hatte jede Hemmung verloren.

Am Tag der amerikanischen Unabhängigkeit begannen die Insassen die tschechische Hymne zu singen. Darauf wurden ununterbrochen Appelle ausgerufen. Die Häftlinge reagierten mit Hungerstreik. Am dritten Tag wurde die allgemeine Erschöpfung sehr deutlich. Einzelne wurden vom Appellplatz auf die Kommandantur geführt und dort zur Nahrungsaufnahme überredet. Die Grubenleitung hatte die Arbeiten eingestellt. Hungernde Kumpels einfahren zu lassen wäre ein Verstoß gegen die Sicherheitsvorschriften gewesen. Vier Tage hielten die Männer durch.

Am vierten Tag standen dann schon einige mit ihren Schalen vor der Küche. Zum Nachmittag entschloss man sich, den Hungerstreik abzubrechen. Die Nachtschicht trat schon vollständig vor der Küche an. In den nächsten Tagen wurden einzelne auf die Kommandantur zum Verhör gerufen. Die vermeintlichen Initiatoren des Hungerstreiks wurden in verschiedene Lager, auch nach Leopoldov, verfrachtet. Noch während des Streikes zerstörte die Polizei alles, was sich die Sträflinge zwischen den Baracken aufgebaut hatten: Bänke, Ruheplätze, selbst Blumen und Sträucher wurden niedergetrampelt. Überall ragten hohle Steine aus dem Boden. Die jungen Verteidiger des Bolschewismus setzten sich durch.

Die Verhältnisse im *Lager Vojna* glichen denen in den frühen 1950er Jahren. Nur der verzweifelte Hunger war nicht zurückgekehrt. So verging ein Jahr. Hinter dem Zaun entstanden neue Baracken, die nun das Aufbaukommando der großen Siedlung in Příbram bewohnte. Auch diese Männer waren von den Schikanen betroffen.

Vor der Abreise hatte sich Pavel mit dem Studium der Volkswirtschaft beschäftigt. Zwei hochgeschätzte Bücher, die er vor den Filzungen gerettet hatte, nahm er mit. Er teilte sie in mehrere Einzelbände und versteckte diese sorgfältig unter dem Hemd. Sofort nach der Ankunft im *Lager Vojna* wurden die Neuen von jungen Polizisten untersucht. Bei einem wurde ein Englischlehrbuch entdeckt, der Mann wurde umgehend in die Strafzelle geschickt. Die Durchsuchung lief stichprobenweise weiter. Pavel hatte einen Schutzengel, er wurde übersprungen. Gleich nach Ankunft in der Baracke versteckte er alles sorgfältig.

Um den Sträflingen das Leben zusätzlich zu erschweren, kam die Baustellenleitung auf die Idee, die Frühschicht um fünf Uhr anfangen zu lassen. Für die wenigen Zivilangestellten, die direkt neben der Baustelle wohnten, war es akzeptabel, für die Sträflinge jedoch bedeutete es, schon um viertel nach drei aufzustehen, denn um vier Uhr war Abfahrt. Man kam zwar schon um halb zwei zurück, aber sich ins Bett zu legen, war verboten, höchstens draußen auf die Steine. Einige der Kommandos hatten dauernd Frühschicht, nach zwei Wochen standen sie kaum noch auf den Beinen. Am Samstag kamen noch sinnlose Brigadearbeiten dazu. Im Lager bewegten sich dauernd Doppelwachen, die am Nachmittag besonders die Baukommandos aufs Korn nahmen.

Wer die Nerven verlor, endete in der Strafzelle. Bei jedem Appell wurden sogenannte Disziplinarstrafen vorgelesen.

Pavel machte nur Nachmittagsschichten. Mit zwei Zivilisten bereiteten sie eine große überdachte Arbeitsfläche zur Beton- und Mörtelherstellung vor. Damit war er relativ gut dran. Der Beginn der Frühschicht um fünf Uhr wurde erst Ende September abgeschafft, als abends künstliches Licht notwendig wurde.

Pavel versuchte mithilfe seines Buches seinen Geist aktiv zu halten. Bisher war er noch nie erwischt worden, dann aber, als er das Buch zum dritten Mal lesen wollte, war es plötzlich weg. Das Versteck war zwar so gewählt, dass man nicht unmittelbar auf den Besitzer schließen konnte, dennoch erwartete er Sanktionen. Pavel trauerte dem Buch nach. Er hatte aber vorsorglich den zweiten Teil an einem anderen Ort versteckt und wartete, bis sich die Lage beruhigt hatte. Zudem gelang es ihm, von der Arbeit ein Buch auf Englisch mitzubringen. Unbekannte Vokabeln notierte er sich und lernte sie auswendig. Im ersten Teil des Buches gab es viele unbekannte Begriffe, im zweiten benötigte er kein Wörterbuch mehr. Sein Unternehmen war sehr riskant, wurde aber nie verraten. Vor Weihnachten 1956 widmete er sich wieder dem Studium der Volkswirtschaft. Einige der Sträflinge waren Juristen. Zu dieser Zeit hingen schon dunkle Wolken über den im RGW (Rat für gegenseitige Wirtschaftshilfe) vereinigten Ländern, Zeichen des wirtschaftlichen Verfalls und von politischen Unruhen. Die blutige Unterdrückung des ungarischen Strebens nach etwas Selbstständigkeit bewies, dass die Sowjetunion nicht bereit war, auch nur auf einen kleinen Teil ihrer Herrschaft in Osteuropa zu verzichten. In der Tschechoslowakei hatten inzwischen die Staatsgerichte ihre Tätigkeit eingestellt. Einige Urteile, die auf offensichtlichen Manipulationen beruhten, waren annulliert worden.

Pavel entschloss sich deshalb, eine Revision seines Prozesses anzustreben und die tatsächlichen Machenschaften des Agenten Peter nachzuweisen. Die Ereignisse in Ungarn verkomplizierten zwar die Situation, aber Pavel war überzeugt, die Folgen würden sich hier wie immer erst später bemerkbar machen. Im Frühling 1957 wurde er zum Bezirksgericht in Prag vorgeladen, um seine Einsprüche vorzutragen. Es sollte festgestellt werden, ob sie einen neuen Tatbestand darstellten, die Voraussetzung für die Revision eines Verfahrens. Nach Pavels beinahe dreistündiger Aussage erklärte der Vorsitzende, dass es wahrscheinlich Gründe für eine neue Verhandlung gäbe. Er verhörte dann noch einige weitere Vorgeladene, die jedoch wenig über den Agenten Peter wussten. Pavel war froh, nach fünf Jahren wieder bekannte Gesichter zu sehen, der Richter hatte auch Zdeněk aus Leopoldov hierher bringen lassen. Leider durften sie nicht miteinander sprechen. Am nächsten Tag wurde der Beschluss des Gerichts bekanntgegeben. Man würde sich mit den neuen Aussagen beschäftigen und noch andere Tatbestände überprüfen. Der Vorsitzende erklärte, die Inspektion des Innenministeriums hätte bereits ähnliche Unklarheiten in einem älteren Bericht festgestellt. Zum Schluss fragte er noch, ob die Vorgeladenen in die Lager zurückkehren wollten oder es vorzögen, das Ergebnis im Pankrácer Gefängnis abzuwarten. Gleichzeitig deutete er an, dass er den Wunsch der Verurteilten erfüllen würde. Pavel entschloss sich zur Rückkehr ins Lager, um sich von seinen Freunden verabschieden zu können.

Nun kam das große Warten, die Zeit verging. Ihr Schatten ließ alle Hoffnung langsam schwinden, auch die Bemühungen um eine späte Gerechtigkeit. Pavels Fall wurde dem Gerichtsvorsitzenden entzogen und einem anderen zugeteilt. Das war ein schlechtes Zeichen. Die steinernen stalinistischen Kommunisten setzten sich doch noch durch. Im Sommer 1957 wurden etwa zehn der Männer auf Bewährung entlassen, niemand wusste, wer dahinter stand. Dann trat Stillstand ein, nichts geschah mehr.

Im Herbst 1958 wurde Pavel wieder vor das Kreisgericht geladen. Die Verhandlung dauerte keine zwei Stunden. Gleich zu Beginn verlangte er einen Rechtsbeistand für seine Person.

Damit hatte weder der vierköpfige Senat noch der Richter gerechnet. Er setzte also seinen Vortrag der gerichtlichen Entscheidung fort, worin Pavels Gesuch um Revision des Prozesses abgelehnt wurde. Es bestehe kein stichhaltiger Grund dafür. Die Einwendungen des Verurteilten seien nicht begründet. Nach Verlesen des Urteils erklärte Pavel, dass dies eine neuerliche Gesetzesverletzung sei, verlangte einen Verteidiger und die Eintragung der Rechtseinwände ins Protokoll. Der Vorsitzende verkündete, man müsse sich zur Beratung zurückziehen. Das Gericht begab sich in den Nebenraum, vergaß jedoch, die Tür zu schließen, man hörte jedes Wort. Nach einer eifrigen Debatte, allerdings zu einem völlig anderen Thema, fingen sie an, mit Apfelgriebsen, die sie in der Zwischenzeit verspeist hatten, um sich zu werfen. Endlich kehrten sie voller Würde in den Gerichtssaal zurück. Der Richter verkündete, man habe sich entschlossen, das Gesuch um Revision des Prozesses abzulehnen.

Pavel kehrte ins Lager zurück. Umgehend legte er mit Hilfe verschiedener Sträflinge, die Rechtsanwälte waren, schriftliche Berufung ein. Nach zwei Monaten kam wieder eine ablehnende Antwort. Nun schrieb man schon das Jahr 1959. Für Pavel begann das achte Jahr hinter dem Stacheldraht. Die verzweifelte Mutter schrieb den Obersten Gerichtshof an, als Antwort erhielt sie das Urteil des Kreisgerichtes. Pavel entschloss sich, eine Beschwerde wegen grober Gesetzesverletzung einzulegen, sie wurde erneut abgelehnt. Inzwischen beantragte die Mutter Pavels Entlassung auf Bewährung, da er die Hälfte der Strafe hinter sich hatte. Ende Mai fand die Gerichtsverhandlung um eine Bewährungsstrafe statt, diese wurde ebenfalls abgelehnt. Die Mutter geriet ans Ende ihrer Kräfte.

Im Sommer 1959 besuchten Pavel zwei Ermittler, fragten ihn leutselig nach dem Agenten Peter, ließen sich sein Aussehen genau beschreiben. Sonst beinhaltete das Gespräch auswendig gelernte Phrasen, um Zeit zum Formulieren weiterer Fragen zu gewinnen. Am Ende kam die Frage, ob er ihn wohl noch erkennen würde. Er bejahte spontan, damit war das Verhör, ohne jegliches Protokoll, beendet. Diese Antwort hatte ihm möglicherweise jede Chance zur Heimkehr vor Ablauf der vierzehn Jahre vermasselt.

Sein Gesundheitszustand hatte sich langsam stabilisiert. Seine Herzleistung war nicht mehr mit der vor dem Kollaps 1955 zu vergleichen, aber bei der leichten Arbeit konnte man überleben. Er wurde ein perfekter Schlosser und Schweißer, den Gelernten gleichwertig in Theorie und Praxis.

Pavel fing an, eifrig zu studieren. Von Volkswirtschaft über Staatswissenschaften bis hin zur Geschichte. Dabei nutzte er die Möglichkeit, die Älteren und einen Universitätsprofessor im Lager zu konsultieren so oft wie möglich. Wenn er von der Theorie genug hatte, nahm er sich Deutsch und Englisch vor. Nachdem 1955 die Deutschen entlassen worden waren, wurde es jedoch mit Deutsch sehr schwierig. Es gab keine Wörterbücher, neue Vokabeln lernte man von Kennern beider Sprachen, deren Anzahl in diesem Jahr beträchtlich gesunken war. Englisch hatten viele der Älteren in Schulen oder Kursen gelernt, sodass es ausreichend Englischsprechende gab. Die Verhältnisse im Lager hatten sich langsam beruhigt, den Stand vor dem Hungerstreik erreichten sie jedoch nie wieder.

Trotz allgegenwärtiger Monotonie brachte das Jahr 1959 Pavel eine große Neuigkeit. Bei ihrem Septemberbesuch erzählte ihm die Mutter, sie sei Großmutter geworden. Sein Bruder in Amerika hatte eine Tochter bekommen, sie nannten sie Stefanie Anna. Mutter war überglücklich, wollte Pavel noch ein Foto des Kindes zeigen, aber der Wärter mischte sich ins Gespräch, wovor sie Angst bekam. Gleich nach der

Rückkehr in die Baracke rief Pavel die Kameraden zusammen, kochte viel guten Tee und holte die besten Kekse. Jarda, mit dem er seit mehreren Jahren in der Werkstatt arbeitete, konnte seine Neugier nicht mehr bezwingen und fragte direkt, was gefeiert werde. Schließlich teilten alle Pavels Freude. Champagnerkorken flogen zwar nicht, das Anstoßen mit Tee war trotzdem ebenso herzlich. So feierte man große Familienfeste im Lager.

Gegen Ende des Jahres sickerten Gerüchte über eine vorbereitete umfangreiche Amnestie durch, die im Mai nächsten Jahres erlassen werden sollte. Letztendlich wurden einige politische Gefangene auf Bewährung entlassen, keine große Welle. Pavel hatte dauernd Nachmittagsschicht und sah manche seiner Freunde bloß am Sonntag. Besuche anderer Baracken waren zwar verboten, aber niemand hielt sich daran. Es war kompliziert zu kontrollieren, wer wohin gehörte. Einigen eifrigen Wärtern gelang es trotzdem langsam einen Überblick zu bekommen und die Bewohner einer bestimmten Baracke bei einem Besuch zu erwischen. Das wurde Pavel an einem Sonntag zum Verhängnis.

Ein Wärter Namens Putimák ertappte ihn in einem fremden Zimmer. Er meldete ihn sofort zum Rapport, darauf folgte eine Woche Isolation. Das hieß gleich nach Arbeitsschluss Aufenthalt auf einer besonderen Strafzelle. Zu dieser Zeit wurden bereits alle diese Strafen in den Papieren der Sträflinge vermerkt. Für die Kommandantur Grund genug, ein eventuelles Gesuch auf vorzeitige Entlassung abzulehnen. Verschiedene Wärter machten dauernd auf sich aufmerksam und zeigten ihren Eifer, obwohl sie niemand mehr dazu aufforderte.

Das eingespielte Leben im Lager hatte seinen Rhythmus, der nur durch gelegentliche Umzüge gestört wurde. Das ermöglichte den Gefangenen, sich kennenzulernen. Unter den Sträflingen gab es unterschiedliche Meinungsgruppen. Sie waren sich über das bestehende totalitäre Regime einig. Was aber seine Beseitigung anbelangte, gab es gravierende Unterschiede. Die ganz Alten glaubten noch fest an eine plötzliche Befreiung durch die Westmächte, so wie 1945. Häufig kursierten noch so genannte »Latrinen«, Nachrichten, die oft nicht stimmten, teilweise aber auch der Wirklichkeit entsprachen. Die Bezeichnung Latrine stammte noch aus dem Ersten Weltkrieg, als sich die Soldaten bestimmte Informationen nur auf der Latrine mitteilten, um nicht belauscht und gegebenenfalls wegen Hochverrats angeklagt zu werden. Die Vernünftigeren hatten die unrealistische Vorstellung einer Befreiung schon längst aufgegeben, ließen aber den Schwächeren die Hoffnung, die half zu überleben. Eine Hoffnung, die in vielen Fällen persönliche Tragödien verhinderte. Gedanken an einen Zerfall der Familien, entfremdete Kinder, Mädchen, die einen anderen heirateten, die wirkten eher deprimierend.

Noch vor Weihnachten trafen im Lager zwei Transporte ein, Kriminelle mit Strafen bis zu fünf Jahren. Sie wurden über alle Baracken und ebenfalls in verschiedene Arbeitskommandos verteilt. Am zweiten Januar wurde eine lange Namensliste verlesen, die genannten Sträflinge sollten am nächsten Tag mit ihren Sachen vorbereitet sein. Im Transport war auch Pavel. Wohin er gehen sollte, wusste niemand. Aus der Zusammensetzung konnte man nichts erahnen. Nach acht Uhr kamen zwei Busse mit Nummernschildern aus Příbram, das bedeutete Umsiedlung ins *Lager Bytíz*. Man fuhr ohne die unvermeidliche Durchsuchung ab, es ähnelte vielmehr der alltäglichen Fahrt zur Arbeit. Von Pavels Freunden war niemand dabei.

Die Einquartierung im *Lager Bytíz* verlief ohne Probleme. Pavel kam in eine Baracke mit ausschließlich Politischen. Noch vor Abgang der Nachmittagsschicht gelang es ihm mit Freunden zu sprechen, die er noch aus Zeiten seines ersten Aufenthalts hier kannte. Sie boten ihm eine Stelle als Schweißer in den Schlosserwerkstätten an, die gerade frei geworden war. Auch Schachtgerüste sollte er schweißen. Damit verbunden war zwar die Notwendigkeit, hin und wieder einzufahren, keineswegs aber täglich. Pavel befürchtete vielmehr, dass für so eine anspruchsvolle Arbeit seine Kenntnisse nicht ausreichen würden. Wie und auf welchen Wegen die Informationsflüsse der Sträflinge funktionierten, blieb unklar. Aber nach dem Abendessen teilte ihm die Arbeitszentrale mit, er solle am nächsten Tag die Stelle in der Nachmittagsschicht antreten, von der vor wenigen Stunden die Rede gewesen war.

Am nächsten Vormittag lernte er seinen künftigen Mitarbeiter kennen, der ihm versicherte, er müsse keine Angst haben. Er versprach, ihm alles zu zeigen und manche seiner Tricks und Künste zu verraten, sodass er bald genauso gut wie er werden würde.

Die Schachtwerkstätten waren sehr groß, zwar primitiv, aber zweckgemäß eingerichtet. Gleich am ersten Tag stellte Pavel fest, dass sein Kollege Pepa ein echter Meister war, der vom Handwerk bedeutend mehr verstand als hier verlangt wurde. Er konstruierte Fördervorrichtungen, die dann hier hergestellt wurden und die Arbeit der Sträflinge in der Grube ungemein erleichterten. Gerade wurden ganze Schüttevorrichtungen produziert. Pepa zeichnete die einzelnen Teile, Pavel schweißte sie aus. Dann bauten sie die Dinge gemeinsam zusammen. Alles war neu und interessant. Am Ende der Schicht standen fünf neue Schüttevorrichtungen da, bereit, am nächsten Tag geschweißt zu werden. Der zivile Meister war hoch zufrieden, lobte auch den neuen Schlossergesellen. Seine Freunde konnte Pavel erst am Sonntag besuchen.

Für einen Tag war genug passiert. Alle waren neugierig, wie die Atmosphäre im Lager nach dem Hungerstreik vor vier Jahren war. Man begann schon, die Zeit in Jahrzehnten zu messen, viele hatten bereits die ersten zehn Jahre hinter sich. Beim Erzählen zeigte sich die ganze Tragik ihres Schicksals, insbesondere wenn sie von den einzelnen Lagern und den Jahren sprachen, die sie in ihnen verbracht hatten. Der eine zwei, der andere vier Jahre. Es war wie ein Wettbewerb, bei dem manche das Recht hatten, über das Leben anderer zu entscheiden. Die Gefangenen ergänzten sich gegenseitig, ohne daran zu denken, dass diese Jahre die Jahre ihres eigenen Lebens waren. Ihre Unfreiheit, ihre Leben, das war der Preis für die Freiheit kommender Generationen. Ihre Meinungen über die Zukunft waren auch hier so unterschiedlich wie im *Lager Vojna*.

Ab Februar füllte sich das Lager immer mehr mit Kriminellen, die hohe Strafen zu verbüßen hatten. Hier und da kam auch jemand aus Jáchymov. Man erzählte sich von der Auflösung des *Lagers Mariánská*, von dort war ein Teil der Häftlinge in das *Lager Rovnost* verlegt worden. Ein Teil blieb, um das Lager abzubauen. Im Gebiet Slavkov bestand nur mehr das *Lager Prokop*. Es wurden große Ereignisse erwartet, man sprach von einer allgemeinen Amnestie, der ersten bedeutenden für politische Gefangene. Diese Amnestie sollte Zehntausenden die Rückkehr ins Leben ermöglichen. Zehntausende, die hinter den Gefängnismauern und hinter dem Stacheldraht der furchtbaren Hungerlager so lange Zeit überlebt hatten. Es war ein milder Winter in diesem Jahr, frühzeitig begann ein warmer Frühling voller Sonne, durchdrungen von den Düften eines neuen Lebens. Die Führung der Betriebe machte in den letzten Apriltagen kein Geheimnis mehr daraus, was man erwartete. Die Eingeweihten wussten genau, dass die Amnestie nicht alle betraf, man wusste auch, wer das Lager nicht verlassen würde. Dementsprechend besetzte man die Schlüsselpositionen, damit die Amnestie die Leistung der Betriebe nicht bedrohen konnte.

Die Wiesen um das Lager blühten auf wie nie zuvor, das frische Grün der Bäume und Sträucher, all dies bildete eine fröhliche Kulisse zu dem Ereignis, von dem jeder Gefangene unentwegt träumte. Es war, als ob sich die Natur noch denen von der schönsten Seite zeigen wollte, die diesen Ort verlassen sollten und denen zum Trost, die man zwingen würde zu bleiben. Die Düfte lösten sowohl glückliche als auch schmerzliche Gefühle aus.

*

Am Samstag, dem sechsten Mai, mussten nach dem Frühstück alle auf dem Appellplatz mit ihren Sachen antreten. Die Bedeutung dieses Befehles war allen klar. Die Luft füllte sich mit Spannung und Hoffnung. Kurz darauf standen die Häftlinge in Fünferreihen auf dem Platz zwischen den beiden Toren und vor der Küche, zu Füßen ihren ganzen Besitz. Es war nicht viel, ein paar Decken, Zahnbürste und -pasta, Seife und einige erlaubte Kleinigkeiten zum Überleben. Die Spannung stieg.

Nach dem Abzählen trat ungewohnte Stille ein. Aus dem Wald hinter dem Lager erhob sich ein Bussard, kreiste mehrmals über den Wiesen, verschwand dann am Horizont. In den fernen Feldern sang eine Lerche ihre Melodie eines neuen, freien, vollwertigen Lebens. Plötzlich erklang die Stimme des Lagerrundfunks, hallte an den umliegenden Haufen wider und verschwand im Grün der Wiesen. Dann forderte die Stimme diejenigen auf, deren Namen verlesen wurden, sich sofort auf die andere Seite des Appellplatzes zu begeben. Es ging langsam, man wollte Abschied nehmen. In den Augen standen Tränen der Freude und der Trauer. In diesem Augenblick wusste niemand, wie das Schicksal entschieden hatte.

Aus Minuten wurden Stunden. Die Reihen auf dem Platz leerten sich. Langsam wurde es offensichtlich, diejenigen am anderen Ende sollten gehen. Manche Fünferreihen waren ganz weg. Die Spannung der Verbleibenden stieg. Nach etwa zwei Stunden verstummte die Stimme.

Pavel blieb allein, um ihn herum war es leer geworden. Er starrte auf das Bündel zu seinen Füßen, hob dann den Kopf, sah nach beiden Seiten. Dort, wo die Politischen gestanden hatten, waren nur Reste der Fünferreihen. Niemand sprach ein Wort. Jeder war in sich versunken, dachte an die, die zu Hause warteten, die Kinder auf den Vater, die Mütter auf den Sohn.

Dann erklang von Neuem die Stimme aus dem Lautsprecher. Irgendwie klang sie nicht mehr so hart, war menschlicher geworden, als ob sie die Tiefe dieses Moments spüren würde. Der Sprecher verstummte hin und wieder, betrachtete die wenigen, die fast wie erstarrt noch dort auf dem Platz standen. Vielleicht war ihm klar geworden, dass auch er ein Teil des Unerbittlichen war, unter dem so viele menschliche Wesen leiden mussten. Diese wenigen Minuten der Stille waren der Endpunkt für das Elend der einen, der Endpunkt für die Hoffnung der anderen.

Ans Mikrofon trat eine andere Person und verlas die neue Verteilung auf die Baracken. Pavel landete zusammen mit einem anderen politischen Gefangenen in einer Stube, wo Kriminelle waren. Sie betrachteten ihn mit Verständnis und Respekt. Er machte sein Bett und legte sich hin.

Während auf der anderen Seite des Lagers Frohsinn herrschte, spielte sich im Lager im Inneren der Zurückgebliebenen ein Drama ab. Ihre Augen schweiften über die untere Wiese. Dort hinter dem Stacheldraht lagen ihre Städte und Dörfer. Die Mütter, die Frauen mit den Kindern würden mit vor Hoffnung leuchtenden Augen am Bahnsteig stehen. Wieder und immer wieder würden sie kommen, von einem der Ankömmlinge zum anderen gehen, fragen und fragen. Am Ende das ewige Warten auf einen flüchtigen Blick durch das Besucherfenster. Der Schmerz ermüdete nicht, sondern schenkte Gewissheit, dass er noch am Leben war. Eine weitere Etappe des Kampfes gegen das Schicksal war zu Ende. Es gab noch keine Sieger, nur manche wurden vom Schlachtfeld geführt, das nun den Zurückgebliebenen öde vorkam.

Es folgte eine lange traumlose Nacht. Der Sonntag verging sehr langsam. Um die Baracken, in denen die zu entlassenden Sträflinge untergebracht waren, stellte man einen Stacheldrahtzaun auf und bewachte ihn sorgfältig. Die, die bisher in einer Front gestanden hatten, wurden auseinandergerissen. Hier hinter dem Stacheldraht war ihr Zusammengehörigkeitsgefühl nicht zu brechen gewesen. Die Lager waren Inseln des Widerstandes, mitten im Land. Die Amnestie brachte zwar vielen eine relative Freiheit, bedeutete aber auch eine Zerstreuung der Kräfte. Die Kommunisten behielten ihre Geiseln und demonstrierten gleichzeitig ihre Stärke. Jeder konnte jederzeit zurückgeschickt werden. Die Amnestie war nur eine Entlassung auf Bewährung.

Die ersten Tage nach der Amnestie waren schlimm. Als ob in den Menschen der Schmerz wütete, den sie bisher bewältigt und in sich verborgen hatten. Nun wurde er intensiver, gefüttert mit den Erinnerungen an die, die schon so lange zu Hause warteten. Niemand sprach darüber, nur in den Augen war zu sehen, was die Seelen bewegte. Die Häftlinge kamen auf ihre Arbeitsplätze, die irgendwie öde und leer zu sein schienen. In den Förderstollen hallten nur die eigenen Schritte wider, die eigene Stimme.

III. Sonderlinge

Die Verhältnisse im Lager hatten sich verändert. Die restlichen etwa 130 politischen Gefangenen behielten ihr Niveau. Verteilt auf alle Baracken verbrachten sie ihre Freizeit mit Lesen. Material war nun mehr als genug vorhanden, aber Pavel gelang es nicht, sich auf das Studium zu konzentrieren. Jeder musste selbst seinen inneren Kampf kämpfen und damit fertig werden, dass die zu Hause weiter warten mussten.

Die Arbeit der Politischen fand jetzt mehr Achtung. Gruppen der Kriminellen lehnten es entweder ab zu arbeiten oder arbeiteten unter vielen Vorbehalten. Wiederholtes Umziehen sorgte für Unruhe. Die Wärter ließen oft ihre Wut gerade an den politischen Gefangenen aus. Die Konflikte verschärften sich und endeten in den Strafzellen. Die Männer arbeiteten lieber an Samstagen und Sonntagen.

Unter den Kriminellen waren Menschen, die Verkehrsunfälle verursacht hatten oder für kleine Diebstähle von Baumaterial, welches sie hohen Genossen bis ins Haus lieferten, verurteilt worden waren. Wehe, wenn sich ein kleiner Dieb selbst etwas abgezapft hatte, in dem Moment wurde er vor

Gericht gestellt und verurteilt. Ihre Strafen bewegten sich allerdings bei einigen Monaten, ausnahmsweise bekamen sie ein bis zwei Jahre. Diesen Menschen erschien die Länge ihrer Strafe unerträglich, sie konnten nicht begreifen, dass hier Menschen bereits seit zehn Jahren und länger lebten und trotzdem Klarheit über alle Lebensfragen behielten.

Mit der Ankunft neuer Sträflinge kamen auch Nachrichten über die Amnestierten. Einige Wochen lang waren sie von Betrieb zu Betrieb gezogen und hatten Arbeit gesucht. Überall schlug man ihnen die Tür vor der Nase zu. Außerhalb des Stacheldrahtes herrschte Resignation, das kommunistische Regime hatte sich stabilisiert. Trotz ihrer angeschlagenen Gesundheit endeten die ehemaligen politischen Gefangenen zumeist in Steinbrüchen, Kohlengruben, auf Müllkippen, in Zementfabriken, Eisenwerken, kurz überall dort, wo sonst niemand arbeiten wollte.

Pavels Arbeit war nicht ohne Probleme. Er arbeitete zwar unter einem schützenden Dach, aber die einseitige Belastung der Wirbelsäule, dauernd vorgebeugt, zeigte ihre Folgen. Er bemühte sich, die Beschwerden zu ignorieren, denn er konnte sich nicht vorstellen, was er sonst machen sollte. So verging das Jahr 1960. Im Herbst bewilligte man ihm endlich einen Besuch. Die Mutter kam trotz des kalten Wetters. Er ahnte nicht, dass er sie zum letzten Male sehen würde. Das Gespräch drehte sich um die Amnestie und die Gründe, warum man ihn nicht entlassen hatte. Der Besuch fand nicht mehr am verdrahteten Fenster statt, sondern an einem großen Tisch. Der Aufseher mischte sich nicht in das Gespräch, die Mutter konnte ihm das Foto der kleinen Stefanie zeigen. Er war froh, dass sich die Gedanken der Mutter in diese Richtung konzentrierten und von ihm abgelenkt wurden. Die Hälfte der Besuchszeit weinte sie, aber die Tränen waren auch Freudentränen über das Enkelkind. Nachdem sie gegangen war, gelang es ihm, ihr noch aus dem Fenster zuzuwinken. Ihre Augen waren voller Tränen, diese gehörten nur ihm.

Im Frühjahr 1961 trafen die ersten »Rückkehrer« ein, oft in schlechtem psychischem Zustand. Zu einer verhältnismäßig kurzen neuen Strafe kam die Strafzeit, die bei der Amnestie bedingt erlassen worden war. So kehrten einige mit Strafen über zehn Jahre wieder ins Lager zurück. Das Verbrechen, für das sie verurteilt worden waren, bestand darin, dass sie von den Erlebnissen in den Fünfzigerjahren gesprochen hatten oder einfache politische Witze erzählten, über die sich das ganze Volk amüsierte. Die freigelassenen Häftlinge hatten ihre eigenen Vorstellungen von Freundschaft, so wie sie es gewohnt waren aus den Gefängnissen und Lagern. Sie vertrauten jedem, der sie freundlich behandelte, wurden daher zu leichten Opfern der Staatspolizei. Mit der Zeit erfuhren sie, wer in der Partei war, als hoher Funktionär galt oder für die Geheimpolizei arbeitete, aber diese Erkenntnisse kamen oft zu spät. Viele der jüngeren hatten draußen geheiratet, mussten jetzt ihre Familien auf lange Zeit verlassen.

Briefe wurden zwar noch zensiert, waren aber nicht mehr begrenzt. Pavel begann, seiner Mutter regelmäßig zu schreiben. Im Februar bekam er keine Antwort auf seine Briefe. Er versuchte es nochmals, wieder keine Antwort. Zu Besuch kam seine Cousine aus Prag mit der Nachricht, die Tante habe Rückenschmerzen und könne nicht sitzen. Sie würde schreiben, sobald es ihr wieder besser ginge. Er akzeptierte das, ohne daran zu zweifeln und schrieb jede Woche, damit Mutter etwas zu lesen hatte.

Das Leben im Lager war monoton, die Tage glichen einem wie dem anderen. Pavel verspürte wieder Schmerzen im Rücken, lief jetzt auf eine Seite gekrümmt. Eines Tages rutschte er auf einem nassen Stein aus, verspürte bohrenden Schmerz im Kreuz und im ganzen linken Bein. Er hinkte in die Baracke und wusste, es war schlimm. Täglich acht Stunden über die Arbeit gebeugt zu sein kam nicht mehr in Frage. Während der Nachmittagsschicht schilderte er dem zivilen Meister die Situation. Der Mann bot ihm eine Stelle an der

Drehbank in der Werkstatt an. Es handelte sich um Reparaturen der Bohrerspitzen und andere Drechselarbeiten, eine Arbeit, die er bewältigen konnte. Später zeigte sich, dass es doch nicht so einfach war, aber aufgeben wollte er nicht. So wie einst das Schweißen nahm Pavel auch dieses Handwerk sehr ernst, besorgte sich Literatur über Materialien, Werkzeug und das Passungssystem.

Die Arbeit hier verlief in drei Schichten, also fing er an, wieder nachts zu arbeiten. In der Werkstatt arbeitete an einer zweiten Drehmaschine ein junger, gelernter Dreher, sehr zuvorkommend und hilfsbereit. Er war wegen des Verkaufs von Maschinenelementen, die zum staatlichen Materialgut zählten, verurteilt worden. Er behauptete, alles sei anders gewesen. Pavel war der Meinung, dass der Junge Opfer der Justiz geworden war, so wie er selbst in den Fünfzigerjahren. Das Regime brauchte weiterhin unfreie, leicht lenkbare Menschen. Der Junge sang ununterbrochen vor sich hin. Seine Stimme verschwand oft in den Geräuschen der laufenden Maschine, doch sein Rock'n'Roll-Lied erklang immer wieder. So verging der Monat März.

Anfang April schrieb Pavel seiner Cousine, die die Mutter oft besuchte. Die Antwort kam erst in der zweiten Hälfte des Monats Mai und war niederschmetternd. Sie entschuldigte sich für die späte Antwort, sie wisse, wie schwer es für Pavel sein würde zu erfahren, dass seine Mutter schwer krank war. Der Krebs war zurückgekehrt, es gab keine Heilung mehr. Die Rückenschmerzen im Februar waren offenbar durch die Krankheit ausgelöst worden. Man hatte sie mehrmals zur Bestrahlung eingeliefert, aber ihr Zustand verschlechterte sich. Die Ärzte gaben ihr keine Hoffnung mehr. Sie lag nun allein zu Hause ohne Hilfe.

Pavel verspürte wie nie zuvor seine Machtlosigkeit. Er pflegte eine innige Beziehung zu seiner Mutter. Sofort begann er einen Brief zu schreiben, jede Zeile war voller Schmerz und Verzweiflung. Er stellte sich ihre Umgebung vor, an wen sie wohl denken würde. Er konnte ihr nicht einmal »Verzeih mir!« sagen und hätte dabei so viele Gründe gehabt. Später erfuhr er, wie sie in ihren Schmerzen die Namen der Söhne gerufen hatte, die nicht kamen. Es schien, als wüsste sie nicht mehr, warum. Sie wollte sie in den schweren Stunden bei sich haben, unter dem Kissen hatte sie ihre Fotos und das des Enkelkindes. Sie erfreute sich an den Bildern, so lange sie sich noch rühren konnte. Dann umgab sie nur Dunkelheit und sie kämpfte gegen den Schmerz. Manchmal kam der Arzt mit der Morphiumspritze, jedoch nicht so oft, wie sie es gebraucht hätte.

Pavel beantragte sofort eine Besuchserlaubnis und bekam eine Bewilligung für den 4. Juni. Er lief völlig abwesend seine Wege, im Lager schrieb er Briefe, manchmal zwei an einem Nachmittag. Er gab ihr Kosenamen, schrieb Worte, die ihr Freude bereiten sollten, wusste aber, dass sein Tun vergeblich war. Er konnte nicht schlafen, weder am Tage noch in der Nacht. War in Gedanken andauernd bei ihr. Wenn er einschlief, hörte er sie schreien aus Verzweiflung. Er wachte auf und schlief nicht wieder ein. Manchmal begleiteten ihn fiebrige Halluzinationen, so wie damals in der Haft, als über sein Leben entschieden wurde. Alles um ihn herum war ihm egal, er fühlte nur Mutters Schmerz. Angespannt wartete er den sonntäglichen Besuch ab.

Die Hoffnung stirbt zuletzt, er redete sich ein, es wäre vielleicht doch noch Rettung möglich. Die Cousine teilte ihm jedoch mit, der Zustand sei hoffnungslos, er solle sich auf das Schlimmste gefasst machen. Die Mutter erkannte sie manchmal schon nicht mehr. Pavels Briefe las der Mutter eine Jugendfreundin vor, die sie jetzt öfters besuchte. Die beiden Frauen weinten und erinnerten sich an gemeinsame Spaziergänge mit ihren Kindern, als diese noch ganz klein gewesen waren. Manchmal kamen Mutters Brüder, oft war sie allein. Die Cousine verließ den Besucherraum mit einem Blumenstrauß für die Mutter, erschüttert über Pavels Aussehen. Blutunterlaufene Augen und verzerrte Gesichtszüge zeugten von dem, was er durchmachte.

In dieser Woche hatte er Nachtschicht. Er schlief zwei Stunden täglich, sprach mit niemandem. In seinen Gedanken war er zu Hause, wo die Tragödie ihr Ende nahm. Das Lied seines Kollegen, das von einer Oma erzählte, bohrte sich tief in sein Herz hinein. Er würde das Wort »Oma« nie hören können. Er wusste nicht, was in dieser Woche um ihn herum passierte. Die Nacht zum Freitag war er bereits vollkommen fertig. Die Maschine verschwand vor seinen Augen. Der Junge, der mit ihm in der Werkstatt war, zwang ihn, sich hinzusetzen und übernahm die Arbeit an der Drehbank.

Um fünf Uhr früh war plötzlich alles anders, es schien, als sei die bedrückende Last von Pavel genommen, er verspürte Erleichterung. Sie musste aus dem Leben geschieden sein, befreit von allem Schmerz und Leid, die Gefühlsverbindung zwischen ihm und ihr war unterbrochen. Es war Samstag der 10. Juni 1961.

Nach dem Frühstück legte er sich hin und schlief ein. Nach langer Zeit schlief er, bis man ihn zur Nachtschicht weckte. Am Sonntag begann er wieder mit seinen Freunden zu kommunizieren. Mit einem Transport aus dem *Lager Vojna* waren einige alte Bekannte gekommen, darunter auch Jindra und Josef, mit denen er einige Jahre lang zusammengearbeitet hatte. Das *Lager Vojna* wurde aufgelöst, die Ankömmlinge waren einige der letzten Insassen. Eigentlich waren sie schon vor einer Woche angekommen, aber Pavel hatte ihre Anwesenheit nicht wahrgenommen. Sie wussten, wie es um ihn stand, hatten ihn in Ruhe gelassen. In solchen Momenten war man lieber allein.

Am Montag rief man ihn unerwartet auf die Kommandantur. Der Vertreter des Lagerleiters teilte ihm mit, der Nationalausschuss habe um Unterbrechung der Haft auf einen Tag zum Begräbnis der Mutter angesucht. Gleichzeitig erfuhr er, dass sie wirklich am Samstag früh gestorben war. Der Offizier ließ ihn auf dem Gang vor dem Büro warten, er müsse die Bewilligung aus Prag einholen. Nach einer halben Stunde kam er zurück, begann schon an der Tür zu brüllen, was er sich eigentlich erlaube, so ein Gesuch einzureichen. Pavel antwortete, es sei eine Sache des Anstandes für jeden Sohn, an der Beerdigung der Mutter teilzunehmen und eine Sache des Anstands anderer, ihm dies zu ermöglichen. Abgesehen davon habe nicht er das Gesuch eingereicht, sondern der Nationalausschuss. Der Kommandantenvertreter Vojík erklärte noch, nach Ansicht Prags käme eine vorzeitige Entlassung überhaupt nicht in Frage. Pavel nahm dies zur Kenntnis, teilte Vojík mit, nach dem Tod seiner Mutter habe er sowieso keinen Grund mehr, so schnell wie möglich freizukommen. Er machte dabei kein Hehl aus seiner Verachtung. Bis auf den Hof begleiteten ihn die wütenden Beschimpfungen des Uniformierten.

Pavel nahm an, die Beerdigung würde am Nachmittag des folgenden Tages stattfinden. Wieder überfiel ihn Trauer, aber es war anders als in den vorangegangenen Krisentagen. Er sah den Friedhof vor sich, wie sich der Platz mit Verwandten und Freunden füllte, Mutter hatte so viele. Man würde von beiden Söhnen sprechen, besonders von ihm, dass man ihm nicht gestattet hatte, am Begräbnis teilzunehmen.

Nach Mutters Tod veränderte sich allmählich Pavels Verhältnis zum Heimatort. Er fühlte, es gab kein Zuhause mehr. Es gab niemanden mehr, der sein Zuhause darstellen würde. Er fürchtete sich vor einer Heimkehr. Sein Weg würde auf den Friedhof führen, zu Mutters Grab. Endlich würde er ihr alles sagen können, wie man sie belogen hatte. Wie man ihn schlecht gemacht hatte in ihren Augen, wie man ihm alle Schuld zugeschrieben hatte, Schuld daran, dass sie einsam und verlassen sterben musste. Dabei hatte er bei ihr sein und sie pflegen wollen. Sie würde ihn anhören und verstehen, bestimmt, auch wenn seine Worte ohne Antwort blieben.

Die harte Realität des Alltags half ihm, das innere Leid zu überstehen. Die vom *Lager Vojna* angekommenen Kameraden waren um vieles älter als er, es waren Familienväter, und ihre Familien warteten manchmal seit mehr als zehn Jahren vergeblich auf sie. Aus Kindern, die man zu Hause zurückgelassen hatte, waren Erwachsene geworden, ohne den Vater an ihrer Seite gehabt zu haben. Aber die Männer machten sich andere Sorgen. Sie versuchten Pavel zu verstehen und er sie. Nach der Arbeit trafen sie sich, um Neuigkeiten auszutauschen, alle versuchten, mit ein wenig Öl die Flamme der Hoffnung am Leben zu erhalten, die manchmal schon zu erlöschen drohte.

Eines Tages forderte man Jindra auf, am nächsten Tag im Lager zu bleiben. Beide dachten an einen Transport und verabschiedeten sich voneinander. Aber es war kein Transport, er wurde nach Hause entlassen. Etwa zwei Monate später folgte Josef. Von dem alten Baukommando war nur Pavel zurückgeblieben. Sie hatten zusammen eine ganze Reihe Häuser gebaut, die würden jetzt späteren Generationen dienen. Zusammen hatten sie fünfmal die Blüte an den Hängen des *Heiligen Berges* erlebt. Dann hatte man Pavel nach Bytíz versetzt, wo in der Grube gearbeitet wurde. Jetzt war er allein, aber nicht für lange. Er kam bald in Werkstätten, in denen Maschinen aus allen Gruben Jáchymovs repariert wurden, man stellte neue Prototypen her, hier wurde mit dem Kopf gearbeitet. Die wenigen Sträflinge, die hier als einfache Arbeiter eingestellt wurden, hatte man sorgfältig ausgewählt, damit es zu keinen Auseinandersetzungen kommen konnte. Viele mussten hier das Handwerk bei der Arbeit nachträglich erlernen oder ihre Kenntnisse vervollständigen. Pavel wurde der Drehbank zugeteilt, denn qualifizierte Dreher gab es nur selten. Er vertiefte sich von Neuem in die entsprechende Literatur, lernte von den Zivilangestellten und bestand schließlich sogar eine Prüfung. Fachleute schätzten seine Arbeit und bewerteten sie als hochqualitativ. Er arbeitete in der Nachmittagsschicht. Seine gesundheitlichen Beschwerden nahmen ab. Er und zwei neue Kameraden, Mirek und Honza, bildeten so etwas wie eine Sträflingselite, vor der auch die zivilen Angestellten Respekt empfanden.

*

Das *Lager Bytíz* wurde dauernd umgebaut. Unterhalb der Halde der Grube Nr. 11 stand schon eine ganze Reihe neuer Baracken. Wegen des Umbaus musste man immer wieder umziehen, aber die Gruppe blieb zusammen. Der Winter dieses Jahres war nicht hart, aber sehr lang. Im März kamen aus dem Kreis der Eingeweihten Gerüchte auf, dem Lager drohe Einsturzgefahr. Es wurden seismographische Vorrichtungen angebracht und eine intensive Fundamentierung der Hohlräume vorbereitet, die schon vor langen Jahren nötig gewesen wären. In der Nachmittagsschicht hörte Pavel oft, wie das Gestein arbeitete. Die Geräusche ängstigten nicht nur die Kumpels, sondern auch die stummen Bewohner der Grube, die Ratten. In den oberen Sohlen hetzten sie verwirrt umher und wussten nicht, wohin. Dort oben wurde allerdings schon längst nicht mehr gefördert, die Problematik der Hohlräume war allgemein bekannt.

Der Großteil der politischen Gefangenen wohnte in den Baracken B und C, einzelne noch in D und E. Man hatte sie nach der Auflösung des *Lagers Vojna* und des letzten Lagers in Jáchymov, Rovnost, hier versammelt. Ihre Arbeit war gefragt, trotz der zunehmenden physischen Schwäche der Männer, denn einige wenige der Kumpels, die noch einfuhren, waren in Bytíz schon seit Beginn dabei, kannten die Stollen und alle Probleme der Grube. In den letzten Tagen wurde dauernd über den Zustand der oberen Sohle diskutiert, gerade an dieser Stelle stand ein Teil des Lagers.

Die Nacht vom 31. März auf den 1. April war kalt. Das Thermometer stand zwar leicht über Null, aber es wehte ein aufdringlicher Ostwind. Kurz nach Mitternacht hörte

Dokumentation des Stolleneinsturzes im *Lager Bytíz*, am 1. April 1962

man dumpfes Poltern, danach Geräusche berstenden Holzes, dazwischen leise Schreie von Menschen. Die Beleuchtung war ausgegangen. Dann trat Unheil verkündende Stille ein. Der Diensthabende war aus dem Wachzimmer am unteren Lagertor gestürzt, der Strahl seiner Taschenlampe zuckte nach allen Seiten. Jetzt bewegte er sich in die Richtung, aus der der Lärm kam, plötzlich blieb er stehen. Zu seinen Füßen hatte sich ein Krater geöffnet, im Durchmesser etwa achtzig Meter. Am Rand bröckelte noch Erde ab, über allem lag eine Dunst- und Staubwolke.

Pavel, der im ersten Raum der Baracke B schlief, war aufgewacht. Er ging zur Latrine. Lichtraketen schossen in die Luft, langsam begann die Notbeleuchtung zu funktionieren. Durch das Glas der Tür sah er wild gestikulierende, diskutierende Wachen. Sie bemerkten nicht einmal, dass er hinaustrat. Die Notbeleuchtung spendete nur karges Licht. Auch aus der Baracke nebenan kamen zwei Sträflinge in Hemd und Unterhosen. Das Licht der Raketen hing über der Stelle der Katastrophe und beleuchtete eine grauenhafte Szene.

Der gesamte Küchentrakt und der Appellplatz waren verschwunden, an ihrer Stelle war ein riesiger Krater, darüber Rauch und Staub. Immer noch hörte man einzelne Steine in die Tiefe fallen. Auf der anderen Seite des Loches hingen Teile der Baracke E. Auch das große Kulturhaus stand schief, ein Teil hing über der Grube, genauso auf der linken Seite das kleine Häuschen, in dem früher der Lagerälteste gewohnt hatte, jetzt die Bleibe der Köche. Vier Gestalten sprangen aus dem Häuschen, verschwanden irgendwo auf der anderen Seite. Inzwischen war das Stromaggregat der Notbeleuchtung voll angelaufen. Die bisher blassen Konturen der eingestürzten Gebäude wurden immer deutlicher. Lautes Stampfen war zu hören, die Lagerwachen gerieten in Panik, eine solche Situation hatten sie nicht geübt.

Sie trieben Pavel und die anderen zurück in die Baracken. Dort schliefen die meisten noch ungestört. Pavel erklärte dem

Diensthabenden im Gang, was geschehen war. Der Mann glaubte an einen Aprilscherz und schickte ihn schlafen.

Inzwischen waren auch andere aufgewacht, der Lärm um das Wachzimmer schwoll an. Einige traten vor die Baracken, kamen erschrocken zurück, vor Kälte und Aufregung am ganzen Körper zitternd. Der Diensthabende, ein alter, erfahrener Sträfling, wollte sich Klarheit verschaffen und eilte hinaus. Erschüttert kehrte er zurück, gleich darauf weckte er alle in den Zimmern und teilte mit, was geschehen war. Grenzenlose Aufregung verbreitete sich. Allen war klar, man musste weg, so schnell wie möglich. Ihre Baracke war von der Stelle der Katastrophe nur etwa fünfzehn Meter entfernt, weitere Einstürze waren mehr als wahrscheinlich.

Die Reaktion der alten Sträflinge war typisch. Bevor sie begannen, ihre Sachen zusammenzusammeln, setzten sie Tee auf. Dies könnte der letzte Tee im ganzen Leben sein. Niemand wusste, ob er den nächsten Morgen erleben würde. Apathisch geworden durch die dauernde Gefahr, gab man automatisch einem guten Getränk Vorzug vor Nervosität und Eile.

Nach ungefähr einer halben Stunde stellte sich der Lagerkommandant ein, brüllte im Wachzimmer, krachte die Tür zu, dann stürmte er in die Baracke B und schrie: »Was macht ihr da noch, ihr alten Trottel[15], sofort raus!« Er lief durch den Gang, öffnete mit einem Fußtritt die Hintertür und ordnete immer noch wütend sofortige Evakuierung durch den kleinen Korridor in den Betrieb an. Die alten Trottel tranken ihren Tee aus und machten sich auf den Weg. Nicht nur aus den bedrohten Baracken, sondern auch aus den anderen erschienen vereinzelt in der nächtlichen Kälte Männergestalten, ihre Sachen auf dem Rücken in eine Decke gewickelt. Alle suchten Zuflucht in den Kellern des steinernen Betriebshauses, das sie sonst nicht betreten durften. Die Kälte drang bis in die Knochen und vertrieb den Halbschlaf.

Gegen Morgen mussten sie zum Zählappell antreten. Er dauerte zwei Stunden, alle waren durchgefroren und hielten

---

15 Im Tschechischen »Magoři«, wird auch mit »Sonderling« übersetzt.

sich vor Müdigkeit kaum noch auf den Beinen. Die Wut des Kommandanten richtete sich ausnahmsweise allein gegen die Wärter. Nach vergeblichen Versuchen endlich festzustellen, wie viele Kumpels in der Grube gewesen waren, bekam er einen cholerischen Anfall und ließ die Männer abtreten. Die Sträflinge kehrten in die Kellergänge zurück oder setzten sich auf die Kohlenhaufen und warteten auf ihr weiteres Schicksal.

Erst um neun herum brachten Soldaten Brot und schwarzen Kaffee. Nach dem Mittag kam eine Feldküche und es wurde Mittagessen verteilt. Sie waren mit dem Essen noch nicht fertig, als sie wieder zum Zählen antreten mussten. Es war Samstag, und in der Grube arbeiteten fast nur Handwerker. Das Resultat der Zählung war nicht zufriedenstellend und musste wiederholt werden. Inzwischen wurden einige Männer ins Lager abkommandiert, um Betten zu tragen. Gegen Abend gab es einen Appell mit allen Sachen. Dies bedeutete Umzug in die weniger bedrohten Baracken. Eine allgemeine Evakuierung kam offensichtlich nicht in Frage, denn der Betrieb konnte ohne diese billigen Arbeitskräfte nicht existieren.

Die Pritschen standen in den Baracken auch auf den Gängen. Auf den Zimmern war nicht einmal Platz für Tische, man hatte sie weggeschafft. In Stuben, in denen normalerweise vierzehn Sträflinge untergebracht waren, schliefen nun vierzig Menschen. In den Doppelbetten lagen die Männer zu fünft. Am Montag regelte sich die Situation von selbst, eine Schicht ging zur Arbeit, die anderen lagen auf den Betten. Pavel hatte sich einen der oberen Plätze auf der Pritsche im Flur einer entfernten Baracke ausgesucht. Niemand zeigte Interesse an diesem Platz, er musste sich mit niemandem abwechseln.

Das Lager war jedoch noch immer bedroht. Noch am gleichen Tag wurde mithilfe eines Kranes eine Rettungsmannschaft in den Krater hinabgelassen. Die Versuche, zu zwei verschütteten Köchen vorzudringen, blieben erfolglos. Ob sie in einem Hohlraum noch einige Zeit überlebt hatten oder von den Holzbalken sofort erschlagen worden waren, erfuhr niemand mehr.

Zu der Katastrophe war es beim Schichtwechsel gekommen. Die Köche der Nachmittagsschicht hatten gerade die Küche verlassen, als sie von denen der Frühschicht abgelöst wurden. In dem Moment, als sie den Hintereingang der Küche betraten, krachte es, der Boden versank und alles stürzte ein. Die zwei, die gerade gingen, drehten sich noch um und sahen, wie ihre Kameraden unter den Dachbalken verschwanden, dann ging das Licht aus. Auch sie verloren den Boden unter den Füßen, aber es gelang ihnen, sich am Geländer des Häuschens festzuhalten und hochzuziehen. Aber der ganze Bau neigte sich schon in den Krater, die Zeit reichte gerade noch, die Kameraden aus den Betten zu reißen und gemeinsam durch das Fenster zu flüchten. Sie blieben bis zum Appell, als sie vermisst wurden, im Lager versteckt.

Zwei Tote, das war der Preis für die Schlamperei und das mangelnde Interesse der Betriebsleitung und der eigenen Kommandantur. Wäre die Katastrophe zur Zeit der Zählungen passiert, hätten auf dem Appellplatz an einem Arbeitstag 600 Männer gestanden, an einem Sonntag die doppelte Anzahl, und alle wären in dem Krater verschwunden. Die Zahl der Opfer wäre in die Hunderte gegangen, sofern es überhaupt jemandem gelungen wäre, sich zu retten. Für Pavel war der Ablauf des Geschehens eines der Wunder des Schöpfers oben am *Heiligen Berg*.

Die Wochen dieses kalten Monats gingen schnell vorbei. Täglich gab es Brigaden zum Umbau der Baracken. Das Lager wurde an den Fuß der großen Halde der Grube 11 und auf die Wiese vor der Kommandantur verlegt, das war jetzt der Mittelpunkt des Lagers.

Am 7. Mai wurde ein Befehl verlesen, auf dessen Grundlage einige der Männer am nächsten Tag im Lager blieben. Gegen Abend wurden sie isoliert, zur Feier des Jahrestages am 9. Mai

Dokumentation des Stolleneinsturzes im *Lager Bytíz,* am 1. April 1962.
Oben: Eingestürzter Apellplatz.
Unten: Abgerissene Baracke.

wurden sie mit dem Erlass der Amnestie vertraut gemacht. Niemand regte sich noch auf wie vor zwei Jahren, das Ereignis stand im Schatten der Katastrophe der letzten Tage.

Im *Lager Bytíz* waren noch zirka 60 politische Gefangene zurückgeblieben. Es waren Häftlinge aus allen in Jáchymov aufgelösten Lagern. Der anfangende Sommer wirkte beruhigend auf die Atmosphäre. Auf der Wiese unterhalb des Lagers entstanden drei neue Baracken, im Herbst 1961 blühten hier noch wilde Herbstzeitlosen. Um die Halde herum kreisten drei junge Bussarde, von ihrer Mutter vor den aggressiven Krähen beschützt.

Pavel entschloss sich gemeinsam mit Mirek, dem ehemaligen Landwirtschaftsstudenten, der das vierzehnte Lagerjahr begann, die französische Sprache zu lernen. Vom Schacht brachten sie ein dort verstecktes Lehrbuch mit und begannen es zu studieren. Es bestand aus drei Teilen, so, wie es 1955 in das Versteck hineingeschmuggelt worden war, um die schweren Zeiten zu überstehen. Nun konnte es endlich wieder seinen Zweck erfüllen und den Hunger der Wissbegierigen, die noch nicht aufgegeben hatten, stillen.

Das Leben im Lager wurde durch das andauernde Umziehen erschwert. Die Gruppe aus den Werkstätten blieb jedoch beisammen. Honza, der Älteste unter ihnen, man nannte ihn Großvater, begann das fünfzehnte Jahr. Sein zweites Kind war geboren worden, als er schon im Gefängnis war. Es dauerte viele Jahre, bevor er seine Tochter zum ersten Male würde sehen können. Er wusste, dass er die sechzehnjährige Strafe bis zum letzten Tage absitzen würde. Er war zu gefährlich für das Regime. Der zweite in der Gruppe, Mirek, war der Jüngste, der dennoch etliche Jahre hier zugebracht hatte. Rudolf, immer ruhig und besonnen, war am Ende seines dreizehnten Jahres. Sie alle hatten die schönsten Jahre ihres Lebens in Gefängnissen und Lagern verbringen müssen, damit sich die Anhänger einer verbrecherischen Illusion sicherer fühlen konnten. Wodurch waren sie denn so gefährlich, damals mit ihren einundzwanzig und fünfundzwanzig Jahren? Und warum waren sie auch jetzt noch gefährlich? Niemand hatte dafür eine Erklärung. Aber sie waren durch ihre bloße Existenz der lebende Beweis für die wahren Absichten und Taten des Regimes. Noch dazu hatten diese Feinde auch noch nach Jahren ein klares Lebensziel, waren ungebrochen. Verbreiteten um sich den Glauben an eine bessere Zukunft, waren überzeugt, die Menschen müssten doch früher oder später die Lügen durchschauen und von Neuem beginnen. Das war das Credo dieser politischen Häftlinge, ein einfaches Glaubensbekenntnis, seine Gültigkeit lag für alle aber noch in weiter Ferne.

Der Winter 1962/63 war wie der letzte, mild aber lang. Noch im Herbst hatte man begonnen, den riesigen Krater zuzuschütten. Bulldozer schoben vorsichtig aus dem alten Lager Tonnen von Erde in das klaffende Loch hinein. Nach Weihnachten erkannte man fast nicht mehr, wo der Krater gewesen war. Dort unten lagen irgendwo zwei tote Menschen.

Um Neujahr herum wurde es kälter. Die Erde war gefroren, Schnee bedeckte die schicksalhaften Stellen. Darüber kreisten die allgegenwärtigen Raben. Ihr Geschrei unterbrach die herrschende Stille. Ab und zu erhob sich ein leichter Windhauch. Pavel betrachtete dies aus dem Werkstattfenster. Ihm kam das Lager wie ein Schlachtfeld nach einer schweren Schlacht vor, die schwarzen Vögel gehörten dazu.

Nach einem verregneten Frühling kam ein kühler Sommer, ohne dass etwas Außergewöhnliches passierte. Nur noch wenige politische Häftlinge arbeiteten unter Tage. Die meisten wurden in die Wartung des Betriebes eingeteilt, hier erlernten sie verschiedene Handwerke. Nach den langen Jahren abgehärmt, waren sie zu keiner größeren Leistung im Schacht mehr fähig.

Im Sommer 1963 wurden unerwartet zwei politische Häftlinge entlassen. Einer nach vierzehn, der andere nach zwölf Jahren und zwar auf Grund eines Gnadengesuches ihrer Familien. Pavel hatte erfahren, dass einer aus seinem Prozess wieder verhaftet und ins Gefängnis gesperrt worden war. Er reichte also von Neuem ein Gesuch wegen Rechtsverletzung ein, wusste nicht, wie er sonst die Dinge in Bewegung bringen sollte. Er tat es gegen den Rat seines Rechtsanwaltes. Nach zwei Monaten wurde das Gesuch mit den unvermeidlichen Phrasen wie immer abgelehnt. Also in diese Richtung führte der Weg nicht weiter. Der Rechtsanwalt schlug ein Gnadengesuch vor, das lehnte Pavel ab.

So verlief der Herbst. Weitere Kameraden wurden entlassen. Aus seiner Gruppe gingen der junge Mirek und Rudolf. Zwischen Weihnachten und Neujahr rief man Pavel auf die Kommandantur, empfahl ihm ein Gnadengesuch und deutete eine positive Entscheidung an. Pavel lehnte erneut ab und begründete seinen Entschluss mit dem Verweis auf sein zerstörtes Leben durch die Schuld eines anderen. Er habe die Absicht, dies nach seiner Entlassung zu klären. Mit einem Gnadengesuch würde er seine Schuld eingestehen und das habe er auf keinen Fall vor. Er bestehe auf seinen in den Protokollen von 1957 aufgezeichneten Aussagen. Diese waren weder Pose noch Geste, sondern entsprachen der Wirklichkeit.

Er hatte keinen Grund mehr zur Hast. Das Mädchen, das er liebte, hatte geheiratet, seine Mutter war unter fürchterlichen Umständen gestorben. Sein Bruder und viele seiner Freunde lebten in der Emigration, in sein Haus waren fremde Menschen eingezogen. Ungern akzeptierte der Kommandant diese Argumente, aber er versuchte nicht mehr, Pavel zu überreden. Aus dem ganzen Gespräch spürte man die Absicht, diese Handvoll alter Sträflinge endlich loszuwerden. Es sollte anscheinend auf ruhige Weise, langsam aber sicher passieren. Pavel hatte nicht vor, seine Einstellung zu ändern.

Seine Vermutung nahm bald konkretere Formen an. Nach einigen Wochen wurde er wieder auf die Kommandantur bestellt. Man gab ihm bekannt, seine Verwandten und sein Rechtsanwalt hätten ein Gesuch um vorzeitige Entlassung auf Bewährung eingereicht. Gleichzeitig deutete der Referent an, man könne mit einer positiven Stellungnahme der Lagerleitung rechnen. Dieser Verlauf der Dinge stellte kein Hindernis für Pavels Absichten dar, deswegen stimmte er zu.

Inzwischen verlief eine Gerichtsverhandlung in Sachen vorzeitiger Entlassung zweier politischer Sträflinge problemlos. Sie verließen das Lager sofort nach der Stellungnahme des Gerichts. Pavel nahm an, diese Form der Entlassung diene als Mittel, sich der letzten politischen Strafgefangenen zu entledigen, all derer, die sich bis zum Schluss Selbstbewusstsein und Würde bewahrt hatten. Die Männer verließen die Lager ungebrochen und mit der Überzeugung, es sei bereits so weit, die ersten Strahlen durchbrächen die Dunkelheit, Strahlen, die das Volk zu neuem Leben erwecken würden. Sie ahnten noch nicht, dass ihre Zeit eigentlich niemals mehr kommen sollte.

Drei Wochen nachdem sich Pavel dem Gesuch angeschlossen hatte, erfuhr er, dass am 21. Februar seine Verhandlung über eine Bewährungsstrafe stattfinden sollte. Vorgeladen waren er und noch zwei andere politische Häftlinge. Es war ein Donnerstag. Am Abend vorher verabschiedete sich Pavel von den Kameraden, die noch da waren. Um zehn Uhr wurden die drei in das Kulturhaus gerufen, dort sollte die »Entlassungszeremonie« stattfinden. Zuerst wurden alle dem Gericht vorgestellt, dann einzeln zum Verhör gerufen. Das Verhör bestand darin, dass man die Richtigkeit der Personenangaben überprüfte, danach wurde erklärt, das Gesuch sei angenommen worden, der Senat würde darüber entscheiden. Nach dem Verhör aller drei Männer warteten sie vor der Tür auf das Ergebnis. Etwa zehn Minuten später wurden sie in den Saal gerufen. Der Richter erklärte, man habe sich beraten und sei zu einem Entschluss gekommen.

Alle standen auf, um das Urteil und die Begründung anzuhören. Laut Urteil wurde die noch verbleibende Strafzeit in eine Bewährungsstrafe umgewandelt. Dann wurde jeder noch gefragt, ob er das Urteil annehme, damit war das Verfahren beendet. Die Richter eilten zu ihren Autos, die Sträflinge nahmen Abschied. Eine Weile später wurde das Mittagessen ausgerufen, aber keiner der drei ging zur Küche, sie eilten ins Magazin zur Abfertigung. Die Zivilkleidung war schon längst nach Hause geschickt worden, sie mussten sich alles neu kaufen. Pavel besorgte sich noch eine Uhr und eine Aktentasche für seine Papiere und einige Kleinigkeiten. Er nahm an, es würde eine Weile dauern, bis es ihm gelang, sich die von Mutter zurückgelassenen Sachen, die man ihm in ihrem alten Haus in einem Dachbodenzimmer aufbewahrte, anzuschauen. Man belehrte sie noch, wo und wann sie sich zu melden hatten.

*

Es war ein kalter Tag am 21. Februar 1964, halb vier am Nachmittag, als der ehemalige Lagerkommandant sie zum unteren Tor des Lagers führte. Pavel betrat den Feldweg, der vom Lager zur Straße führte. Er blieb nach fünfzig Schritten stehen, um sich noch einmal umzudrehen. Hinter dem Stacheldraht hatte er fast zwölf Jahre seines Lebens verloren. Über den Sinn dieser Jahre machte er sich jetzt keine Gedanken. Er ging zur Bushaltestelle, der nächste Bus nach Příbram fuhr in zehn Minuten. Er setzte sich auf die Bank, der kalte Wind erinnerte daran, dass der Winter noch lange nicht zu Ende war. Er schlug den Kragen hoch, wartete und begann zu grübeln. In der Kurve tauchten zwei Lichter auf, sie holten ihn in die Wirklichkeit zurück. Er stieg in den Bus und kaufte sich eine Fahrkarte. Ihm schien, als habe er das erst gestern zum letzten Mal getan. Sie fuhren die gleiche Strecke wie früher zur Baustelle. Dann bog der Bus links ab, Pavel stieg unweit des Marktplatzes aus, an dessen Ausbau er beteiligt gewesen war. Die erste Nacht in Freiheit sollte er bei einem guten Bekannten verbringen, mit dem er mehrere Jahre in den Werkstätten gearbeitet hatte.

Der Empfang war herzlich. Nach dem feierlichen Abendessen mit einem Toast sprachen sie über gemeinsame Freunde und Bekannte aus Beroun, wo sie sich noch vor

Pavels Verhaftung getroffen hatten. Zum ersten Mal nach Jahren hielt er wieder ein Besteck in den Händen. Ihm fiel auf, wie unbeholfen er mit Messer und Gabel hantierte. Noch viele solcher Momente erwarteten ihn in den nächsten Tagen. Die Unterhaltung war freundlich, man sprach über alles, was ihn interessieren könnte und war bemüht, ihm in allem behilflich zu sein.

Pavel entschloss sich, am nächsten Tag zuerst nach Beroun zu fahren. Innerhalb von 48 Stunden musste er sich dort bei der Bezirkskommandantur der Polizei melden. Dort würde man ihm auch einen vorläufigen Ausweis ausstellen. Gleich nächste Woche wollte er auf Arbeitssuche gehen. In der Werkstatt im Lager hatte er eine Qualifikationsbestätigung über die sehr gut bestandenen Prüfungen erhalten. Gegen zehn legte er sich hin, in ein frisch bezogenes Bett mit einem echten, weichen Kopfkissen und einer feinen Decke. Der Raum war angenehm warm.

Um halb sechs weckte ihn wie vereinbart die Frau seines Freundes. Schnell wusch er sich und zog sich an. Auf dem Tisch standen schon ein reichhaltiges Frühstück und Kaffee, wie er ihn jahrelang nicht getrunken hatte. Er frühstückte und eilte zum Bahnhof. Am Bahnhof kam er gerade rechtzeitig an. Kaum hatte er die Fahrkarte gelöst, hörte man schon die anfahrende Lok. Sie kam aus dem Dampf hervor, wie eine Erinnerung an etwas, das einem sehr nahestand. Er öffnete die Tür und stieg ein. Wie oft war er so eingestiegen, seit er mit elf Jahren angefangen hatte, zur Schule zu fahren. Auf der Holzbank im geschlossenen Abteil war er allein. Alles war so neu und doch so vertraut. Der Zug fuhr langsam. Čenkov, Zdice, Králův Dvůr und Beroun. Pavel stieg aus.

Der Bahnhof war anders, neu, das war nicht mehr der Bahnhof seiner Jugend, dieser war fremd. Am Fußweg zur Handelsakademie, den er früher so oft genommen hatte, standen hohe Pappeln. Dort irgendwo weit oben hing 1937 der Zeppelin, das war schon so lange her, wer erinnerte sich heute noch daran? Er überschritt eine neue Brücke über den Fluss Litavka, ging mit religiöser Ehrfurcht am Schulgebäude vorbei, in dem er die schönsten Jahre seines Lebens verbracht hatte.

Auf dem Marktplatz erwartete ihn die erste Überraschung. Er begegnete seinem ehemaligen Tschechischlehrer. Der begann vor Angst fast zu zittern, schaute sich dauernd nach allen Seiten um, ob nicht irgendein Bekannter Zeuge der Begegnung wäre. Pavel fiel es schwer, dieses Benehmen zu verstehen, er verabschiedete sich umgehend und schritt weiter zur Polizeiwache. Dort verlief alles sehr schnell. Der vorläufige Ausweis war bereits fertig, er unterschrieb nur das Empfangsprotokoll und konnte gehen.

Nun stand er wieder auf dem Marktplatz. Bis zur Abfahrt des Zuges nach Prag hatte er noch zwei Stunden Zeit. Der Platz, einst die Stadtpromenade, war leer. Sein Blick fiel auf die alte Inschrift über dem Pilsener Tor: »Alles zu seiner Zeit, Gott in alle Ewigkeit«. Da ging er aber schon den Platz hinauf und dann weiter, den bekannten Weg, von dem er so oft geträumt hatte. Er passierte die Schule, blieb hinter dem Stadtberg stehen. Er lief weiter ohne sehen zu müssen, getrieben von unaussprechbarer Sehnsucht, all dem Schönen zu begegnen, das nach Jahren noch so intensiv zugegen war. Jeden Stein nahm er wahr, jedes Gässchen war ihm vertraut. Gärten, hinter deren Zäunen die ersten Blumen blühten, erkannte er wieder. Endlich stand er vor der Gasse, die den Namen eines tschechischen Volksaufklärers trug, den man nicht vergessen konnte. Genauso wie all das, was Pavel mit dieser Stelle verband und das ihm unvergesslich geblieben war. Er bog links ein, aber das Haus sah ganz anders aus. Sollte er sich geirrt haben, war er in einer anderen Gasse? Er kehrte zurück, las die Tafel an der Ecke, es war die richtige Gasse, nur für ihn führte sie nirgendwohin. Schon drehte er sich um, wollte gehen, da sah er auf der Veranda eine Frauengestalt. Es trat ans Gartentor und läutete. In der Tür stand Hankas Mutter.

Eine Weile sahen sie sich schweigend an, dann bat sie ihn einzutreten. Beide waren gerührt, sie hatten vieles gemeinsam. Schwere Jahre, in denen viele Werte anders gemessen wurden, auf eine Weise, die nur sie beide verstanden. Aus dem Nebenzimmer kam ein kleiner, etwa fünfjähriger Junge und begann gleich zu fragen, wie alle Kinder in Anwesenheit eines Besuches. Seine Stimme munterte die bedrückende Stimmung auf, die sich zu verbreiten begann. Die Mutter kochte einen Tee, bot Pavel Marmorkuchen an. So etwas Gutes hatte er zuletzt irgendwann im April 1952 hier gegessen. Die alte Frau war nicht mehr verlegen, die Mutter in ihr erwachte, die Beschützerin aller, die zu ihren Kindern gehörten. Pavel war schließlich einmal schon fast Familienmitglied gewesen. Er erfuhr, wann Hanka geheiratet hatte, wo sie nun arbeitete, was ihr Mann machte. Nur das Motiv, warum sie Pavel verlassen hatte, blieb unklar. Schließlich ließ sich ja nichts mehr ändern, nach einer zwölfjährigen Unterbrechung würde sich sein Leben jetzt anders gestalten. Die Mutter drängte ihn zu essen. Es war nicht nur Höflichkeit der Gastgeberin, nein, sie war ehrlich bemüht, ihm in diesem Augenblick das Beste anzubieten. Plötzlich fiel ihm ein, was er heute noch zu erledigen hatte, er erhob sich und wollte gehen. Die Mutter erklärte ihm noch einmal, wo Hanka beschäftigt war, forderte ihn auf, die junge Frau zu besuchen, sie würde sich bestimmt sehr freuen.

Wieder war er in den Gassen von Beroun. Der Weg führte ihn am Bezirksamt vorbei, am Stadtmuseum, an dessen Ecke er stehenblieb. Plötzlich wurde ihm klar, welche Folgen ein Treffen mit Hanka für diese haben konnte. Er hatte kein Recht mehr darauf, in ihr Leben zu treten. Liebe schmerzt und aussichtslose Liebe noch mehr. Diese Last musste er allein tragen. Er drehte sich um, schritt schnell in Richtung Bahnhof.

*

Der Zug hielt in Řevnice. Der bekannte Bahnbeamte nahm den Ankömmling nicht wahr. Pavel ging zum Postamt, um anzugeben, wohin man ihm seine Post nachschicken sollte. Der Mann am Schalter war ein alter Beamter, der im Haus gegenüber wohnte und Pavel schon als Kind gekannt hatte. Zweimal musste ihm Pavel sein Anliegen erklären, dann erst begriff der Mann, um was es ging und nahm die Nachricht mit einem tiefen Seufzer zur Kenntnis.

Der Nationalausschuss war im Gebäude des Rathauses in der Mitte des Marktplatzes untergebracht. Es war gegen Mittag, der Ringplatz öde und leer. Bereits hier herrschte Stille, die ihn bis in den späten Abend begleitete. So kannte ihn Pavel nicht, alles wirkte ausgestorben. Er schaute durch ein Loch im Blech auf den Hof eines der fünf Bauerngüter, keine Spur von Leben, kein Haustier, nichts. In der Mitte des Platzes stand ein Denkmal für die in den beiden Weltkriegen gefallenen Soldaten. Der Brunnen war auch trocken, im Winter jedoch keine Ausnahme. Pavel betrat das Rathaus und gab am zuständigen Schalter an, er wolle sich hier anmelden. Die Beamtin verlangte die Abmeldung vom letzten Wohnort. Es dauerte eine Weile bis er ihr alles erklärt hatte. In dem Moment veränderte sich ihr Benehmen vollkommen. Sie empfahl ihm, den Vorsitzenden des Ausschusses aufzusuchen. Der Vorsitzende spielte zwar weiter die Rolle des hohen Funktionärs, benahm sich aber nicht feindselig. Pavel bedankte sich bei ihm für den Versuch, ihn am Begräbnis der Mutter teilnehmen zu lassen, was von höheren Stellen damals strikt abgelehnt worden war. Der Vorsitzende teilte Pavel weiter mit, dass die Verwandten den Schlüssel zum Bodenzimmer, in dem alle seine Sachen aufbewahrt wurden, hätten. Pavel machte sich also auf den Weg zu seinem ehemaligen Zuhause.

Mit allen Kräften zwang er sich, die aufwallenden Gefühle zu bewältigen und ruhig zu bleiben. Es gelang ihm nicht besonders. Er bemerkte, wie sich die Vorhänge hinter einigen Fenstern bewegten und bemühte sich, weder nach links noch nach rechts zu schauen. In einem Garten arbeiteten zwei alte Menschen, er grüßte zögernd, sie erkannten ihn sofort, mit Tränen in den Augen grüßten sie zurück. Noch eine Gasse, sein Herz begann heftig zu schlagen. Die Gärten vor den Häusern waren jetzt menschenleer. Die kahlen Äste der Bäume ragten in den Himmel und glichen verzweifelten, um Hilfe bittenden Händen. Alles kam ihm irgendwie kleiner vor als er es in Erinnerung hatte. Überall herrschte Totenstille.

Das Tor ihres Häuschens war vor Kurzem neu gestrichen worden. Automatisch griff er nach oben, wo immer der Schlüssel gelegen hatte, es war derselbe wie vor zwölf Jahren. Er klopfte nach einer Weile an. Irgendwo hinter dem Haus bellte ein kleiner Hund.

Eine Frau, etwa fünfundfünfzig Jahre alt, öffnete die Tür, er hatte sie gekannt, als sie noch unverheiratet gewesen war. Offensichtlich hatte sie ihn erwartet. Man hatte den Nationalausschuss über seine Entlassung umgehend informiert. Die Frau führte ihn in die Küche und bot ihm Mittagessen an. Pavel spürte immer noch den Geschmack des Kuchens auf der Zunge, er hätte ihn gern länger ausgekostet, aber dann lehnte er das Mittag doch nicht ab. Nach dem Essen zeigte sie ihm das ganze Haus. Die Familie bewohnte das Haus und den Garten bis auf das kleine Dachzimmer, bezahlte monatlich fünfzig Kronen Miete. Bei der Besichtigung vergaß sie nicht zu erwähnen, was sie alles neu gestrichen und repariert hatten, was sie nicht alles wegräumen mussten, bevor sie einziehen konnten. Pavel konnte sich nicht vorstellen, wie all die Sachen in dem kleinen Dachraum Platz gefunden hatten. Sie versicherte, alles sei bis zur Decke aufgestapelt.

Er ging noch durch den Garten, einige Bäume waren frisch gepflanzt, aber das interessierte ihn nicht mehr, es zog ihn zu Mutters Grab. Er hatte nicht einmal eine Kerze. Als er das erwähnte, brachte die Frau zwei Weihnachtskerzen und eine Schachtel Streichhölzer. Pavel ging. Es wurde langsam dunkel und er musste noch in den Nachbarort, wo er bei Verwandten übernachten wollte.

Er schritt durch die Ortschaft, vorbei an den Häusern der alten Bewohner von Třebaň, früher waren dort auch Geschäfte gewesen. Die Türen waren zugemauert. Pavel näherte sich dem Friedhof. Die Kälte kam von allen Seiten. Alles schien fremd, nur der Kauz, der Unheilverkünder, war da wie immer. Sonst hatte die unerbittliche, grausame Zeit alles vergehen lassen. Mit ihrem Schatten verdeckte sie alles Gute und Böse. Nur Erinnerungen waren geblieben und die schmerzten. Der Kauz, ja, der war hier zu Hause.

Pavel schritt durch das Portal, viel war nicht mehr zu sehen, doch er fand das Grab. Er zündete die Kerzen an, setzte sich an den Rand des Grabes, versunken in sich selbst. Er bemühte sich einen Weg zur Mutter zu finden, um ihr endlich alles zu erzählen.

Nach einer Weile zog er aus der Tasche das Medaillon, das ihm die Mutter am Tag seiner Verhaftung gegeben hatte. Er grub ein kleines Loch und gab der Mutter das Medaillon zurück. Klirrende Stille vermischte sich mit dem Februardunst und blieb in den Ästen der Bäume hängen. Totenstille war um ihn herum und die Erinnerungen an all das, was er nie würde vergessen können. Die zweite Kerze erlosch.

Pavel erhob sich, machte das Zeichen des Kreuzes, betete kurz und ging. Allein, verloren in der eigenen Einsamkeit.

Foto: privat

František Šedivý, Jahrgang 1927. 1942 wird er aus politischen Gründen der Schule verwiesen und 1944 zur Zwangsarbeit in den Junkers-Werken eingesetzt. Dort schließt er sich dem Widerstand gegen die Nazis an. Nach dem kommunistischen Putsch von 1948 kämpft er aktiv gegen die Kommunisten, verteilt Flugblätter, organisiert illegale Gruppen und unterstützt Fluchthilfe ins Ausland. 1952 wird er festgenommen und wegen Hochverrats und Spionage zu 14 Jahren Freiheitsentzug verurteilt. Lange Jahre verbringt er in Uranbergwerken, bis er 1964 auf Bewährung entlassen wird. Er arbeitet dann als Schweißer in einem Prager Baubetrieb. Šedivý hat die Erfahrungen dieser Zeit als Schriftsteller literarisch verarbeitet. Nach 1989 engagiert er sich in der *Vereinigung politischer Häftlinge*, deren Vizepräsident er seit 2009 ist. Šedivý ist Autor zahlreicher Bücher und Mitglied des Internationalen PEN Klubs.

František Bártík, Jahrgang 1976, studierte Tschechische Sprache und Geschichte in Ústí nad Labem. Seine Diplomarbeit verfasste er zum Thema »Uranlager in der Tschechoslowakei«. Im *Amt für die Dokumentation und Untersuchung der Verbrechen des Kommunismus* war er als Lehrer und Redakteur tätig. Seit 2007 arbeitet er als Historiker im Bergbaumuseum in Příbram. Dort leitet er die Gedenkstätte *Vojna*.